中国地方档案专题研究

陈海玉　编著

社会科学文献出版社
SOCIAL SCIENCES ACADEMIC PRESS (CHINA)

序 言

地方档案作为中国地方传统文化的代表,是不同时期地方区域内自然环境、社会环境相互作用影响形成的产物。地方档案记载范畴涉及地方社会生活的方方面面,蕴含丰富的文化信息,较为全面系统地反映地方发展状况,形成一个具有民间地方特色的文本世界,构建起展示地方社会生活的场域,呈现地方历史图景,是研究地方发展源流的重要资料。中国具有丰富的地方档案资源,其形成时间横跨古今,形成区域覆盖全国,形成主体兼具官方和民间的组织机构和群体。地方档案按照其记载内容的形式可划分为文字档案、音像档案、图表档案等,按档案价值可分为核心地方档案、辅助地方档案和其他地方档案,按载体可分为纸质档案、金石档案、音像档案等。自 20 世纪以来,中国已发掘的地方档案遗存逾百种,如甲骨档案、敦煌经卷、孔府档案、台湾清代淡新档案、浙江黄岩档案、陕西紫阳档案、上海道契档案、四川巴县档案,以及太行山文书、清水江文书和徽州文书、吐鲁番文书等。

中国丰富的地方档案资源为档案学研究提供了翔实的资料,拓宽了档案学研究范畴。"世界记忆工程""中国档案文献遗产工程"等档案文献保护工作的持续推进,如纳西族东巴古籍文献(2003)、清代样式雷建筑图档(2007)、《本草纲目》(2011)等入选《世界记忆名录》,兰州黄河铁桥档案(2002)、长芦盐务档案(2003)、四川省凉山彝族自治州毕摩文献(2010)、民国龙泉司法档案(2015)等入选《中国档案文献遗产名录》,掀起了我国地方档案研究的热潮,推进了档案学分支学科——地方档案学的兴起与发展。开展地方档案学研究,既能揭示地方社会的运转逻辑,总结地方发展规律,发挥上层建筑对地方经济基础建设的引领作用,也能对专门史、档案史、历史文献学、管理学等学科的发展提供学理依据。

目前,地方档案学研究在档案学领域处于劣势。一方面,地方档案学的研究对象——地方档案展示的是特定历史时期的地方的历史发展脉络，从政治、经济、司法等不同视角展示地方记忆，同时档案中存有大量俚语方言，这些俚语方言体现了地方区域文化，在对其进行研究时要考虑地方档案的形成时间及所处地理环境、社会结构、地方文化与形成主体之间的联系。研究对象形成情景的异构性及内容的繁杂性呈现出明显的综合性特征，单一学科研究视角难以全面发掘地方档案意蕴。另一方面，地方档案学的研究因为起步较晚，故研究范畴较小。目前地方档案学研究主要对某一类或特定主题范围内的地方档案开展专题研究，尚未形成系统的地方档案学研究体系。对地方档案的概念、范畴、特点、价值等基础理论与实践经验的规律总结缺乏学理层面的述清及论证，这成为地方档案学研究的桎梏，制约地方档案实践工作的有序开展。

地方档案学研究对于推进地方档案学构建及实践工作的开展具有重要意义。全书共分为五个章节。概述就地方档案的概念、种类、特点、作用、价值等基础理论进行深入剖析；第一章从研究缘起、研究内容和方法、研究意义和价值、基本观点和创新之处、研究现状和不足五个维度阐述中国地方档案的研究历史与现状，阐明地方档案学研究的现有基础，为构建地方档案学提供参考；第二章梳理地方档案整理成果，明确地方档案整理存在的问题及对策；第三章从法治建设、信息化建设、资源体系建设、开发利用四个方面分析地方档案资源建设现状及未来的发展进路及趋势，总结地方档案资源建设规律；第四章基于上述章节对地方档案基础理论及实践规律的总结，系统整合地方档案研究成果，探讨中国地方档案学学科构建问题，夯实地方档案学的理论基础，为地方档案实践工作的开展提供理论指导。全书内容从整合总结已有研究成果及实践工作经验入手，基于地方档案研究的现有成果，系统构建地方档案学学科体系，旨在厘清地方档案研究的基础理论与实践规律，进一步推进中国地方档案学的发展与地方档案的科学管理。

本书内容不敢妄称完备，其中不足之处在所难免，希望学界同人及各位读者批评指正。

目　录

c o n t e n t s

概　述

【学习要求与重点】

1. 要求学生了解地方档案发掘现状。

2. 重点掌握地方档案内涵、特点及价值作用。

地方档案是对一个地区最真实、最可靠的历史记录，它揭示了某一个地方的形成与发展过程，是一个地方在政治、经济、文化、生态、社会等各个方面发展过程中的一个缩影，具有重要的资政价值、历史材料价值和学术科研价值。地方档案不仅对国家法律制度在整个基层社会的具体执行和运作有微观的记载，而且还对基层人民群众在政治、经济、文化、教育等各种方面的日常生活和工作中的各个方面有详细规范的记录，可以弥补正史记载的粗疏遗漏之处。[①] 研究一个地方的档案不仅能够给当地文化研究工作者提供足够充分的文化资料、可靠的信息来源和真实的历史参考依据，而且在很大程度上对地方文化乃至整个中华民族文化的保护与传承也具有积极的促进作用。[②] 此外，地方档案的收集整理还与历史、政治、法律、文书、经济、社会等多个学科有联系，地方档案的研究对这些学科的发展也起到了重要的推动作用。

一　地方档案的理论认识

（一）地方档案的概念

地方档案是在历史维度下，对特定区域的综合性描述和记载，大到建

[①] 龙圣：《地方档案与社会史研究——基于冕宁档案整理、研究的几点体会》，《西华师范大学学报》（哲学社会科学版）2017 年第 3 期，第 21 页。

[②] 董艳凤：《地方文献的文化价值及其开发利用》，《中文信息》2020 年第 2 期，第 47 页。

制沿革，小至诗文杂记，包含领域驳杂，更有物价、税额等纪实。从地方档案中，人们可以窥见某时段的经济状态、政治样貌、社会关系等。①

地方档案古已有之，主要指某个地区的个人、组织在该地区进行各种社会实践活动时所形成的原始记录。从广义上讲，其他地区已经形成的相关内容的记录以及与该地区联系紧密的档案也归属于该地的档案。地方档案不仅受到时间、空间等外在条件的影响，而且受到当时国家的政治、经济、文化等各种内在因素的影响，比如清代中后期，政治、经济、文化等领域发生了很大的变化，地方档案的数量及质量都远远超过以往的任何一个时期，所形成的档案主体变得更加多元，载体的种类也更为丰富，所记录的内容也变得更为复杂和精细，这为深入研究中国当时的地方政治制度、经济文化、社会现象、自然生态等诸多问题提供了非常宝贵的第一手材料。②

关于地方档案，学界并没有统一的解释和定义，一般把它们定义为记录、描述某一特殊地方的文字、语音、视频、图形、声像、实物等信息载体，总体而言，包括了文字、图片、声像记录和遗存的实物。③ 也有学者认为，地方档案主要指地方在历史上形成的具有地方文化价值的档案信息，包含了当时地方政府机构、社会组织、团体或是个人在社会活动中形成的有价值的各种形式的历史记录等。

（二）地方档案的种类与特点

1. 地方档案的种类

地方档案以其丰富多样的内容与表现形式揭示了某一特定区域的政治、经济、文化等不同方面的信息，因而地方档案的类型是多种多样的，按照不同的标准可分为不同类型，概括起来主要为以下几种。

（1）按记载内容的形式划分

地方档案大致可以划分为文字档案、图表档案和声像档案等。如各地

---

① 潘慧：《地方档案资料在思政课程中的应用研究——基于〈中国近代史纲要〉自主学习模式》，《兰台内外》2020 年第 10 期，第 45 页。

② 高雅婷：《2019 年清代地方档案整理与研究述评》，《兰台世界》2020 年第 5 期，第 15 页。

③ 胡淑君：《从"口述历史"谈地方档案的管理与应用》，《兰台世界》2015 年第 A6 期，第 69~70 页。

流传至今的政府公文、交易契约、碑文、私人信件，以及用作土地登记的鱼鳞图册、孔子圣迹图等。再比如清代时期档案的种类多样，有皇帝制定和发布的诏令文书，如制、诏、诰、敕、谕、旨等；有官员向皇帝呈交的奏报文书，如题本、奏折、贺表、笺文等；有记录皇帝言行和处理政务活动的档案，如起居注、实录、圣训、本纪、方略等；有记载皇室以及皇族事务的档案，如玉牒、皇册等；有各衙门之间的来往文书，如咨文、移会、札、禀、呈、函等；有关于当时外交的一些文书，如照会、国书等。此外还有电报、舆图、史书、清册、各种档册、人物传记以及记录本地方重大事件的照片、音像等。

（2）按形成时间划分

地方档案大致可以细分为明代地方档案、清代地方档案，以及民国地方档案等。如明代地方档案有四川地方司法档案、地方财源档案等；清代地方档案就更多了，有巴县档案、南部档案、冕宁档案、淡新档案、紫阳档案、龙泉档案、黑图档、清水江文书等；民国地方档案有渠县志、江宁地方司法档案等。与清代地方档案相比，明代地方档案和民国地方档案代表性成果较少，受到的重视程度较低。

（3）按分布地区划分

地方档案可按照不同地区划分为不同的地方档案。按照南北地区进行划分，南部地区主要馆藏的地方档案有清水江文书、徽州文书、冕宁档案等；北部地区主要馆藏的档案有敦煌文书、吐鲁番文献等。按照目前中国行政区域的划分则有众多著名的省级地方性档案，其中著名的档案主要有浙江省的龙泉司法档案、四川省的巴县档案和南部档案、天津市的宝坻档案、山东省的孔府档案、辽宁省的黑图档等。

（4）按档案价值划分

地方档案可划分为核心地方档案、辅助地方档案和其他地方档案。其中核心地方档案专门记述特定地区社会变迁过程中发生的重大事件以及出现的重要人物，这些重大事件及重要人物对当时该地区的政治、经济、文化或其他社会活动产生了重大影响；辅助地方档案是指涉及该特定区域的档案，如与其他地区的往来资料，其他地区档案中涉及的本地区档案资料等；其他地方档案是指本地区名人留下的手稿等第一手资料以及民间留存的具有保存价值的野史等资料。

（5）按载体形式划分

地方档案的保存载体种类多样，可将其按照载体形式划分为甲骨档案、金石档案、缣帛档案、竹简档案、音像档案、纸质档案等。甲骨档案以殷墟甲骨的档案为代表；金石档案在地方档案中较多，如具有地方特色的碑刻，官府印章等；缣帛档案如长沙汉代马王堆遗址出土的汉代帛书；竹简档案则以秦代、汉代时期的留存实物居多，如里耶秦简、尹湾汉简等；音像档案则是在当地重大的历史活动过程中所形成的照片、录像等，也包括记录亲历者对本地方以往亲历活动的口述回忆而形成的磁带、磁盘等；地方档案中的绝大多数都是纸质档案，大部分内容都以纸质载体作为保存媒介。

2. 地方档案的特点

（1）权威性

权威性主要是指地方档案本身的内容细致、详尽且文种齐全。同时，档案资料经由实际调研考察、走访民间收集而来，并由专门机构负责进行规范整理，因而保证了档案的可靠性与权威性。例如南部档案，是记录清代南部县衙门相关情况的档案，全面而真实地记载了南部县衙与中央、省府、周边地区，以及所属区域县民的各种交往历史，是清代政治、经济、法律、外交、军事、教育、宗教、文化、卫生等方面的重要缩影。不仅如此，它的各类档案文种也非常齐全，包括上级的皇帝制诏、谕旨、题本、奏折、札文、信牌，平级县衙的咨移、函传，本县上报的清册、验折、申文，本县下发的传票、拿票、唤票、告示、通知、晓谕、牒文、契尾、牌签，以及民间百姓的文状、契约等，这些都使得此档案具有极高的历史学、法学、档案学、文献学、文物学等学科研究价值。

（2）地域性

地域性是指地方档案以一个特定区域为记述范围且档案内容反映地域特色。自古以来，中国就一直有着"十里不同风，百里不同俗"的传统，不同的时代和地域孕育了不同的文化和传统风俗，呈现出不同的历史发展脉络。地方档案是对当地各种社会活动的历史记录，反映了当地社会发展的方方面面，所记载的政治历史、社会经济、自然人文等具有强烈的地域特色。[①] 地方档案中

---

① 陈鑫、程骥、吴芳、卜鉴民：《地方档案文献遗产保护开发研究——以苏州丝绸档案为例》，《档案与建设》2020年第6期，第42页。

所记录的人物、事物、现象在不同的时期也都带有明显的地域特色。地方档案是特定地区自然、社会环境的历史与现状的总和，展示了一种地域性的文化，涉及地理、历史、政治等许多重要的领域。地域性特征因此可以被认为是地方档案最基本的特征。

（3）载体多样性

地方档案的载体虽然通常以纸质材料为主，但还是有许多其他载体形式。这些载体形式可以呈现出地方特色。比如湖南省博物馆馆藏的"长沙马王堆汉墓帛书"以丝帛为载体，上海市杨浦区档案馆、杨浦区文物管理事务中心保管的"《义勇军进行曲》唱片、图书、报纸实物档案"的载体为纸质材料和唱片，还有四川省美姑县档案馆馆藏的"凉山彝族自治州毕摩文献"，更是有木板、木牍、皮书、骨简等多种材质的载体。[①]

（4）记忆性

地方档案是地方社会活动的真实记录，它记录着该地区的历史过程，是地方历史记忆的重要载体。地方档案作为地方记忆的载体，反映了该地区的社会历史的方方面面。历史上该地区发生的事情被人们记录在地方档案中，同时，一些地方记忆也会无意间成为地方档案记录的内容。透过地方档案，人们既可以跨越时间的界限，从中寻求历史记忆，也可以建构具有自身历史底蕴的地方记忆，为当今的时代发展服务。如近现代的苏州丝绸档案记录了苏州地区人们在传承、弘扬中国丝绸文化之路上的艰辛奋斗足迹，反映了苏州地区不同时代、不同年龄、不同阶级的人们对生活品位、审美风格和衣冠礼制的要求。它们不但被认为是中华民族优秀传统文化的一种象征，还被认为是对社会的认同感与归属感的体现，有着不可忽视的社会影响力。[②] 因此，可以说，作为建构地方记忆的重要支撑，地方档案具有记忆性。

（5）史料性

地方档案的发掘与整理，为史学界提供了丰富的史料，利用地方档案

---

① 陈鑫、程骥、吴芳、卜鉴民：《地方档案文献遗产保护开发研究——以苏州丝绸档案为例》，《档案与建设》2020 年第 6 期，第 42~43 页。

② 陈鑫、卜鉴民、方玉群：《柔软的力量——苏州市工商档案管理中心抢救与保护丝绸档案纪实》，《中国档案》2014 年第 7 期，第 29 页。

推动史学走向深入化、精细化研究已渐成趋势。① 地方档案真实地反映了特定区域的历史与现状，将特定区域社会变迁过程中所发生的各种重大事件、经济结构变化、社会体制更迭、民风民俗传承等方方面面记录了下来，有着较强的历史价值和学术价值，是研究该地区的第一手资料。② 大多数的地方档案都是人们对过去不同时期的事物做出的一种直接性描述，所涉及的许多内容和资料都始终保持了其应有的客观性，这使得地方档案具有真实性。经过多次的阅读了解之后，我们就能够大致理解特定区域或者特定地点所发生的具有代表性的历史事件，寻找它们中的"真相"，这对于解析本地历史及传承中国特色文化都有着非常重要的意义。

（6）时代性

地方档案是人们社会实践的产物。人们的各种社会实践活动都是在一定的社会形态、政权制度和社会文明下进行的，因此地方档案的产生和存在都与它们有着密切的关系。地方档案的时代性就是指一定的社会形态、政权制度和社会文明给地方档案烙下的时代印记，它们使同一时代的地方档案在内容、语言和载体形式等方面具有一定的共性。③ 不同的历史发展时期，各个地区的政治、经济、文化、民情、风俗等都有所不同，地方档案能够直观地展现某一时代的面貌及特征，因此可以说地方档案是记录某一历史阶段的地方历史文化、风土人情、社会生活等的"活化石"，具有鲜明的时代特性。

（7）教育性

地方档案对历史、文化等课程的教学有所帮助，能够鲜活地再现历史细节，是思政课程丰富、珍贵的素材宝库。以吉林省档案馆为例，吉林省档案馆现存乾隆十九年至中华人民共和国成立后各个历史时期所形成的各种载体形式的档案资料，其中有伪满洲国的档案资料66717卷、革命历史档案资料2600卷，大量经济、政治、社会等诸多领域的地方档案研究资料齐备可考，为地方档案资料在思政课程中的应用奠定了基础。学生在寻找和利用档案资料时必须对被记录的历史进行判断、辨认和思索，这个过程

---

① 邓利平：《"第四届地方档案与文献研究学术研讨会"综述》，《中国档案研究》2019年第1期，第237页。
② 赵大志编著《地方文献建设研究》，西南交通大学出版社，2012，第20页。
③ 文俊雄：《档案的时代特性理论及应用》，《湖北档案》2004年第5期，第17页。

能够塑造学生本身的判断能力、实证素养和批判性思维。[①]

（8）再造性

地方档案的价值会随着时间的变化而发生变化，部分地方档案会随着时间的推移，借助新时代的发展，创造出新的价值。许多地方档案产生时，其目的主要为存档以备查考，如黑图档为东北盛京内务府衙门的档案备份档册；《清水江文书》则大多为清水江地区在处理林木贸易时所留存的契约凭证；巴县档案、南部档案等多为地方县衙在处理政务活动中留存下来的活动记忆，产生之初的目的同样为存档以备查考。但随着时间的推移，地方档案所处的社会环境和历史环境发生改变，使得人们对于地方档案的认识发生了变化。地方档案对于人们的作用不仅仅是"证明"，还可以结合时代的发展产生许多新的时代产物，比如地方档案展览、文创饰品、邮集、电影纪录片等，因而地方档案具有再造性。

（三）地方档案的作用和价值

1. 地方档案的作用

从历史看，档案是伴随着文字和国家的出现而产生的，在社会发展过程中发挥着"存史资政、传承文明"的作用；从现实看，当今档案部门肩负着"为党管档，为国守史，为民服务"的重大责任。各级地方档案馆通过完善地方档案资源体系建设，创新地方档案文化服务理念、体制和模式，使地方档案资源在地方记忆构建、地方文化传承、地方社会发展方面充分发挥积极作用。

（1）对地方记忆的构建作用

记忆是人类文明进化史的有力印证，而档案从古至今一直扮演着原始记录工具的角色。[②] 地方档案作为历史悠久的民族特殊文化遗产，是地方人民在长期的社会实践活动中遗留下来的宝贵精神财富，它以社会实践活动为主要记录对象，记载了地方人民日常生活中的方方面面，是地方人民进行历史调查和研究的一种重要材料，是当地最宝贵的历史文化遗产，同时也是保存地方记忆最重要的载体。地方档案被视为地方人民参加社会生

---

① 潘慧：《地方档案资料在思政课程中的应用研究——基于〈中国近代史纲要〉自主学习模式》，《兰台内外》2020 年第 10 期，第 45 页。

② 石磊：《档案与社会记忆研究综述》，《山西档案》2018 年第 4 期，第 118 页。

活的一种重要凭证，在构建当地文化记忆过程中起到了不可替代的重要作用。地方记忆是地方成员、地方团体、地方机构或者其他组织在具体社会实践活动过程中所自然形成的关于一些共同事物的一种群体性记忆，其本质意义就在于地方成员以自己本身作为一个实践主体，对所进行的各种社会活动进行信息的确认、保存及提取等，这体现了地方成员在构建地方记忆时的客观性与主观能动性。① 长期以来，地方记忆与地方社会的生存发展息息相关，它既是与历史的沟通，也是与现实的对话，更包含着未来，对地方人民和地方社会的发展都具有深远的影响。② 地方记忆是一种社会现象，不管是出于人类的有意识行为还是无意识活动，其存在都会在一定程度上对地方社会的发展产生或重或轻的影响。一旦社会出现了群体性失忆，可能对整个社会文明的传承造成不可挽回的重大损害，因此建构地方记忆就变得尤为重要。随着世界记忆工程的深入开展，全世界各国人民都在不断地加强世界记忆工程建设和城市记忆工程建设，地方档案研究以不同的整理方法和研究视角对这些工程进行了理论性的解读，并为地方社会提供了丰富、完整的地方照片、图像、音频等地方档案资料，有效地推进了地方记忆的构建。③

（2）对地方文化的保护、传承和发展作用

从广义上来说，地方文化本身就是一个地区在长期社会生产实践中所不断积累和发展而形成的各种重要的物质财富和精神财富的总和，是该地区在其自然生态、民俗、传统、风格习惯等各个方面的一种文明表达，它既以历史记录资料或其他历史纪事材料、文化物品等作为一个客观的形式而持续存在和延伸，又以当地人们的思想行为模式、风俗习惯、价值观念、伦理道德这些主观形式存在和延续。④ 从狭义上来说，地方文化就是指地方的精神文化成果，比如教育、文学、科技、艺术等方面的具体成果。这些地方档案是对一个区域环境中的所有自然现象以及各种群体性的

① 苏志旬：《档案与社会记忆关系研究》，《办公室业务》2019年第9期，第177页。
② 孙洋洋：《社交媒体在社会记忆建构中的介入机制探析》，《档案与建设》2015年第3期，第4页。
③ 纪爱芹：《高校档案的社会记忆构建研究》，《办公室业务》2020年第10期，第69页。
④ 马婷：《社会主义核心价值观视域下地方优秀传统文化与大学生思想政治教育——以滨州特色传统文化为例》，《青年时代》2017年第24期，第82页。

活动和方式的原始记录，其蕴含的意义极广，它不但记录了当时一个地方在政治、经济、历史、教育、生产等各个领域的实际性的活动，还记录了当时该地区的民俗、艺术、文教和公益事业等各种地方传统文化。因此，可以说，地方档案与地方文化密不可分，二者之间相辅相成，互相推动促进发展。

地方档案的内容直接反映了地方文化，地方档案本身更是地方文化的重要组成部分，是地方文化对社会生活的各个环节在物质层面和心理层面的反映，收集整理地方档案也是我们传承中华文明的重要途径之一。地方档案蕴藏着丰富的历史价值、文化价值和科学技术价值，比如今天我们能够看到的非物质文化遗产，一些富有鲜明的民族与地域文化特色的戏曲表演艺术、衣服、手工制作技巧、民风民俗等。正是因为有了地方档案，这些文化才得以传承至今。地方档案真实地记载了这些非物质文化遗产活动的全方位发展过程，如历史渊源、表现形态、存在时间、区域分布、传承保护等一系列内容，它不仅反映了这些非物质文化遗产活动的真实风格与面貌，也直接或间接地反映了它们的文化属性，从而在具体的社会活动中能较好地推动地方文化的传播。① 地方档案的发展不仅有助于提升地方文化资源的品质，还有助于提高地方特色文化资源的利用率，是丰富地方馆藏资源并做好地方文化繁荣工作的内在需求和题中之义，对促进地方文化保护、传承、发展都具有十分重要的意义。

（3）对地方社会的推动作用

地方档案作为一个特定地区最真实、最可靠的社会历史记录，反映了一个特定地区的生存、成长和进步，是一个特定地区在政治、经济、文化、社会等各方面发展过程中的缩影。深入研究地方档案无疑对地方社会的发展具有不容忽视的推动作用。地方档案的独特属性——区域性，使得不同地区的档案各具特色，利用其独特的地方文化特色，开展地方旅游、名人档案展览等，一方面能够带动当地的经济发展，推动当地文化的发展，另一方面可以进一步推进对地方档案的宣传、保护，提高地方文化传承度。

作为历史文化资源大家庭的一员，地方档案近年来逐渐成为学界重点

---

① 单晓维：《档案文化在旅游业的价值实现》，《兰台世界》2015 年第 35 期，第 170 页。

整理与出版的对象。① 相继整理出版的《黑图档》系列，《清代四川南部县衙门档案》《清代达斡尔族档案辑录》《新巴尔虎右旗满文档案》《赣南文书》《大屯契约文书汇编》等，不仅丰富了各地地方档案馆馆藏，也为我国政治文化的进一步发展添砖加瓦。对地方发展的深入探讨和研究也非常离不开地方档案，以著名的巴县档案为例，巴县档案是我国现存时间跨度最长、数量最多、保存较为完整的一部清代县级地方政权档案，它真实地记载了巴县（重庆）地区自乾隆以来直到清朝覆灭后近两个世纪的政治、经济、文化、军事、司法与社会活动的全貌，为研究清代重庆、四川甚至西南地区的历史提供了翔实的资料，也为清代由盛而衰最终逐渐走向覆灭提供了县级地方政权的一个典型案例，是深入研究地方历史、地方政治的宝贵史料。②

在对地方档案作用的探索过程中，越来越多其他领域的专家学者也逐渐发现了地方档案对于各自研究领域的价值，相继开展学术会议以及申报众多国家社科项目来进一步探讨地方档案的重要作用，如 2019 年南开大学中国社会史研究中心与青岛大学历史学院、文学院联合开展的国际学术会议"清代档案与清代社会"，通过探讨海内外档案研究的研究方法和实践，进一步挖掘档案资源，推进清代社会史、财政史、法律史等领域的研究。通过梳理近年来与地方档案相关的社科基金项目，我们发现项目总数相对较多，分布范围十分广泛，研究主题多样，并且对地方档案的研究出现了跨界研究的现象，不仅档案学界的学者会进行深入的研究，法学界、史学界的学者等也相继加入研究行列，这进一步推进了地方档案在科研上的论文的产出，使相关出版物不断增加。在这样的一个大趋势下，地方档案的整理研究一方面丰富了学界各个领域的知识，另一方面，有关这方面的论文、报纸、书籍等的公开发表、出版，不仅开拓了学生、大众的视野，也让社会大众进一步了解了地方的政治、经济、文化等。

2. 地方档案的价值

在人类进步发展的过程中，地方档案往往肩负着体现历史真实和文

①　高雅婷：《2019 年清代地方档案整理与研究述评》，《兰台世界》2020 年第 5 期，第 15 页。
②　赵彦昌、苏亚云：《巴县档案整理与研究述评》，《中国档案研究》2018 年第 1 期，第 97 页。

化意蕴的任务，它通常被认为是一个国家的机构、社会组织或者其他个人在社会实践活动中直接形成的具有价值的各种形式的一系列历史记录。地方档案资料取材丰富，涉及政治、经济、社会、自然等多个方面，可以按照不同时间加以区分而又具有连续性，大多真实可查，对于学术研究不可或缺。①

（1）凭证价值

和其他档案一样，地方档案也是对历史的真实记录，是参考备查的第一手资料。地方档案的凭证价值是其最基本的价值特点。地方档案涵盖了特定区域的政治、经济、人文等历史记录，它可以成为当今社会查证、研究过去的凭证。

地方档案之所以具有凭证价值，是由其形成过程以及呈现方式决定的。首先，从其内容来看，其内容是直接记述过去而形成的，而非后期杜撰，因此它客观地反映了特定地区当时历史的基本情况，作为历史证据是令人信服的。正如恩格斯所说，对于事态的真相，现在不可能提出文件来做证据。只有在事件本身成为历史陈迹的时候，这些证据才会出现。作为历史陈迹，地方档案无疑具有不可磨灭的证据作用。例如，我国保存的龙泉司法档案清晰地记录了中国法律制度和司法实践从传统到近代变革的完整过程，弥足珍贵；清代四川南部县衙门档案完整汇聚了四川北部的南部县衙门所藏档案，且按照"房"的划分来进行整理汇编，既展现了当时的县衙各个"房"之间的联系，又加入当今整理原则，十分便于阅读者的阅读。

其次，从其呈现方式来看，地方档案保留了地方区域真实历史的标记。有些地方档案是当地名人的手稿，有一些地方档案是当地衙门的原始卷宗并含有相关人物的亲笔签名或批示，还有一些地方档案是特定地区曾经的照片、录像和录音等。这些原始标记和原始记录，直观全面地展现了一个地区发展过程中的原始面貌。正如《清代巴县档案汇编》中关于当地民俗的记载，清晰地反映了一个地区发展过程中的婚葬礼仪、宗族条规、赡养继承、宗教信仰、民间娱乐等与民俗相关的方方面面，对研究当地社

---

① 潘慧：《地方档案资料在思政课程中的应用研究——基于〈中国近代史纲要〉自主学习模式》，《兰台内外》2020 年第 10 期，第 45 页。

会民俗文化和中国传统社会文化具有不可替代的重要作用；《黑图档》系列档案，记载着盛京总管内务府同北京总管内务府、盛京五部等衙门来往公文的抄存稿簿，清晰地反映了皇室的经济情况，对研究皇室发展具有重要且不可替代的作用。

地方档案中保存的大量司法案件是对当时司法实践的生动呈现，为学界的司法研究提供了有力依据。① 其中最具代表性的当属龙泉司法档案，该档案生动地展现了一个世纪前的司法状况，描绘了当时社会普通民众的日常生活，给中国近代法制史研究提供了丰富的资料。

（2）情报价值

地方档案记录着一个地区的事实、知识、经验，具有真实性、可靠性、参考性，因此也形成了地方档案的另一个基本价值，即情报价值。

地方档案记录着当地历史活动中的一系列的事实以及人们在生产活动中形生的文化、政策等，它将每个人都联系起来，具有独特的情报价值。这种情报价值表现在不同方面，其一，表现在与经济文化发展相关的档案中，如关于当地的经济文化发展的大量相关档案，可以反映出当地经济文化发展的一般情况；其二，表现在与当地某些案件相关的文件中，这些文件记载了案件的发展始末；其三，表现在记录同一问题的连续性文件中，这些文件体现了同一事物发展过程中的连贯性，比如，在地方档案中，有许多与经济相关的档案文书，如契约、账簿等，这些档案文书促进了我国的经济史的研究发展。② 最具代表性的是清水江文书，清水江文书作为主要记述贵州林业契约文书的地方档案，对研究地方契约文书具有重要意义。

（3）文化价值

社会存在决定社会意识，我们研究思想文化不能凭空想象，地方档案的发掘为研究思想史提供了丰富的养料。③ 中华民族拥有绵延不断的悠久

① 邓利平：《"第四届地方档案与文献研究学术研讨会"综述》，《中国档案研究》2019年第1期，第242页。
② 邓利平：《"第四届地方档案与文献研究学术研讨会"综述》，《中国档案研究》2019年第1期，第240页。
③ 邓利平：《"第四届地方档案与文献研究学术研讨会"综述》，《中国档案研究》2019年第1期，第246页。

文化发展脉络。地方档案对传承优秀区域文化所发挥的作用不容忽视。地方档案收录了大量区域的自然、政治、经济等方面的历史资料，避免在社会发展进程中发生区域文化缺失、区域文化被湮没在历史长河中的现象。①地方档案记载了当地史料、民情、文化遗产等文化信息，这些文化信息在经过系统的整合后，便于人们研究当地文化，传承历史，发展历史，并且彰显了当地独特文化，有利于进一步向后人展现过去，推动当地文化的发展。正如孔府档案，在帮助研究孔子的基础上，进一步推进对传统优秀文化的继承和发展。

（4）学术价值

地方档案保留着大量前人的研究成果，既有借鉴价值，也有佐证意义，是促进学术研究的重要依托。地方档案具有三个方面的学术价值。一是为学术研究提供情报信息。地方档案作为我国文化宝库中的重要财富，可为学术研究提供翔实的资料。比如我国地方文献中珍贵的彝族文献，为研究彝族文化的人员提供了参考信息。二是为学术争议提供佐证。很多研究古籍或名著的专家在研究中出现争议时往往会利用地方档案来佐证其定论的正确性。三是为文物考证提供参考。许多地方的文物工作者，各自经过对古代文物（包括古墓出土文物）的实地调查后，回到单位开始研究时都会首先到图书馆、博物馆、档案馆、史志办等部门查找有关的地方档案史料，然后经过分析考证，最后结合调查情况得出较为科学的结论。②

二　我国地方档案的发掘

（一）我国地方档案发掘概况

20 世纪以来，随着地方档案各项工作的持续推进，在各地相继发掘出的珍贵的档案文献在社会和学界引起广泛反响。到目前为止，在我国境内已被发现的地方珍贵档案记录文献有百余种，不同地方的档案文献虽数量不同、内容各异，但都极具地方特色，真实地记录了特定地域、特定时期的历史。除此之外，现在的中国，从南到北、从东到西都发掘出了

---

① 粟卫民：《探究地方文献的区域文化价值及利用方法》，《兰台内外》2020 年第 8 期，第 73 页。

② 李默勇、史会荣：《地方文献的资源价值及深度开发》，《卷宗》2020 年第 17 期，第 147 页。

璀璨的珍宝般的文献，如傈僳族文书、瑶族古籍、纳西族东巴经书、藏族唐卡绘画、彝族古籍、水书档案等，这些文献记录了少数民族活动的历史。除此以外，被发现的还有各地的档案记录，例如清代顺天府宝坻县的档案、四川南部县留存的县衙档案、清代云南武定彝族那氏土司档案、清代台湾淡新档案、明清时期四川自流井留存档案、四川自贡地区盐业档案、清代兰溪鱼鳞册等。还有地方文书也相继被发掘出来，例如东北和内蒙古地区的土地文书、河北获鹿地区的土地文书、明清时期浙江严州府地区的土地文书、明清时期福建的契约文书、清代时期的贵州文书、清代时期的香港土地文书、清代时期的珠江三角洲地区土地文书、江西浮梁文书、浙江淳安文书、浙江遂安文书等。这些地方珍贵档案文献虽然形成的时间、地点和内容各异，被重新发现的过程也不尽相同，但它们能够历经沧桑而留存至今，必然具有许多共性。第一，都经历了一段不为人知的历史，且发现过程为一次性发现或持续性发现。如吐鲁番文书或黑城子文书曾长期深埋地下；再如孔府档案在新中国成立前，一直被严密控制，外人不得而知，甚至只被当作若干堆废旧文书。因为一些地方档案文献本身便是一个完整的档案全宗，且在保存过程中并未分散，所以其重新发现的过程也多为一次性发现。而那些历时较长、散落民间的地方珍贵档案，则需要在民间进行搜集或征集，这类档案的发现过程多为持续性发现。第二，留存下来的地方珍贵档案文献都跨越一定时间，长则近千年，短则数十年。如徽州历史档案被称为"千年契约文书"，孔府档案时间跨度为 414 年，巴县档案为 180 多年，上海道契档案为 83 年等。第三，数量较多，具有一定规模。如清水江文书、徽州历史档案、孔府档案等地方珍贵档案文献存世数量均在 30 万件以上，湘西里耶秦简数量约 36000 片，侨批档案 19 万余件。以上三点共性是我国地方珍贵档案文献区别于一般意义上的地方档案的鲜明特点。[①]

（二）我国地方档案的发掘途径

从已发现的各地方珍贵档案文献的发掘途径来看，主要有考古发掘、抢救性发现、整理性发现和评选性发现四种途径。

---

① 刘倩倩：《我国地方珍贵档案文献的发现途径研究》，《北京档案》2014 年第 11 期，第 25~27 页。

1. 考古发掘

考古发掘是指专业考古队在地方将深埋地下或洞窟中的地方档案以专业的手段取出并修复。通过考古发掘的地方档案文献有敦煌经卷、甲骨档案、吐鲁番文书、黑城子文书档案、居延汉简、尹湾简牍、湘西里耶秦简等。从发现过程上看，这些档案多为持续性发现，即经过不止一次甚至几十次的考古清理和发掘，才渐渐露出档案文献的本来面貌。至今仍有大范围的古城、古墓或洞窟遗址尚待发掘。例如，被誉为"高昌历史的秘密资料库""西域文化的地下博物馆""研究中国中古历史与文化的百科全书"的吐鲁番文书，在19世纪末已遭到外国列强不同程度的盗掘。但是由于该地区前期出土的文物以及档案的数量和完整的程度远不如敦煌发掘的文书，而且受各种因素影响出土之物长期秘不示人，其中只有出土的个别文书作为艺术品被公开，对于其他成果外界一无所知，所以吐鲁番文书长期被忽视。到了1950年左右，我国的考古工作队入驻吐鲁番地区古代墓葬遗址，先后进行了数次的考古发掘工作，出土了大量古籍、佛经、文书、砖志，以及少数民族文字写本。1950年到1975年间，考古工作队在阿斯塔那、哈拉和卓、乌尔塘、交河故城等古代墓葬和遗址中进行了十三次发掘清理工作，对将近500座从晋代到唐代的墓葬和遗址进行了考古发掘，清理出土了数以万计的文书以及大量的墓志、墓砖。这引起了学术界的高度关注。随着吐鲁番地区新出土文书的不断增加，吐鲁番文书和吐鲁番文化的影响力也将逐步扩大，有学者认为："吐鲁番出土文书是敦煌藏经洞以外的又一历史文献宝藏，它与敦煌文书并列，成为我国历史文化遗产中绽开的一对姊妹花。"[①] 从内容来看，通过考古发掘面世的档案文献，内容多以官府文书居多，且文书种类丰富，涉及面较广。如20世纪初发现的黑城子文书的档案，官府公文数量最多，多是亦集乃路总管府与甘肃行省、肃政廉访司、诸王、王妃等之间互相来往的公文，种类繁杂，有互通来往的官方文书、各类名册、各类开销账单、各类借据、各种诉状，以及各种书信等。除此以外，在黑城子遗址中也发掘出了数量可观的珍贵文书，其中就包括著名的西夏文字典《番汉合时掌中珠》。不仅如此，被历史学界认定为目前世界上现存的最古老的钱币的忽必烈时代的钱币也在此处被发

---

① 　陈国灿：《略论吐鲁番出土的敦煌文书》，《西域研究》2002年第3期，第1~9页。

现。黑城子文书不仅反映了当地历史概况，更是中国文化向西传播的有力证明，为研究元朝文书工作制度和档案管理制度提供了难得的实物资料。

2. 抢救性发掘

近代中国，风云变幻，动荡不安。无数珍贵的档案文献、历史文物惨遭掠夺和破坏。新中国成立后，受各种因素的影响，许多地方珍贵档案文献又遭到了不同程度的破坏。档案、文化部门和一些学者对此非常关注，开展了一系列抢救活动。抢救性发掘，是指在抢救濒危档案文献的过程中，发现有一定规模和价值的地方珍贵档案文献。通过抢救活动发现的地方珍贵档案文献有巴县档案、徽州历史档案、中山纪念堂设计图、清水江文书、孔府档案、水书档案、女书档案、南部档案和四川省凉山彝族自治州毕摩文献等。通过抢救性活动发现的地方珍贵档案文献都具有一个共性，即在被发现之前已经受到严重的破坏。如 20 世纪 50 年代，徽州历史档案在土地改革中，"有的被裁成一小块用来包裹铜板银圆分给贫雇农；有的画轴被用来烧火；有的古书因是柔软的宣纸，成了上等的手纸；有的用来擦煤油灯；堆满房间的书刻旧版则被农民用来引火"①。也有很多古籍贩子到农村低价收购这些古籍文书，然后加价卖给鞭炮店做爆竹纸捻，或卖给个体纸坊做造纸原料，或卖给废品收购店，或山货老板做包装纸或雨伞等。再如被誉为"中国县级地方历史档案之最"的巴县档案，1953 年被时任西南博物院常务副院长的著名考古与历史学家冯汉骥发现于长江南岸的巴县樵坪乡天成寺。发现之时，这批档案的纸张已经变质，发黑发黄，有的霉烂腐朽，有的结成纸砖，损毁情况非常严重。

3. 整理性发掘

随着社会的发展，国家越来越重视文化建设，提出"文化强国"的口号。在这种大环境下，整理、研究各地留存下来的珍贵档案文献，将其用来服务于国家各项事业的建设已成为档案部门的职责所在。整理性发掘，是指有关学者或档案工作者在整理档案文献过程中，偶然发现有与整理主题无关的其他珍贵档案文献。通过整理性发掘被发现的地方档案亦不乏珍贵之物，例如记录了清代时期五大连池火山喷发的满文档案文献、上海道契档案、吉昌契约文书、苏州市民公社档案、上海总商会档案等。由此种

---

① 鲍义来：《"第五大发现"》，《新安晚报》2000 年 9 月 1 日，第 19 版。

途径发现的地方珍贵档案文献，最具偶然性和故事性，且多为一次性发现。如上海道契档案的发现就是"情理之中，意料之外"。19世纪40年代，上海租界地区的土地制度被变更为"永租制"。按照规定，英国人从中国业主手中获取土地要采用中国传统租契的样式另立"租地议单"，在这之后上报当时的上海地方官府以及英国领事馆，最后由上海道台在租契上盖章钤印，因此被称作"道契"。新中国成立后，这批道契失去了作为土地契证的功能，又由于政治和经济原因被尘封起来，一直未得到社会关注。直到20世纪90年代，这批系统地记载了当时土地租赁制度的道契档案才被上海市房屋土地资源管理局发现。当时该机构正在编写《上海房地产志》，为此在全市广泛搜集相关资料时无意发现了这批档案。这批档案原来一直被珍藏在上海市房屋土地资源管理局档案馆中，后于2003年3月移交上海市档案馆，共3万余卷，还有10万余份的附件。又如清代五大连池火山喷发满文档案文献（简称五大连池档案）劫后重生的过程更为传奇。1900年八国联军侵华，俄国入侵者在侵华过程中洗劫了黑龙江将军衙门的所有档案。由于当时清代的黑龙江将军衙门部门庞大，档案数量颇多，五大连池档案混迹其中未被发现。20世纪50年代初，在新中国外交政策的斡旋下，这批被劫的黑龙江将军衙门档案才得以从苏联回归。回归后，最初由中国第一历史档案馆收藏，后又在1985年将这批档案移交给黑龙江省档案馆。而这其中珍贵的五大连池档案始终未被人们发现。直到1995年8月，黑龙江省档案馆的工作人员在进行黑龙江将军衙门满文档案整理工作时，在康熙五十九年（1720）的满文档案中意外地发现了五大连池档案。

4. 评选性发掘

1992年，联合国教科文组织发起了"世界记忆工程"，受此影响，我国于1995年由国家档案局牵头成立了世界记忆项目中国国家委员会。在2000年千禧年到来之际，我国正式启动了"中国档案文献遗产工程"。2001年，全国各省、自治区、直辖市为推动该工程的持续发展，纷纷成立工作领导小组，面向各自辖区开展珍贵档案文献的评选工作。评选性发掘，指在各地进行珍贵档案评选过程中发现有地方珍贵档案文献。国家档案局先后在2002年、2003年、2010年将三批113件（组）档案文献编入《中国档案文献遗产名录》。除此以外，还有部分优秀档案文献入选《世界记忆名录》，例如《黄帝内经》、《本草纲目》、中国传统音乐录音档案、清代内阁秘本档、纳西东巴古籍、清代科举大金榜、清代样式雷图档、中国西藏元代官方档案、侨批档案——海外华侨银信。另外，各级地方政府在进行珍贵地方文献的评选活动时，不少民间个人收藏的珍贵档案也浮出水面。通过评选方式发现的地方珍贵档案文献，多为国家各级档案馆收藏的珍贵档案。这些新的发现与由上述三种途径发现的地方档案文献在内容上有所重合。①

【思考题】

1. 了解地方档案产生形成的背景。

2. 明确地方档案的内涵与外延。

3. 如何理解地方档案的"地方性"？

4. 如何认识地方档案形成主体的多样性？

5. 如何看待地方档案的时间跨度？

6. 结合实例谈谈如何发挥地方档案的价值与作用？

7. 你认为地方档案还有哪些发现渠道？如何拓宽发现渠道？

---

① 刘倩倩：《我国地方珍贵档案文献的发现途径研究》，《北京档案》2014 年第 11 期，第 25~27 页。

第一章　中国地方档案研究历史与现状

第一节　地方档案研究的缘起

一　地方历史文化的凸显

19 世纪末 20 世纪初，中国的知识与制度体系发生了重大变化。随着西方国家与中国的交流日渐加深，外国资产阶级史学思想开始传入中国，中国传统旧史学受到了冲击，旧史学以"政治史"和"精英人物史"为中心的研究模式不再能适应当时社会的发展。为了结束史学领域封建史学一家独大的局面，在中国开辟出一条新史学的道路，中国史学家逐渐接受和学习西方的史学理论和方法。20 世纪初，以梁启超为首的一批新的史学研究者提出了"新史学"的主张，即建立在批判和超越传统史学基础上的一种全新的史学研究方式，从多层次、多方面去把握历史。微观史、民生史、普通百姓史逐渐成为研究重点，相关领域研究学者将聚焦点从社会精英、政治人物转移到社会各个阶层的民间大众，并尝试揭示和研究社会普遍的"公理""公例"，在"走向现代国家"的社会背景下将研究视线移向社会下层。这成为研究社会各个阶层的外在驱动力。

20 世纪初，《新史学》发表，梁启超积极推动史学研究界进行革命，旗帜鲜明地提出了"国"与"民"的概念，并指出史学研究只有重视社会各阶层群体，才能深层揭示史学价值，同时代的史学界学者积极响应梁启超的号召，纷纷提倡"民史"、"为民众而作"的历史。在这一趋势下，开拓史学研究领域，把眼光投向普通民众阶层，重视对新发现和新资料的运用是大势所趋。在《中国历史研究法》中，梁启超提出根据史料获得的途径将史料划分为"在文字记录者"和"在文字记录以外者"，文字记录的史料不仅仅有"旧史""史部以外之群籍"，还有"关系史迹之文件"，即档案与函牍。此外还有简书、敦煌写本、金石镂文、外国人著述等新型史料。在由文字记录的史料中，部分史料已经超出了当时文史学界的习见文献范围，如无法应用四部分类体系进行简单划分的明清档案，而学界通过对明清档案进行整理研究探索出了具有鲜明特色的明清档案学。再如居延汉简和敦煌文书，其主要是历史典籍、佛教经卷，以及手实、户状等官府簿册文书，民间社会日常形成的世俗文书虽也有少量留存，但是并未得到史学界的充分重视和研究。与此同时，在戏曲、俗文学的范畴下，相关学者对旧戏曲展开研究，从而使得车王府曲本，敦煌的俗讲、变文等俗文学资料得以被研究，戏本、弹词、鼓词、宝卷等类型的文献逐步受到重视，在此基础上郑振铎撰写了《中国俗文学史》。同样地，图书馆界的收集与研究视野也不断拓展。1927年顾颉刚在《国立广州中山大学购求中国图书计划书》中批评了以经、史、子、集划分全体书籍的旧藏书观念，指出图书馆的收藏范围应该不断扩展。至此，地方档案文献的价值已经被学界所认识，地方档案文献进入了研究、典藏的领域。

在这一背景下，学术领域的研究方向发生变化，开始注重区域档案文献与地方档案文献的整理与研究，以档案文献作为史料支撑来深入探析基层地方社会实态成为一些学者重点研究的内容。敦煌文书、徽州文书、巴县档案、南部档案、清水江文书、孔府档案等一大批地方档案文献进入人们的视野，蜀学、鲁学、徽学、浙学、桂学、湘学等地域之学，或应运而生，或重焕光彩，俨然成为"预流"之学问。①

二 后现代主义的影响

后现代主义思潮具有多维叙事，批判、挑战思维，去中心化等特征，提倡多元文化融合，关注社会记忆和个人记忆。档案研究关注主流机构、上层社会、精英阶层的特点，以及单一的研究范式使得吉尔兹的"地方性

① 吴佩林：《地方档案整理的"龙泉经验"》，《光明日报》2019年11月14日。

知识"与区域文化研究成为可能。所谓"地方"是与"中央"相对应的概念，现代的文化研究和发展，最重要的就是让"地方"和"边缘"得以再次凸显各自的价值和文化，在这个进程中不同的"地方"和"边缘"是否能够在现代化进程中完成华丽转变，将地方性的叙事加入中华民族的历史性宏观叙事中，将它们的地方性经验上升为国家层面的普适性经验，正是现代化文化的发展和研究是否深入和拓宽的关键所在和重要标志。外国知名人类学家克理福德·吉尔兹教授（Clifford Geertz）提出了"地方性知识"这一概念。他认为地方性知识是文化不可或缺的一部分，由置身于某种文化背景中的成员历时形成、表达且共享，且符合当地人生存和发展的需求。地方性知识研究常以深层描述、精研文本等相关文化行径追求将每一种地方性知识的源起与特定历史背景情境的关联展示出来，同时，吉尔兹还主张用一种"文化持有者的内部眼界"来观察文化，强调文本阐释者的"主体参与性"。由此观察作为一种"地方知识"的"地方档案"，不仅可看到其所展示的古代传统，还可通过深层描述揭示它源起背后的特定语境。"地方性知识"具有浓厚的后现代色彩。20世纪以来，伴随着工业化的发展，西方文化强势地入侵其他文化，向全球传播，致使文化由多元化向着一元化发展。学术领域一度强调宏观，注重共性，追寻规律，抹杀个性，这对文明固有的多元性十分不利。吉尔兹的"地方性知识"与"后现代主义"文化理念不谋而合，为了矫正"现代化"及"全球化"进程中的弊端，带有求异特征的"地方性"诉求便提上了学术议程。在人类学、历史学、法学及其他学科研究中用后现代主义文化理念观察、认知文化及社会现象，成为近年来人文社会科学的普遍做法。

三 档案记忆观的彰显

20世纪90年代，由联合国教科文组织实施的"世界记忆工程"项目自开展以来便将"记忆"这一概念在档案学界的重要程度大幅提升，成为"信息"与"知识"之后的档案学领域又一重要的研究概念。第十五届国际档案大会聚焦讨论了档案记录的是谁的记忆，从档案中能找到过去的什么记忆，记忆是如何形成的，集体记忆或共同记忆的性质是什么，如何从档案中寻找记忆，记忆与集体或个人身份的关系是什么等问题。这一连串的问题强调档案工作作为社会研究活动，在研究和发展过程中应从整体社会来研究，将档案记忆与整体社会记忆联系起来，突出档案记忆的整体多维性与生动性。有学者提出，中国的历史是社会上层的历史，是残缺不全、缺少社会底层民间大众的历史，总是展示上层组织结构的变革和上层人士的生活，人们对底层大众的生活和精神无法感受得到。也有不少历史学者认为，以文字记录留存下来的"史料"，仅仅是"过去事实"的一部分，不是完整的历史叙事。地方档案在长期的社会进程中，形成了大量的政治、军事、技术、文化等方面的历史记录，汇集了某地历史文化记忆，是某地独有的文化财富，具有重要的资政价值、史料价值和学术价值。地方档案是一个国家和民族重要的文化遗产，一般为地方档案馆、图书馆所收藏，同时它也是重要的区域地理资源、历史事件、风俗传统、乡贤人物等记忆的重要信息载体，能够形成对某地丰富、立体、多维的叙事。① 因此，深入挖掘地方档案资源能够为地方文化研究提供丰富的文化资源支撑及真实的历史参考依据。②

第二节　地方档案的研究内容和方法

一　研究内容

中国是世界四大文明古国之一，在漫长的历史进程中形成了丰富的地方档案，这些地方档案是中华民族宝贵的文化遗产和精神财富。地方档案具有明显的地域特性，部分地方档案形成持续时间久，经过多个朝代，记录了众多重要事件，开展地方档案研究工作，对了解过去，指导现在，探索未来，促进当地经济和社会事业发展有着十分重要的意义。同时，地方档案大多保存于当地档案馆、研究机构、高校和民间，部分流失于海外，加强地方档案的研究工作有助于学术界和社会大众关注地方档案，对地方档案的保护和遗产文化的传承有着重要的意义。体制内、外的机构相互合作，正逐渐形成产学研合作的创新模式。随着高校功能从人才培育、科学研究向社会服务延伸，地方档案的研究主体也从单一的研究者向多元的科

---

① 马强、魏春莉：《嘉陵江流域地方文献的分类、特征及其意义》，《长江文明》2013 年第 2 期，第 65~71 页。

② 董艳凤：《地方文献的文化价值及其开发利用》，《中文信息》2020 年第 2 期，第 47~49 页。

研工作者、企业服务者、民间保存者等转变，这拓宽了地方档案的研究影响力。任何的学术研究和科研创新都离不开价值的产出，没有价值产出的保证难以维持持续的研究。地方档案的研究也是如此，充裕的资金保障了地方档案研究成果的持续产出，如一些地方将地方档案的研究成果用于地域旅游业，既丰富了旅游的文化内涵，也为地方文化和内在精神的传承拓宽了途径，同时推动了地方经济的发展，为地方档案的研究提供资金保障。而各地方的研究环境各不相同，这与地方档案的内容、地方主客体和机制模式有关，地方档案的研究需结合当地实际情况展开具有地域特色的研究。

研究内容在本章节是指针对某一研究对象，采用多种研究方法，从不同的视角研究、揭示研究对象的外部特征和内在联系，按照从微观到宏观、从历史到现代的逻辑线索，采用内容分析法、描述性研究法、历史分析法、田野调查法等不同的研究方法，基于多维度视野解读研究对象。对于地方档案的研究内容来说，就是从不同的研究视角对地方档案进行解读和分析。

根据不同的研究视角，可以大致将地方档案的研究内容分为司法、政治、经济等几个方面。相关学者采用不同学科的研究方法对地方档案进行的研究，可归纳为如下几个方面。

（一）司法

地方档案中保存了大量的司法档案，这些司法档案是对当时司法实践的生动再现，为学界的司法研究提供了有力依据，综观学术界关于司法的学术研究都是基于地方收录的司法档案进行的研究分析。研究内容多涉及司法运作中的某个环节，如保释；某个具体司法权益，如财产继承权；某个司法实例等。地方档案中司法档案的数量庞大，一些学者利用地方档案进行的司法史相关的研究，主要包括对地方司法制度、司法文书、诉讼过程中的参与者、司法思想的研究。

一是对地方司法制度的研究。司法制度是指一个国家或地区的所有司法原则和规则的总称，在司法调整各种社会关系时形成并体现社会制度。它调整了多少社会关系就包含有多少种具体的司法制度。针对地方档案中的司法制度，学者陆娟以巴县档案为史料进行研究，继而以清代民间基层矛盾调解制度为对象进行剖析，指出调解主体是"半官方"与"次权威"，范围是"自诉"与"公诉"，程序模式是"准司法"与"三维度"。① 除了乡里的调解，还有学者注意到了行帮中的纠纷，学者周琳同样以巴县档案为史料，关注行帮纠纷，认为清代重庆行帮公产纠纷是"专制统治"和"多元制度变迁"相结合的结果。② 还有学者以巴县档案为史料，揭示抱告制度在州县民事诉讼中的运作形态等。③ 当制度上升到更为严重的刑事制度时，袁小梅以淡新档案为史料对此进行了研究。④ 汪雄涛以巴县档案为史料，对清代州县"压制性诉讼"给出了自己的看法，即构成"压制性诉讼"的一体两面，是国家对讼事的态度和百姓的态度。⑤ 马林华以徽州文书为史料，着眼于徽州地区的民间法，指出民间法最本质的特点是实用性。⑥ 可见，各地方档案中记载的与司法制度相关的内容尽是具体的司法案件和调解过程。过去的司法制度虽没有今天的完善，但也有法可依，并不仅仅是强制执行，也充满了符合人性化的成分。

二是对地方司法文书的研究。司法文书是指一切涉及司法内容的文书，是具有普遍约束力的规范性司法文件，具体指各种司法、行政法规，地方性法规及规章等，如学者郑小春关注到徽州状词文书格式由白纸状向格眼状转变的过程，状词文书贯穿整个清代，其中康、雍时期是状词的格式转变的时期，无论状词的格式如何变化，状词的严格化和完备化一直贯穿整个清代。⑦ 也有学者对某种司法文书的历史变化和特征进行研究，李晓娟以清水江文书为史料依托，对"清白文书"的历史形态、特点价值，

---

① 陆娓：《必也使无讼乎：清代乡里调解的理性与经验——以巴县档案为素材》，《原道》2015年第1期，第73~88页。

② 周琳：《产何以存？——清代〈巴县档案〉中的行帮公产纠纷》，《文史哲》2016年第6期，第116页。

③ 张晓霞：《清代抱告制度在州县民事诉讼中的实践——以清代巴县档案为中心的考察》，《成都大学学报》（社会科学版）2017年第4期，第28~35页。

④ 袁小梅：《〈淡新档案〉中的刑事调处研究》，硕士学位论文，南昌大学，2016，第23页。

⑤ 汪雄涛：《清代州县讼事中的国家与个人——以巴县档案为中心》，《法学研究》2018年第5期，第171~188页。

⑥ 马林华：《明清时期徽州地区的民间法：以徽州文书为视角》，硕士学位论文，西南政法大学，2015，第22页。

⑦ 郑小春：《诉讼文书所见清代徽州状词格式的演变》，《徽学》2015年第00期，第235~248页。

以及调解运行机制进行研究，揭示了其历史渊源和现代价值。① 任何地方档案的研究都离不开史料，吴佩林以南部档案为史料来源，关注到衙门"叙供"的文书制度，并将叙供与两造呈词进行对比研究。② 梅凌寒将宝坻县档案与刑科题本进行对比研究③。这部分研究所依托的档案来源比较广泛，对南部档案、宝坻档案等很多清代的地方档案都有所涉及，但是研究不系统，仅是针对某类地方档案的司法文书的变化、历史发展进行研究，虽也有学者关注到两类文书之间的区别，但研究深度不够，还需要加大研究力度。

三是对诉讼过程中的参与者的研究。诉讼至今仍是调解民众矛盾的一种形式，在古代更是解决社会基层问题的主要手段，通过诉讼减少社会矛盾带来的不确定性及其对社会稳定的危害，是历朝历代统治者维持和加强统治的手段，同时诉讼也是民间百姓解决冲突的需要。冲突和矛盾越大，危害越大，越需要诉讼来调解以维护社会稳定。诉讼过程中的参与者很大程度上是诉讼程序的具体表现形式，参与者的身份、角色和定位有助于理解诉讼程序的合理性。原告、被告及证人是诉讼程序中最基本的参与者，诉讼过程中的证人是学者研究的重点，朱忠华以南部档案为史料依托，着眼于民事诉讼中的参与者，认为"干证"在证人制度中有不可替代的作用。④ 又指出"中证"的身份，认为"中证"大多为来自宗族、乡里或阶层中有权威和地位的人士。⑤ 也有学者关注到外部参与者的介入对诉讼过程的影响，如高元武以龙泉司法档案为史料依托，发现在诉讼案件中将其他外部势力引入会使得案件变得复杂起来。⑥ 陈慧萍以南部档案为史料来

---

① 李晓娟：《清代清水江文书中的"清白"文书研究》，硕士学位论文，贵州大学，2017，第 35 页。

② 吴佩林：《清代中后期州县衙门"叙供"的文书制作——以〈南部档案〉为中心》，《历史研究》2017 年第 5 期，第 68 页。

③ 梅凌寒：《刑科题本的拟成：以宝坻县档案与刑科题本的比较为依据》，《中国古代法律文献研究》2018 年第 00 期，第 426 页。

④ 朱忠华：《清代县域民事纠纷中的"干证"》，硕士学位论文，西华师范大学，2015，第 30 页。

⑤ 朱忠华：《〈南部档案〉清代州县诉讼中的"中证"考察》，《长江师范学院学报》2015 年第 1 期，第 53 页。

⑥ 高元武：《龙泉晚清司法档案中的民教诉讼案》，《浙江档案》2016 年第 10 期，第 45~47 页。

源进行司法研究，认为生员作为诉讼过程中的重要参与者，扮演着"中证"的角色，并以此获得社会认可。① 学术界关于诉讼过程中参与者的研究主要聚焦于证人，而针对其他参与者的研究较少，厘清案件的诉讼司法关系，有利于厘清案件的来龙去脉，以及案件的主体结构，从而使整个案件完整地呈现出来。

四是对地方司法思想的研究。司法思想不同于司法和法制，司法思想不仅产生于当时的统治阶层，还形成于被统治的社会大众。所以，对地方档案中司法思想的研究不能仅以统治者为研究视角，还应将被统治阶级的司法思想作为研究重点，以保证中国司法思想史的完整性。对地方司法思想的研究是有利于完善中国司法思想史的，地方司法思想在不同的发展阶段有不同的特点，如在关于清代的司法思想研究中，王崇根据龙泉司法档案，发现"无讼"的司法思想形成于法制现代化的背景之下。② 同样，郭须挺以南部档案为史料依托，对保存在兵房的史料进行研究，发现晚清司法思想的变化，对民间私贩硝磺的行为政府的态度发生了转变，省政府默许地方政府不必严格按照《大清律例》的规定收缴硝磺，可以根据地方情况自行处理。③ 研究地方司法思想有助于摸清该区域人类社会的发展总趋势。

五是对司法机构的研究。司法机构是行使司法权的国家机关，是国家机构的基本组成部分，是依法成立的行使相关国家职权的司法组织。中国早在西周时期就有了明确从事司法审判的司寇，经过多个朝代漫长的变革和发展，到明清时期形成以三法司为代表的主要司法机构。明清确立的三个司法机关在司法中各自职掌明确，同时又彼此制约。④ 王梦洁利用甘肃省西和县档案馆馆藏的地方司法档案揭示了地方催头的设置背景及其职能，这是对司法机构部门人员职责的研究。自古以来，赋税一直是国家财

① 陈慧萍：《从南部县档案看清代地方的生员中证》，《西华师范大学学报》（哲学社会科学版）2018 年第 3 期，第 7~11 页。

② 王崇：《晚清时期"无讼"法律思想研究——以"龙泉司法档案"为考察对象》，硕士学位论文，浙江大学，2016，第 23 页。

③ 郭须挺：《晚清州县政府禁止民间私贩硝磺研究——以〈南部档案〉为依据》，《西南石油大学学报》（社会科学版）2015 年第 2 期，第 92~97 页。

④ 吴艳红：《〈四川地方司法档案〉与明代法律史研究》，《明史研究》2017 年第 00 期，第 111~128 页。

政收入的重要来源，从事赋税征收的官员也随着时间的变化担任着不同的职能。清代的催头作为征税过程中官吏和百姓的联系人，他们不仅负责向百姓催税，还承担着监督地方官吏的职责。①

（二）政治

众多政治制度记录于地方档案中，地方档案大多记载着明清的政治史料，很多学者以地方档案中相关地方的政治史料为依托，研究地方政治史，形成了丰富的研究成果。研究主要从以下几个方面展开。

一是对地方行政职役的研究。部分学者从宏观视角根据清代地方档案，从整体研究的角度解读地方政府行政职役制度。常建华根据刑科题本和巴县档案进行研究，认为川蜀地区的官员可依据地理空间和所属的行政系统进行归类。② 吴佩林等以南部档案为史料依托，指出南部知县的行政官衔由加衔、升调花样、职任、议叙和知县姓氏五部分构成。③ 一些学者从微观研究视角侧重揭示地方行政系统中某些职务的职能和设置背景。王梦洁根据甘肃省西和县档案的记载，指出了清代催头的具体职能。④ 谢佳元以南部档案为史料来源，对地方行政系统中的盐厘首事进行研究，并揭示了其设置背景、职责等。⑤ 此外，部分学者还关注到行政职役的史料考证，李乔根据《淡新档案》的记录，纠正了陈星聚任职信息的错误描述。⑥

二是对地方政治制度的研究。中国曾经历原始社会、奴隶社会、封建社会，不同社会性质下的政治制度是有所不同的。学术界关于地方政治制度的研究有别于对国家政治制度的研究，着眼于地方，从微观的视角研究历史洪流中县乡镇的政治制度，从中窥见国家政治制度及其对地方的影

① 王梦洁：《清代地方基层催头及其职能探究——以甘肃省西和县档案馆馆藏司法档案为例》，《档案》2017年第7期，第40~44页。
② 常建华：《清乾嘉时期四川地方行政职役考述——以刑科题本、巴县档案为基本资料》，《清史论丛》2016年第1期，第167~213页。
③ 吴佩林、曹婷：《清代地方档案中的州县官官衔释读》，《安徽史学》2017年第5期，第42~47页。
④ 王梦洁：《清代地方基层催头及其职能探究——以甘肃省西和县档案馆馆藏司法档案为例》，《档案》2017年第7期，第40~44页。
⑤ 谢佳元、金生杨：《清代盐厘首事初探——以南部县为中心》，曾凡英主编《中国盐文化》（第十辑），西南交通大学出版社，2018，第63~71页。
⑥ 李乔：《〈淡新档案〉与台北知府陈星聚研究》，《中原文物》2015年第2期，第104~110页。

响。如某学者以南部档案为史料依托，揭示了晚清地方巡警制度创置的问题。① 针对地方政治制度进行的研究可以完善和补充中国古代政治制度的研究，同时可比较区域之间的制度差异，从空间和时间的维度揭示中国古代政治制度，但显然学术界关于地方政治制度的研究的深度和广度不够，缺少地域横向和纵向的对比，缺少国家政治制度环境下的宏观研究，这些都是今后学者的研究重点。

三是对地方政策实施的研究。地方政策实施是地方政策的制定过程和施行过程，地方政策是相对于中央政策而言的，是根据时代背景和地域实际情况制定和推行的。古代地方政策具有很强烈的地方性和阶级性，地方政策从来只关心和代表部分阶层的利益，不以民间大众的意志为依据。如陈显川根据巴县档案的记载，揭示了清末新政时期实施的政策仅仅是为了维护当地政府的利益和权力。② 国家政权机关和其他社会政治组织在政策制定和执行过程中同样以特定阶层和特定群体为利益导向，通过强制的手段和形式制定某一历史时期或背景下地方的奋斗目标、社会大众的行为准则等。常建华根据巴县档案，揭示了地方政策实施的过程。③ 地方政策的实施就表现形态而言，地方政治所蕴含的特定阶层观念和统治者的信息，是通过统治者或地方机关用语言和文字等方式表述出来的，它不是具体的实体，而是抽象的信息符号和外化观念。地方政策又根据实施对象，分为对内政策和对外政策，对内政策就是为了管理辖区内的百姓而制定的政策，包括当地商业政策、教育政策、行政职役政策、民族宗教政策等。对外政策即外交政策。对地方档案中地方政策的研究有助于揭示特定历史时期的政策背景，对研究当地社会治理、司法程序，以及阶级矛盾等有十分重要的意义。

此外，还有学者对地方官文书及地方民族问题进行研究。对地方官方文书的研究有利于反映当地与其他行政地区和中央的关系，如中国西藏地

---

① 李彦峰：《清代"招夫养子"与"带产入赘"的利益诉求考察——以〈南部档案〉婚契文约为例》，《长江师范学院学报》2015 年第 5 期，第 17 页。

② 陈显川：《"制造"县长：县长形象构建与地方的清末新政——以巴县档案为中心》，《兰台世界》2017 年第 7 期，第 87~90 页。

③ 常建华：《清代乾嘉时期的四川赶场——以刑科题本、巴县档案为基本资料》，《四川大学学报》（哲学社会科学版）2016 年第 5 期，第 62~75 页。

区与廓尔喀的官方文书，记载了从清朝至民国期间西藏地方政府官员与廓尔喀王之间往来的历史，是研究中国西藏地区军事、宗教、社会、经济等的重要史料，既有历史价值，也有邮政史意义。金生杨也根据南部档案的记载，对地方官文书的文书形式、价值和作用进行了研究。[①] 地方民族问题也是地方档案的研究内容，杨静以冕宁档案为史料依托，揭示了清代冕宁地区在地方民族事务上的处理情况和当地民族地区的法制管理、民族发展情况。[②] 地方档案揭示了民族问题在社会发展中的地位及变化规律，民族问题不是一个孤立的问题，而是整个社会的社会政治发展总问题的一部分。研究地方档案中的民族问题无疑为建设社会主义提供了借鉴。

（三）经济

地方档案记载着大量我国在经济领域中的发展历史，是研究我国经济史的重要史料来源。以地方档案为史料依托，进行地方经济史的研究，能够揭示我国经济状态的变化及历史背景。这是对过去的经济和经济现象的研究，通常综合采用历史的、统计的方法并应用经济学理论分析历史现象和组织制度。

经济重心常随着政治中心的改变、战争、人口迁徙、工农商的发展及海陆交通的改善而不断改变。地方档案中记录明清时期经济史的材料最多。许多专家学者根据地方档案对地方经济的相关记载，对地方的经济制度、农业、商业及手工业经济进行深入研究。对地方档案所记载的经济史的研究有利于为现在的经济问题研究开拓历史视野，从而加深对现实问题的理解，同时有助于审视中国经济问题。相关研究可归纳为如下几个方面。

一是对地方经济制度的研究。经济制度是历朝历代统治者为了展示其对社会中的生产关系的发展要求和实现对利益导向的把控，并为了占有绝对的统治地位而建立的全国经济秩序和法则，是引导社会经济活动的重要规则，并且是社会各阶层普遍接受和遵循的行为规范。历朝历代的地方经

---

① 金生杨：《从南部档案看清代县志的编修与征集》，《西华师范大学学报》（哲学社会科学版）2016 年第 3 期，第 6~13 页。
② 杨静：《〈冕宁档案〉：清代民族地区基层社会治理的标本》，《人民法治》2018 年第 9 期，第 106 页。

济制度对当地百姓的经济活动和当地经济发展的影响都是深远的，对由地方档案所反映的地方经济的研究多聚焦于土地契约制度及商业制度。地方档案中保存有大量的契约档案，如清水江文书便包括山林经营和木材贸易方面的契约和记录。周琳以巴县档案为史料依托，揭示了地方厘金制度和征收厘金的官员的职责。① 罗云丹根据清水江文书的记载和描述，指出清水江区域在清代就已经形成了成熟的土地租佃契约制度。② 崔尧同样以清水江文书为史料来源，研究该地区土地租佃契约制度的保障机制。③ 地方经济制度是国家经济制度重要的组成部分，构成地方政府和地方阶层的经济基础，并对国家政治制度的形成、地方社会意识形态的构建具有重要作用，对由地方档案所记载的经济制度的研究在某种层面上可以解释地方意识形态的转变和主要社会矛盾关系。

二是对地方农业经济的研究。农业是中国古代最基本的经济形式，也是地方经济收入最主要的来源和基础，地方农业经济的发展具有自身的规律性，在生产关系的改革和生产力的组织方面都有一系列特殊的问题，如如何使农业生产关系更加适合生产力的状况，如何正确处理国家、集体和个人三者之间的利益关系等。基于地方档案的地方农业经济研究主要涉及与农业密切相关的水利、农作物，以及土地等方面。首先是与农业关系最密切的土地问题，以地方档案为基础研究土地物权的成果众多，涉及的地方档案有清水江文书、徽州文书、南部档案等。李倩以孔府档案为史料基础，基于土地物权，对孔府的土地物权进行比较分类，说明了孔府各种土地物权的不同特点。④ 李增增通过对南部档案的整理，指出在土地转卖上具有合规的立契程序，在立契程序中形成的契约文书也经历了一次变革。⑤ 吴才茂利用地方档案，进行了横向比较，对比分析了清水江文书与徽州文

---

① 周琳：《征厘与垄断——〈巴县档案〉中的晚清重庆官立牙行》，《四川大学学报》（哲学社会科学版）2015 年第 5 期，第 59~73 页。

② 罗云丹、邓锦凤：《从〈清水江文书〉看清代至民国时期清水江民族地区租佃制度的特征》，《原生态民族文化学刊》2015 年第 4 期，第 82~88 页。

③ 崔尧：《清代清水江下游典当契约研究——以清水江契约文书为中心》，硕士学位论文，贵州民族大学，2015，第 20 页。

④ 李倩：《〈孔府档案〉中所载清代土地物权考论》，《酒城教育》2016 年第 2 期，第 83~86 页。

⑤ 李增增：《〈南部档案〉中的契约文书研究》，硕士学位论文，西华师范大学，2015，第 28 页。

书中关于买卖土地的文书的异同点。① 其次是对地方档案中涉及的林业及作物的研究，以对清水江文书的研究最为典型，林芊等通过对清水江文书中契约文书的整理研究，发现了清代不同时期清水江地区林业生产的不同特征。② 同时，林芊揭示了清水江契约文书中有关林业生产与木材贸易的信息。③ 付饶等人将清水江文书和徽州文书进行横向对比研究，发现了两者关于林业的契约文书的差异。④ 刘秋根等人以清水江文书为史料依托，揭示了清代该地区林业经济的运行方式。⑤ 覃应超以清水江黎平罗里三村为研究背景，通过该村的棉花地契分析该地的地区特点、种植规模，以及当地的经济情况。⑥ 最后，同样与农业经济息息相关的水利也是学者们研究关注的重点。以巴县档案为例，蔡群基于巴县档案，分析其中涉及水利的档案，发现该地地方水利设施的建造得到了该地政府的大力支持。⑦ 有关地方农业经济思想的研究相对较少，农业经济思想对指导农业经济具有重要意义，中国作为一个传统的农业大国，发掘地方档案中的农业经济思想是具有现实意义的。

三是对地方商业经济的研究。商业是商品交换的发达形式，具有悠久的历史，是区别于农业经济的重要经济形式，商业经济与农业经济都是经济的重要组成部分。学者对地方档案涉及的商业经济的研究主要聚焦于盐业、经济农作物，以及商业活动等方面。首先是对地方盐业的研究，中国盐业历史非常悠久，盐业的经济活动记载于当地县衙的盐房档案中，刘艳伟通过整理南部档案发现盐业档案记录着当地的盐业商业活动，并提出了

① 吴才茂：《清水江文书所见清代苗族女性买卖土地契约的形制与特点——兼与徽州文书之比较》，《安徽师范大学学报》（人文社会科学版）2017年第3期，第281~288页。
② 林芊、杨春华：《清水江林业契约与林农经济史的量化关系研究》，《原生态民族文化学刊》2017年第4期，第25~35页。
③ 林芊：《清初清水江流域的"皇木采办"与木材贸易——清水江文书·林契研究》，《原生态民族文化学刊》2016年第2期，第33~42页。
④ 付饶：《清代贵州清水江地区与徽州地区林业契约的比较》，硕士学位论文，贵州民族大学，2016，第25页。
⑤ 刘秋根、张强：《清代民国时期黔东南林区杉木连片经营——基于"清水江文书"的考察》，《河北大学学报》（哲学社会科学版）2017年第1期，第72~78页。
⑥ 覃应超：《清水江文书棉花地契初探——以黎平罗里三村文书为例》，《人口·社会·法制研究》2016年第C1期，第214~225页。
⑦ 蔡群：《从地方文献看清中期巴县农田水利资源的开发与管理——以〈巴县档案〉和地方志为中心》，《人文世界》2016年第00期，第399页。

研究盐房档案的看法。① 其次是对地方档案所记载的经济作物的研究，常见的经济作物有棉花、甜菜、甘蔗和麻类等，李庆宏等人基于南部档案，研究清代特殊的作物，以记录鸦片的档案为研究对象进行了研究。② 付珊珊以南部档案为史料来源，对清代川省的经济作物"白蜡"进行研究，揭示了其在商业贸易中的情况。③ 最后是对地方档案中涉及的贸易活动的研究。地方贸易活动一般是指以物换物的活动或行为，如商品交换行为，不仅有关于物的商品贸易，甚至还有奴隶贸易。关于地方贸易活动的研究主要基于地方档案的记录，如刘伯山以《清康熙中期旅汉口谢氏徽商文书》为史料来源，通过解读史料发现吴楚贸易在清代的徽商贸易活动中占有重要的地位。④ 郭睿君等人通过对文书的整理研究，分析出在立契过程中，中人报酬是根据契约合同来决定的。⑤ 王珏以徽州文书为资料来源，通过对契约中所卖物种进行分类和整理揭示了当时人们参与商业贸易活动的理念，以及当地经济发展的情况。⑥ 汪慧关注立契的要素、背景、存在必要性与合理性等。⑦ 王明凯则聚焦于典契出典人和承典人，分析其各自的权利与义务。⑧ 此外，地方手工业经济也是学者们关注的重点。中国古代的手工业是物质文化发展过程中的一个重要组成部分，推动了社会的商品化进程，促进了国内贸易和海外贸易的繁荣，手工业的出现与人们的衣食住行有着密切的联系，王晓飞等人以巴县档案为史料依托，分析乾隆、嘉庆、道光年间形成的关于矿产的记载，指出在巴县的矿产勘察、开采与开

① 刘艳伟：《清代南部县衙盐房档案的盐史研究价值》，《盐业史研究》2015 年第 4 期，第 41~47 页。
② 李庆宏、刘婷：《三十年来四川鸦片问题研究述论——兼论〈南部档案〉中鸦片史料分布及价值》，《西昌学院学报》（社会科学版）2015 年第 3 期，第 91~95 页。
③ 付珊珊：《〈南部档案〉所见清代川省物产"白蜡"研究》，《牡丹江师范学院学报》（哲学社会科学版）2015 年第 3 期，第 84~87 页。
④ 刘伯山：《清代徽商在经营方式上的变化——从〈清康熙中期旅汉口谢氏徽商文书〉说开来》，《中国社会经济史研究》2015 年第 4 期，第 44~54 页。
⑤ 郭睿君、李琳琦：《清代徽州契约文书所见"中人"报酬》，《中国经济史研究》2016 年第 6 期，第 32~41 页。
⑥ 王珏：《明以来徽州卖契中所卖物种类之研究——以〈徽州文书〉为中心》，硕士学位论文，安徽大学，2017，第 26 页。
⑦ 汪慧：《明清以来徽州找价契研究——以〈徽州文书〉为中心》，硕士学位论文，安徽大学，2016，第 31 页。
⑧ 王明凯：《清代徽州典契研究》，硕士学位论文，安徽大学，2018，第 25 页。

发过程中，起着决定性作用的是当地经济基础和社会稳定因素，而非风水。[①] 地方矿产资源是地方经济社会发展的重要物质基础，是地方重要的经济来源。

（四）社会

地方档案记载着各个地域的社会现象，不仅包括地方基层百姓的社会生活，还有当地有权机关对基层的社会治理状况。对由地方档案所反映的社会现象的研究，其特点在于研究视角是基于整个社会的宏观分析视角，而不是基于社会个体的微观研究，因为人类具有明显的社会属性，研究社会现象就是研究人类的整体关系，纵使有些研究成果会以个体为研究对象，但那也是基于当时社会背景和社会关系来研究的。对地方档案所记载的社会现象的研究常与其他学科相结合，比如有关地方政治的社会治理研究，既涉及地方不同阶层，又涉及政治学；再如对地方宗教祭祀活动的研究，地方宗教祭祀是在特定的社会背景和文化背景下的行为，所涉及的研究领域有社会心理、文化行为等，这既是宗教研究，又是文化研究和社会心理研究。因此对社会现象的研究体现在对整个人类关系的研究、对基层百姓的研究、对某个历史时期的研究上。我国基于地方档案开展的社会现象研究近些年来成果众多，比如学者们对民族、家庭、宗族、祭祀等社会现象的研究，但研究大多浮于表面，缺乏深度的探讨、研究方法的总结、理论的概括等。

地方档案中所记载的内容体现了我国地方百姓的生活，学者对各地区社会现象的研究主要聚焦于宗族、婚姻习俗、妇女儿童、自然灾害、环境等方面。

一是对地方宗族的研究。"宗族"是一种外显的、次元的历史社会概念，文明社会伊始，面对严酷的自然及社会的生存斗争，家族只能以较小的规模存在，有独立生存能力的子、孙逐渐脱离父族另立宗族。而地方宗族在特定时期在地方具有很大的权力，加强对地方宗族的研究不仅能够满足当今人们对寻根问祖的需求，还能厘清地方权利关系。如周振明根据黟县十都宏村万氏文书的史料记载，研究分析清代中后期徽州地区的宗族关

---

① 王晓飞、张朝阳：《利益、治安与风水：清代巴县档案中的采矿纠纷》，《西华师范大学学报》（哲学社会科学版）2017年第5期，第21~27页。

系情况，从而揭示宗族内部问题。① 王珏根据徽州文书的记载，以档案中的财产捐献文契为研究对象，解读徽州宗族内部关系，揭示了宗族如何稳定发展，同时也发现了宗族内部存在的问题和矛盾。② 龙圣以冕宁档案为史料来源，研究分析明代和清代"水田彝"的发展进程及其社群的形成问题。③ 以地方宗族为基础的土司制度是当时中央管理和维护地方政权的一种制度，是元、明、清王朝在少数民族地区设立的地方政权组织形式和制度，如云南罗婺凤氏家族文书记载着有关凤氏家族当时经济、政治、生活等多个方面的具体情况，同时还有关于凤氏家族土司的起源、发展，以及渐渐失去势力的过程的内容，典型地反映了该时期这个地区土司制度的特点。对地方宗族的研究，有利于展现地方宗族兴衰的真实情况，体现中央与地方制度之间的关系。

二是对地方婚姻习俗的研究。中国民族众多，风俗习惯各异，各民族无论在生产和生活方式，还是在居住习惯上都有着各自的特点。地方档案中记录着大量的婚姻史实，如罗云丹以清水江文书为史料依托，对清代锦屏民间的婚姻习俗进行研究，并总结了其表现特点和受到影响的因素。④ 吴志忠等以南部档案为史料依据，研究当地的婚姻关系，指出婚姻的联合是有一套既定的习俗和流程的，而离婚同样有风俗可依。⑤ 按罗婺凤氏家族文书中的相关记载，土司作为封建时期地方上的贵族，他们的婚配只会在阶级内部进行，不能娶下层阶级的女子为妻子，并且即使有的土司将奴仆纳为妾室，其妾室所生子女的地位仍然较为低下，不具有继承权。但其妻子却有相对较高的地位，是在一定的阶级圈层中选取的女子，其妻之子可以作为土司的继承人，继承土司的职位以及土司的财产。但也有例外，若土司之妻无子，则只能由妾室之子继承，但由此又会展开一系列的土司

---

① 周振明：《清代宏村万氏宗族的经济与社会生活研究——以〈黟县十都宏村万氏文书〉为中心》，硕士学位论文，安徽大学，2015，第16页。
② 王珏：《清代徽州社会宗族内部关系调节与控制——以〈徽州文书〉中所见献产文契为中心》，《鸡西大学学报》2016年第9期，第47~49页。
③ 龙圣：《明清"水田彝"的国家化进程及其族群性的生成——以四川冕宁白鹿营彝族为例》，《社会》2017年第1期。
④ 罗云丹：《从清水江文书看清代及民国时期天柱、锦屏民间的婚姻习俗》，《原生态民族文化学刊》2018年第4期，第41~48页。
⑤ 吴志忠、刘金霞：《〈南部档案〉所见的川北城乡婚俗》，《四川档案》2015年第6期，第43~45页。

继承权的争夺。对地方档案中记载的婚姻习俗的研究有助于加深对宗族承袭制度的理解，还原地方社会现象。

三是对地方的妇女儿童的研究。将研究视角聚焦于特定历史群体，可以系统地研究该群体在特定时期、特定地域中的社会定位和关系，利于揭示社会矛盾及其对社会历史进程的影响。相对于对成年男性群体的研究而言，对地方社会中的妇女和儿童群体的研究较少。对地方的妇女儿童的研究，重在探析该群体的特征及其对其他群体的影响。妇女史研究面临的一个问题是女性史料的匮乏，地方档案中与妇女相关的内容为妇女史研究提供重要的史料。李姣以徽州文书为史料依据，研究档案中与徽州妇女相关的经济生活文书，揭示了清代徽州地区妇女的经济意识逐渐加强的过程。① 吴声军则将贺江文书与清水江文书进行横向对比研究，分析清代以降南岭走廊妇女的权利，指出清代妇女的自我意识逐渐觉醒和增强，且对贺江地区妇女的地位与身份产生了深刻的影响。② 张晓霞以巴县档案为史料依托，以清代童养媳现象为研究对象，指出童养媳现象是由男方和女方两方面因素造成的。③

四是对地方社会治理的研究。社会治理是中央、社会组织、民间集体、宗族，以及个人等多种主体通过平等的合作、对话、协商、沟通等方式实现公众理想的社会和经济效果的治理模式。地方社会治理是由该地区形成的一系列的价值和制度来管理控制该地区的经济、政治和社会进程。地方社会治理是该地区开发经济和社会资源过程中实施管理的方式，它同时也是制定和运行管理制度的过程。地方社会治理的内容包括地方经济、政治和文化等方方面面，如对地方外来移民的管理，王宗勋以清水江文书为史料依据，分析锦屏县平鳌村陆氏先人遗存下来的一组"镇寨"文书，揭示了外来移民想在锦屏县扎根是异常困难的。④ 张明等人将清水江文书

---

① 李姣：《清代徽州妇女经济活动初探——以徽州文书为例》，《佳木斯大学社会科学学报》2016 年第 3 期，第 143~145 页。

② 吴声军：《从贺江文书看清代以降南岭走廊妇女的权利——兼与清水江文书的比较》，《广西社会科学》2016 年第 6 期，第 125~130 页。

③ 张晓霞：《清代童养媳现象探析——以巴县档案为中心》，《成都大学学报》（社会科学版）2017 年第 3 期，第 59~65 页。

④ 王宗勋：《从清水江文书看清代清水江中下游外来移民"入住权"的取得——岑梧"镇寨"文书解读》，《贵州大学学报》（社会科学版）2016 年第 2 期，第 121~126 页。

与相关地方志进行对比分析研究，指出在记录自然灾害方面，清水江文书可以为地方志提供史料。① 金生杨基于南部档案，认为地方的社会治理在地方志的形成中起到了关键性的作用。② 傅裕以巴县档案为史料，揭示了清代重庆地区会馆的社会职能，这些会馆除了有基本的社会职能外，还会有慈善举措，如在地方教育、医疗、军事等方面的慈善举措。③ 张亮根据南部档案的记载，解读了清代晚期南部县地方武庙的管理情况。④

此外，地方社会组织也是专家学者们的关注点。中国自古就存在民间自发的结社组织活动，从先秦到清朝末年，几乎每个历史时期在各地区都有主要的社会组织存在，也因此形成了大量记录地方社会组织的地方档案，这类地方档案是现如今研究地方组织的重要史料来源。伍跃以巴县档案为史料依托，研究明代和清代乡约的存在形式，指出乡约是以"在民之役"的形式存在。⑤ 黎春林等根据南部档案的记载，研究清代晚期南部县学田局的组织架构，并指出学田局的存在是为了地方官能够相互制约。⑥ 孙明根据巴县档案的记录，以巴县地方乡里首人的"刁劣"为研究对象，指出"刁劣"行为在地方社会组织中存在的形式，地方官绅乡民也深受影响。⑦

（五）环境

地方档案中关于地区环境的记录也是宝贵的史料和研究区域环境的重要材料。基于地方档案的环境研究能够揭示人类与环境的关系，研究地方档案中的环境史，就要完整地研究人类与自然的种种关系，不仅要研究人

---

① 张明、张寒梅、杨春华、肖敏：《清代清水江流域自然灾害初探——以清水江文书和地方志为中心的考察》，《贵州大学学报》（社会科学版）2016年第6期，第81~87页。
② 金生杨：《从南部档案看清代县志的编修与征集》，《西华师范大学学报》（哲学社会科学版）2016年第3期，第6~13页。
③ 傅裕：《清末江南会馆经营状况初探——以巴县藏光绪三十三年档案为研究中心》，《重庆师范大学学报》（哲学社会科学版）2016年第3期，第35~41页。
④ 张亮：《晚清南部县武庙经管研究——以〈南部档案〉为支撑》，硕士学位论文，西华师范大学，2015，第23页。
⑤ 伍跃：《"在民之役"：巴县档案中的乡约群像——近代以前中国国家统治社会的一个场景》，《中国古代法律文献研究》2017年第00期，第328~366页。
⑥ 黎春林、杨明阳：《晚清州县学田局组织结构探赜——以〈南部档案〉为中心考察》，《西华师范大学学报》（哲学社会科学版）2016年第3期，第14~21页。
⑦ 孙明：《乡里首人的"刁劣"污名与风俗之坏——以清末巴县档案中的案例为重点》，《中国社会经济史研究》2018年第2期，第64~73页。

类从环境中获得的利益、环境给人类带来的危害，还要研究人类为了减少自然灾害带来的损伤而采取的种种措施。人类为了文明和文化的发展而利用自然所产生的问题也是基于地方档案的环境研究内容，具体表现为研究自然环境的初始状态、研究人类对自然环境的影响，以及研究人类探索开发利用自然的新途径等。如清代时期一些地方档案中记载有气象、天象、洪涝、节气等内容，这些宝贵的信息都为我国学者研究环境史提供了史料，是珍贵的研究素材。同时李明奎还指出在利用地方档案进行环境史的研究时，学者需要有发散的思维，不可局限于某一研究架构中，要不断创新研究方法，多借助相关学科的研究方法和思维，融合其他领域的研究视野。① 因此，基于地方档案的环境史研究，需要学者融合多学科知识、借鉴跨领域的研究方法和技术，尤其是在涉及地理信息时，借助地理学、地质学等的相关知识是十分有必要的。

关于环境史的定义的回答林林总总。进行环境史研究，首先要走出环境历史观念的迷茫，其次要突破"开发—破坏"的简单范式，再次要建构环境史学概念体系和学术框架，最后要强化环境史与"大历史"的联结。地方档案中关于环境史的记载为中国环境史学这门学科的发展奠定了史料基础，提供了研究土壤。

（六）文化

地方档案中记载着许多有关文化的信息，与明清文化相关的信息尤多，除了上述研究内容之外，还有不少学者利用地方档案进行文化方面的研究，主要从以下几个方面展开。

一是对地方档案中的俗字与词语的研究。俗字通常流行于民间，是写法有别于正字的一种字体。地方档案中俗字随处可见，对地方档案中俗字的研究是具有重要意义的。很多研究成果都是以清代地方档案为史料来源进行研究，杨小平等人根据南部档案的记载，对档案中的俗字进行了收集分类与整理研究。② 王慧兰同样对南部档案中的俗字进行研究，关注俗字

---

① 李明奎：《在常见和稀见之间：中国方志中的环境史史料探析》，《中国地方志》2017年第8期，第48页。
② 杨小平、郭雪敏：《论清代南部县衙档案俗字的类型》，《西华师范大学学报》（哲学社会科学版）2015年第4期，第56~60页。

的形旁变化。① 何泽稀同样关注到地方档案中的俗字,② 贺敬朱则关注俗字
形成的时代背景和文化背景,③ 同时他还关注到俗字研究的学术价值,即
不仅可以完善地方档案的整理研究,而且可以补充大型辞书,同时还可以
揭示俗字背后的历史环境。④ 随着研究的深入,学界研究的重点开始从地
方档案中的俗字向地方档案中的词语转变。赵茜以巴县档案为研究素材,
以档案中的词汇为研究对象,对词汇进行考释。⑤ 唐智燕则以清水江文书
为史料来源,关注地方档案中的计量单位词,并研究其源起和形成的背
景。⑥ 陈姗姗聚焦于徽州合同文书中的特殊词语,并对"朋贴"等三则词
语进行了解读,揭示了其背后蕴含的学术意义和价值,指出该文书有很高
的语料价值。⑦

　　二是对地方档案的文化价值的研究。文化价值是社会在各历史时期形
成的产物,地方文化的需求影响该地区的社会形态和意识形态,而文化需
求是当地百姓生活状态和文化活动的体现,是在特定历史背景和区域背景
下形成的。针对地方档案的文化价值进行研究能够揭示历史背景下文化的
价值以及价值的创造过程和对价值的定位。姜修宪根据孔府档案的记载,
认为孔府档案反映了不同历史时期的文化需求,有着丰富的文化信息,其
历史文化价值对研究中国社会变迁和传统文化都有着重要的意义。⑧ 唐迪
等人同样以孔府档案为史料来源,着眼于其中的三份档案,以文学的视角
解读其背后的艺术价值。⑨ 张志全则以南部档案为材料依托,对文书中涉

① 王慧兰:《浅析清代南部县衙档案中的改换形旁俗字》,《西昌学院学报》(社会科学版)
　　2015 年第 2 期,第 48 页。
② 何泽稀:《清代南部县衙档案俗字浅考》,《四川文理学院学报》2015 年第 3 期,第 111~
　　114 页。
③ 贺敬朱:《清代南部县衙档案俗字探析》,《绵阳师范学院学报》2016 年第 10 期,第
　　121~123 页。
④ 贺敬朱:《南部档案俗字辨析二则》,《铜仁学院学报》2017 年第 8 期,第 92~94 页。
⑤ 赵茜:《乾隆年间巴县档案词汇研究》,硕士学位论文,重庆大学,2017,第 27 页。
⑥ 唐智燕:《清水江文书中特殊计量单位词考源》,《原生态民族文化学刊》2018 年第 4 期,
　　第 31~40 页。
⑦ 陈姗姗:《清代徽州合同文书词语考释三则》,《汉字文化》2018 年第 16 期,第 101~
　　103 页。
⑧ 姜修宪:《孔府档案的历史文化价值》,《光明日报》2016 年 11 月 26 日,第 11 版。
⑨ 唐迪、霍俊国:《孔府档案的艺术性分析——以 6312、6313、5476 号档案为例》,《现代
　　语文》(学术综合)2017 年第 4 期,第 19~21 页。

及的戏曲内容进行分析研究，指出戏曲的研究可以从多个视角进行，史料记载的信息能够体现当地民众的生活动态，对于解读和揭示清代戏班与当地有权机关之间的联系有重要的价值。① 加强地方档案文化价值的研究利于寻找推动地方社会发展和进程的价值内核。

三是对地方档案中的史实考证。史实考证，即历史考证，考证是在广搜史料的基础上对年代、地理、事件、人物、制度，以及史料记载的歧误等进行考辨的一种史学行为。如西汉司马迁重视史料考订，对先秦史料中的百家杂语、异闻传说进行了认真的考辨、整理，并亲身访问历史遗迹、采访古老传说，得出"学者载籍极博，犹考信于六艺"（《史记·伯夷列传》）的论断。至乾嘉时期，考证之风达到极盛，学者们纷纷致力于窄而深的研究，形成了实事求是、无征不信、广参互证、追根溯源的严密考证方法。20世纪以后，学者们继承了历代严密考证的传统，充分利用甲骨文、汉晋木简、敦煌文书等新史料，并受近代西方学者审查、批判史料和考证方法的影响，集中西历史考证方法之所长，形成了新历史考证范式，取得了卓著的成就。史实考证在地方档案研究中占据着重要的地位，尤其是在历史视角下，史实考证直接决定着学术研究的真实性及能否还原历史，其作用尤为关键。

二 研究方法

研究方法是解读研究对象、揭示内在深层信息、厘清事物间的联系的手段和方法，地方档案的研究方法有历史分析法、文献调查法、实地调研法、学科借鉴法、比较分析法等。研究方法便于在研究中发现新现象、新事物，或提出新理论、新观点。有关地方档案的研究内容丰富，视野角度多。地方档案所记载的内容各异，包括地方民众生活的方方面面，随着时代的变化，研究方法也在不断地更新和完善。因此，地方档案的研究方法因为研究视角的不同而有所差异。如司法视角下的地方档案研究常用的研究方法有文献研究法、个案研究法，以及历史分析法等。以下将从不同的研究视角介绍研究方法。

---

① 张志全：《地方衙门档案中的戏曲史料及其价值发微——以清代南部县衙门档案为例》，《戏曲艺术》2017年第1期，第79~83页。

地方档案的研究方法大多依托于原始的馆藏地方档案，以多学科视角，多领域融合为背景，采用宏观与微观相联系的方式，并结合地域、群体视角等特有的视角。

（一）司法视角

地方档案中保存有大量的司法档案，关于司法的研究都是基于地方收录的司法档案进行的，研究方法多以文献研究法、个案研究法和历史分析法为主。

文献研究法，也叫查找文献法，是基于研究目的或为了达到某一研究效果，以文献调查的方式进行分析研究，获得需要的资料，以此详尽地、完整地摸清研究对象的一种研究方法。对于有关地方档案中司法内容的研究而言，采用文献研究法能够借助地方史料中的关于司法的内容揭示背后问题的历史和发展，能够构建研究对象的研究脉络，反映研究历程和变化，对了解事物的完整信息具有重要作用。如学者周琳依据巴县档案中行帮公产纠纷的史料记载，进行文献研究，查找收集相关档案资料，指出清代重庆行帮公产纠纷的原因是"专制统治"和"多元制度变迁"。文献研究法是一种常见的、对了解某一问题最有效的方法，又是不断更新、不断变化的科学研究方法，它有迹可循，有料可依，相比于其他研究方法，文献研究法可以打破时空局限，突破地理壁垒，以之前学者的研究成果为参考对象，涉及范围广，包括国外的和国内的研究材料，所研究的地域得到最大程度的扩展，从而详尽地掌握和了解社会现象和民众情况。文献研究法以纸质文献研究、书面材料分析为主，在保证所收集文献真实性的前提下，这种书面调查方式的研究方法将会获得更全面、更可靠的信息，相较于口头调查、实地调研能更加准确地掌握研究问题的核心信息和关键问题，从而减少了实地调研记录导致的研究真实性降低的风险。文献研究法仅对收集的文献进行分析，研究对象也仅限于书面材料、物理史料，不接触被调查者，也不必考虑调查过程中因被调查者反应变化而造成的不确定性因素，从而避免了反应性误差。文献研究法的可重复性就注定了它是一种安全性较高的研究方法，只要收集的文献一直存在，就可以重复研究，同时可对研究结果进行多次验证，这样即使出现错误，也是可以校正的。因此，文献研究法成了地方档案研究最基础和最重要的研究方法，地方档案作为第一手史料，有着重要的历史价值，对地方档案中司法信息的研究和挖掘不是传统意义上的文献研究，而是直接针对地方档案进行分析整理或重新归类研究。

个案研究法亦称个案历史法。地方档案中的个案研究法就是以地方档案的史料记载为基础，以某个或某几个司法案件为研究对象进行案例缘由追溯、审判描述，以及总结其体现出的司法思想。如郭须挺以清代南部档案为史料来源，分析保存在兵房中的宝贵档案，以民间私贩硝磺的现象为研究对象，揭示地方有权机关对民间私贩硝磺的活动的治理态度以及管理程序，并指出在清代地方要遵守《大清律例》的历史背景下，省政府是默许南部地方政府自行处理收缴的硝磺的。① 再比如高元武以龙泉的某诉讼案为个例展开研究，在依托晚清龙泉档案的基础上，揭示了在民教诉讼案中将外部势力引入案件只会使得案件更加复杂，对案件的正常程序产生较大影响。② 司法视野下的研究虽然只是采用个案历史法，着眼于某个或某几个个体在司法活动中的影响，但是可以通过研究个案厘清司法应有的程序。因为司法案例具有特殊性，无法对其做普适性研究，具体的司法个案需要进行具体的分析研究，对个案研究结果的推广和应用属于判断范畴，而非分析范畴，采用个案研究的方法就是为了给判断提供合理性的依据，提供经验成果。

（二）政治视角

以政治视角研究地方档案也是学术界关注的重点，这方面研究成果也是十分丰硕的，地方档案记载了大量与政治相关的内容，包括中央集权政治制度、地方机关的治理制度等。以政治视角研究地方档案主要依据原则、程序和技术等要素。而地方档案中涉及的政治内容丰富且复杂，即使是基于政治视角研究地方档案，也会因为研究者依据各自的研究思想、范式，在实际的研究过程中遵循不同的原则、程序，采用不同的技术进行研究分析而产生不同的理论和思想。基于地方档案内容的丰富性，利用政治

---

① 郭须挺：《晚清州县政府禁止民间私贩硝磺研究——以〈南部档案〉为依据》，《西南石油大学学报》（社会科学版）2015 年第 2 期，第 92~97 页。

② 高元武：《龙泉晚清司法档案中的民教诉讼案》，《浙江档案》2016 年第 10 期，第 45~47 页。

视角下的研究方法对研究地方档案是十分重要的，同时，也有助于理解不同的研究范式和判断不同的思想理论。

就地方档案的研究而言，政治视角下的研究方法大致分为思辨的方法和经验性的方法，这两种方法研究取向不同，一种是从理论出发，一种更尊重研究中的经验。思辨的方法是基于地方档案的基本价值而演化出的一种解读政治现象的方法，是在相关历史、文化的背景下解释当地政治的手段。而经验性的方法就是以地方档案为史料基础，对其进行分析总结而形成的一种研究方法。这是两种最常见的地方档案政治视角研究方法。

研究地方档案中的政治现象的思辨的方法，大致可分为以下几点。第一是尊重实际案例，要实际地、具体地分析研究具体的政治现象，要将具体的政治现象置于当时的历史、文化、社会、国际等背景下进行解读和分析，脱离政治大背景进行研究是有悖于思辨之旨的。第二是从具体案例到普适性现象。以地方档案为史料来源的政治视角下的研究，就必须从地方档案中的实际案例出发，从一般性现象中总结出普遍性结论。第三是对政治现象背后的社会阶级进行分析和揭示，社会阶级的不同是政治现象本质的体现，研究和分析任何政治现象都离不开对社会阶级关系的分析。第四是政治研究要和经济分析相结合，政治现象与经济、社会发展及利益关系紧密相关，政治现象是经济发展的反映。如滕冉以南部档案为史料依托，分析绿营兵的优抚和惩罚制度。[①] 以清朝政府为历史背景，研究绿营兵的优抚和惩罚制度，能够揭示政治现象的本质，反映由阵亡抚恤所体现出的经济现象。

经验性的方法，即经验总结法，是通过对实践活动中的具体情况进行归纳与分析，使之系统化、理论化，上升为经验的一种方法。在《政治学》中，亚里士多德对一百多个城镇的制度进行分析总结，继而提出城邦制度的理想化形式，展示出了政治研究中经验性的研究方法。又如金生杨根据南部档案的记载，以经验性的研究方法分析对比清代地方官府处理政务时常用的文书。[②]

---

① 滕冉：《清代绿营兵优抚和惩罚制度初探——以〈清代南部县衙档案〉为中心》，《文化学刊》2018 年第 7 期，第 228~230 页。

② 金生杨：《从南部档案看清代县志的编修与征集》，《西华师范大学学报》（哲学社会科学版）2016 年第 3 期，第 6~13 页。

政治研究方法从古至今不断发展、演化，研究原则、技术手段也不断创新，除了以上两种常见的地方档案政治视角研究方法，还有分析性方法、学科性方法，以及工具类方法等。政治视角的研究方法从定性的个例研究逐渐向着普适性半定量研究转变，其中分析类方法是基于研究结构和原则研究政治现象，并制定政治研究理论模式和研究分析范式，将政治现象涉及的变量归入研究架构中分析。学科性方法是借鉴相关学科的研究方法和跨领域的研究思想进行地方档案政治现象研究的方法。工具类方法丰富了当代政治学研究的手段，能够适应当代政治学从定性研究向定量研究的转变。政治视角下的地方档案研究应多借鉴此类方法，突破传统的思辨与经验的研究取向，通过丰富地方档案的研究手段，拓宽地方政治研究的角度。

（三）经济视角

经济视角下的地方档案研究需要研究人员具有跨学科、跨领域的多方面知识，既要有历史学修养，又要有经济学的基础。

社会科学研究方法，在经济视角下的地方档案研究的初兴过程中，在方法论层面上起到首要推动作用。经济史学界普遍认为，中国传统档案虽然有着记载经济史内容的悠久传统历史，但所载内容只能构成以记载典章制度和经济实践为主的"食货之学"，远非现代意义上的经济视角研究内容。① 但是经济视角下的地方档案研究成果已经体现了社会科学研究方法。如西华师范大学吕兴邦讲师的《"化私为官"：〈南部档案〉所见清末硝磺政策转变及其在地效应》一文从光绪中叶以降，贵州硝磺对四川市场造成的冲击入手，讲述了四川省新政在南部县的推行过程和新政的地方效应。这些研究都充分使用了以问题为中心、以资料为依据的社会科学研究方法，而且都属于从历史学角度出发进行的考察。社会科学研究方法又可以归纳为宏观研究方法和微观研究方法，如定性和定量的宏观研究方法，以及观察、调查、实证等微观研究方法。

生产关系研究方法，是根据地方档案的时代背景采用的一种研究方法，是以封建生产关系为标准来考察明清地方档案所记载的经济现象的做

---

① 朱浒：《20世纪以来清代经济史研究的范式演变及其前景》，《中国人民大学学报》2020年第4期，第164~172页。

法，是经济视角下地方档案研究中常用的研究方法，如刘诗古研究嘉靖年
间赋役改革后对生产关系的影响便使用此法。西南民族大学学者卢征良以
某公司为研究中心，揭示在我国近代抗战背景下省营企业的生产关系。这
些生产关系的时代背景各异，以宏观的时代背景来揭示地方档案中记载的
生产关系，便于对问题进行讨论和研究。

比较史学方法，是针对不同时期的历史现象进行横向对比研究来揭示
历史现象的本质，继而加深对历史的认识的研究方法。其中经济视角下地
方档案的研究利用比较史学的研究方法，对更为具体的研究视角进行了创
新，如某学者以孔府档案为史料来源，分析对比了英国的敞田制和中国的
一田二主制度。又如有关学者关于清代江南经济的研究，为突破先前普遍
存在的西方中心论局限和"资本主义萌芽"的理论瓶颈提供了新思路。

此外，以经济视角研究地方档案，涉及大量的经济学和经济史理论，
这可为地方档案研究提供理论模型和工具方法。因此地方档案的研究应借
鉴相关领域理论模型和工具方法。

（四）社会视角

社会视角下地方档案的研究方法即借助社会科学的研究方法、思想、
范式等对地方档案进行分析解读，尤其是将社会科学的理论应用到所研究
的历史时期的民间社会结构、地方组织及其运动规律、社会群体，以及心
理方面的研究方法。从研究内容看，基于社会视角的地方档案研究对妇
女、家庭、家族、风俗、民间崇拜、人口迁移、农民及手工业者等方面都
有所涉及。

田野调查法，作为经典的社会科学研究方法，常被应用到地方档案的
研究中。眼光向下，自下而上，深入田野，才能认识传统，揭示历史。随
着学界眼光向下，特定群体的生活状态渐成地方档案研究的内容，基层女
性慢慢成为学者的研究关注点，如其生活状态、社会阶级定位和身份认同
情况等。如郭士礼依据巴县档案，借助社会学中的相关理论，对档案中记
录的反映基层女性的生活状态的内容进行分析，指出基层女性的某些行为
不是为了反抗当地有权机关，而是为了追求一种自我释放和解脱。学术界
的视野还聚焦到特定的地理区域，通过对少数民族聚居区的档案进行研
究，揭开历史的面纱。李守良以循化厅档案为史料来源，在社会科学"因

俗而治"的原则基础上，研究少数民族社会司法案件的地域特点和民族特性。[①]

而关于社会视角下的地方档案研究大多还停留在描述考据阶段，只有部分学者从考证中寻找研究对象的变化和逻辑走势。学者李常宝以川蜀地区为研究中心，借助基层地方档案，研究民国时期战时国民的身份和定位。社会视角下的地方档案研究总体上还是缺乏理论概括和新方法。

（五）环境视角

以环境视角研究地方档案同样是档案研究领域学者们关注的重点，地方档案中涉及环境和自然的内容不仅包括人类为了抵御自然灾害而采取的措施和手段，还包括人类利用自然的过程，同时对在开发自然时造成的环境破坏也有所记载。这就决定了环境视角下的地方档案的研究不仅涉及社会科学领域，还涉及自然科学领域。这就要求学者在研究过程中要有多学科的思维方式，利用跨领域的技术手段，充分利用相关学科知识。与环境相关的学科有岩石学、矿物学、地质学、采矿学、水文学、生物科学等，在这些学科中地质学、考古学和地理学与环境视角下的地方档案研究关系较为密切，尤其是地质学，在地方矿产开发中，矿物、岩石一类概念就属于地质学领域，盐业等与地方政府经济相关的行业也都涉及地质学，与人类居住密切相关的自然环境也属于地质学的探讨范畴。区域地质背景决定了当地的环境特点，如北方的草原容易形成沙尘暴等自然灾害，而南方岩溶地区容易发生地势塌陷等地质现象。自然的变化、四季的更替留下的痕迹，以及人类出于祭祀或是某些其他原因留下的石雕作品、壁画都是研究人类社会进程和历史发展的重要材料。

学科借鉴法，是针对某一研究对象或研究领域，借鉴相关学科的研究方法、研究思想，使研究更加完善和丰富的研究范式。尤其是随着现代科技的不断创新，新的数字技术、信息手段不断为之前的研究增加新的视角，不同学科的深入发展，使学科间的界限已经慢慢变得很模糊，不同领域之间相互交叉和渗透，学科借鉴法已成为一种基本的研究方法。由于地方档案涉及内容广，时间跨度大，环境视角下的档案研究便成为一个融合

---

① 李守良：《因俗而治下的司法判决执照论析——以清末甘肃循化厅少数民族诉讼为视角》，《青海民族研究》2017 年第 3 期，第 190~196 页。

45

多学科知识、借鉴多领域思想的研究领域。基于环境视角的地方档案研究需借鉴相关学科的研究方法和手段。在史学领域，从环境史学科诞生以来，研究者就以多维度的视角，拓宽研究视野，丰富研究思维，使研究范式不断与跨领域的学科思想相结合，不断革新环境史的研究方法，深度利用地方档案等史料，包括地方志、正史、各类文书、碑刻、壁画等。研究者不仅重视原始资料，应用口述、影像等手段，也积极借助自然科学手段，通过调研、观测、实验分析得到一定的数据，发现新的信息。① 可见环境视角下的地方档案研究自始就借鉴了相关学科的知识和研究方法，地方档案学作为档案学的一个重要的研究分支，对中国环境史学的研究责无旁贷，要为环境史的研究提供坚实的史料基础和充足的研究动力。

（六）文化视角

地方档案是各地传统文化遗产的载体，记载了丰富的地方文化史料，是研究地方文化遗产的文化土壤，尤其是随着我国的发展和经济的进步，各地地方档案相继出现在大众的视野中，越来越多的地方档案得以问世，得以被民众了解，为学者们研究地方文化遗产提供了大量的史料。如 1973 年马王堆出土了大量宝贵的史料文献，包括大量的纵横家、儒家文献等，从而掀起了国内外研究上古哲学的热潮，大批研究成果不断涌现。根据 1993 年湖北荆门郭店楚墓出土的史料文献出版的《郭店楚墓竹简》，给文化史学界带来了很多新的思想，震动了学术界。相比于正史，大量的地方档案渐渐成为学界研究的重要史料来源，如形成于明清时期和民国时期的丰富的史料文献，成为学界研究的一大亮点，这些史料文献包括家谱、契约文书等。这些民间文献是对历史上各个社会阶层百姓的真实描述，虽然相比于正史少了一定的规范性，但却不拘一格地真实记录了历史上民间百姓的生活状态、文化形式、文化行为等。但民间文献也存在一些问题，如文献散存于各个地区，如徽州文书、清水江文书、孔府档案、南部档案等便散于各地。民间文献可能保存于地方有权机关中，也可能保存于社会民间组织或个人手中，这为地方档案的整理研究带来了不小的麻烦，学界的研究是基于收集到的或是可利用的史料进行的，若是史料不完整，研究就

---

① 李明奎：《在常见和稀见之间：中国方志中的环境史史料探析》，《中国地方志》2017 年第 8 期，第 48 页。

不系统。这些问题给地方档案的研究带来了一定的难度。

地方档案为文化研究提供史料，文化研究促进对地方档案内容的挖掘和解读。内容分析法是常见的地方档案文化研究方法，包括话语分析和文本分析。如对地方档案中的俗字与词语的研究，贺敬朱根据南部档案的记载，对地方档案中的俗字进行分析和研究，探讨俗字形成的背景，[①] 就是采用的文本分析的方式。话语分析方法也是常用的分析研究方法，赵茜以巴县档案为史料依托，对史料中的词汇进行考证和解读，揭示了其背后的文化现象。[②]

文化史学界存在一种文化研究取向，即将文化史既看成研究对象，又看成研究方法，可理解为文化视角下的区域文化史研究。在以地方档案为史料依托，进行地方文化史研究的过程中，要把地方文化史放到整个历史背景、整个中华文化的背景下进行研究。以地方档案为史料基础的区域文化史的研究应尊重地方档案的特性和区域文化史的特点，采用适用于地方档案的文化研究方法，完善文化史的整体性。

（七）其他研究方法

以上从研究内容入手分析了各视角下的研究方法，除以上研究方法外，还有其他普适性的研究方法。

一是通过对原始地方档案的研究，以小见大。天下事莫不起于州县，州县治，则天下治。多位学者将地方档案研究视角聚焦于州县，采用"以州县之小，窥国家之大"的研究方法。学者谭景玉依据史料研究在地方司法运行中地方有权机关对司法机构和监察机构的影响。

二是学习和借鉴法学、政治学、建筑学、地理学等相关学科的研究方法，综合运用实地调研、田野调查、访谈记录等方法收集资料，加强馆际合作，采取学校与公益组织相协作的方式，采用产学研相结合的形式，尽可能科学地、真实地和完整地展现地方档案的历史渊源、发展历程，以及变化趋势等情况。

三是深层挖掘地方档案。随着现代技术手段的进步，深层挖掘数据成

---

① 贺敬朱：《清代南部县衙档案俗字探析》，《绵阳师范学院学报》2016 年第 10 期，第 121~123 页。

② 赵茜：《乾隆年间巴县档案词汇研究》，硕士学位论文，重庆大学，2017，第 23 页。

为地方档案研究的一种新方法。利用文本分析、数据挖掘、信息关联等新技术和方法，便于厘清历史事件的脉络和事件间的联系，为地方档案的研究注入全新动力。近些年，地方档案的深层挖掘拓宽了地方档案的研究视野，深化了地方档案的研究内容。如有的学者关注地方司法研究，深层分析明清时期处理图赖行为的案件，揭示出案件"现象—规范—司法实践"的动态变化趋势。①

四是考证法。作为一种常用的学术研究方法，考证法大量应用于音韵学研究、文献研究，地方档案研究通常利用考证法对地方档案中的词源、名词要义及其相互关系进行探源、梳理和辨析。如在《西藏地方档案基本概念考论》一文中，作者就利用考证法对西藏地方档案中的藏族档案、藏语档案等的要义进行了考证研究。②

第三节 地方档案研究意义和价值

一 研究背景

（一）研究的历史背景

中国的历史源远流长，在中华民族的历史长河中，在社会和国家的发展进程中，形成了丰富且具有地域特色的地方档案，但随着现代文化的冲击和国外文化的侵入，地方档案的历史价值和现实意义被人们忽视。在现代语境下研究地方档案的历史和文化内涵，借助现代的信息技术和学科领域新的研究方法，揭示地方档案蕴含着的深层文化内涵，目的是传承中华民族传统文化、增强民族的文化自信，在新时代新机遇下对我国地方档案中的传统文化精华进行留存、保护、传承和创新。

站在历史的维度考量，地方档案中的司法史、社会治理史等体现了我国古代管理和治理社会的智慧，一些管理思想和治理方式至今仍被借鉴。但一些手工技艺文化却处于即将失传的危险境地。地方档案蕴含了丰富的

---

① 杨扬：《从民习到官法——明代社会视野下的图赖现象》，《交大法学》2019 年第 3 期，第 87~102 页。

② 侯希文：《西藏地方档案基本概念考论》，《西藏民族大学学报》2015 年第 6 期，第 114~118 页。

内涵，体现了中华民族固有的文化特性，是中华民族文化传承的重要载体形式。因此对地方档案的研究具有很强的历史文化背景。

（二）研究的地域背景

地方档案具有很强的地域性，它是一定历史时期背景下地域文化形式、生活状态、经济发展、乡约政策的具体表现形式，如中国贵州清水江流域的清水江文书，它记载了清代和民国时期该地域的经济活动，包括山林经营、土地租赁和土地典卖等记录，具有经济和契约属性，一些清水江文书契约的效应甚至一直持续至今。地方档案记载了该区域的历史，解读地方档案，能够揭示档案背后的历史，还原历史的真实面貌，将区域文化永远地留存在人们的记忆中。

（三）研究的时代背景

当今国家领导带领人民实现中华民族伟大复兴，复兴中华文化。"十三五"规划重视传统文化的建设工作，将地方的文化遗产传承视为文化战略目标的一部分。在"十四五"规划中，我国同样将文化建设作为中华民族伟大复兴的重要组成部分。2017年，《关于实施中华优秀传统文化传承发展工程的意见》由中共中央办公厅、国务院办公厅印发，传统文化的发扬和传承被进一步视作新时代中华民族建设文化强国的重要组成部分。国家社科基金冷门绝学研究专项工程设立，旨在对濒危绝学和冷门学科予以智力扶植。2021年，是我国"十四五"规划建设元年，建设文化强国对地方档案的研究也有了新的要求。抢救性留存我国传统地方档案历史文化，深入挖掘我国传统地方档案的文化精髓，是具有时代背景的。

（四）研究的文化背景

发扬与传承中国传统文化是中华民族的时代当担。十八大以来，中国传统文化得到更大的重视，文化自信和社会主义核心价值观的重要基础就是中华民族的传统文化，文化自信是每个国人对传统文化的自信，是对中华五千年历史文化的认可。我们相信，传统文化对一个国家、一个民族社会进程和经济发展是不可或缺的，传统文化是社会文明的依托，而地方档案是记录传统文化的载体，为文化的传承奠定了史料基础，提供了现实土壤。加强地方档案的研究是在当今全球化背景下，不同文化交流、交融、交锋日益频繁的情况下传承博大精深的优秀传统文化的必然要求。

二 研究意义

地方档案以其史料原始、内容丰富、真实宝贵等特性，成为档案学界研究材料的来源，同时也是史学界重要的素材来源。地方档案进入研究视野成为研究热点后，学界涌现了大量的研究成果，而且吸引了众多学者专家对此进行研究，并以论坛、会议等形式进行思想的碰撞。这充分说明地方档案得到了学界的认可和重视，对地方档案的研究具有深远的意义。

（一）不断完善地方档案整理研究，全面、系统地揭示档案内涵。以各地方档案为研究对象，通过全面、系统地整理研究，加深对地方档案信息的解读，助力地方档案背后蕴含着的文化内涵的传承，同时，通过不断地系统整理地方档案，更新整理方式，归纳其特点和不足。

（二）整理和保存地方档案具有重大现实意义。在现代文化的冲击和全球保护传统文化的背景下，收集整理、保存维护地方档案对体现地域性的特殊文明的传承，对地方档案蕴含的传统文化的延续，对地方档案文化资源的建设，对借鉴新兴的数字技术、三维建模技术、VR 等可视化技术手段挽救濒临消失的地方传统文化都具有重大的现实意义。

（三）对于完善地方档案学的理论体系和丰富地方档案学的方法论具有重要意义。对地方档案的不断研究，可以拓宽地方档案研究的研究视角。地方档案内容涉及面广，内容分支多，学科知识跨度大，仅从几个视角不能够详尽地方档案内容，只有多学科融合、多领域交叉才能尽量完善地方档案学理论体系。结合新技术，借鉴其他学科的研究方法，不断丰富地方档案研究方法论，对推动我国档案学的理论创新也具有学术意义。

（四）对建立既反映各地域文化传统，又反映各民族共同团结进步、共同繁荣的富有地方特色的历史档案资源体系，积极探索整理和保护地方档案的有效方法和路径，总结和归纳出全国各地地方档案的整理、保护和研究共性，为学术界培养地方档案研究的人才，具有积极作用和重要的意义。

（五）地方档案资源内容涉及法学、经济学、社会治理、教育教学、人才培养、科研发展、爱国民主运动等方面。对地方档案数字资源的研究有利于了解该地区的历史文化以及历史上的教育事业、社会治理、民族团结等情况，其研究成果有助于有关部门和学者积极应用新的理论方法和可行性经验成果对地方档案进行深入探讨和研究，探索地方档案开发的有效措施和方法。引入新理念、新方法对地方档案数字资源的开发，促进地方档案资源开发、利用等研究的开展有重要意义。

三 研究价值

全国各地都曾有着辉煌的历史，这些历史虽被载入地方档案，但大多已被时间湮没，知者甚少。地方档案的研究以地域为研究背景，以档案涉及的内容为研究对象，通过田野调查、档案搜集、文献资料查阅、工艺复原等多种研究路径，在全国各地区追溯文化记忆，将记录于地方档案中的文化再次唤醒，使其在进入知识传播层面的同时，焕发新的生机并承担新时代的文化使命。

（一）历史价值

地方档案的历史价值十分突出。地方档案中的内容反映了各地历史上司法、经济、政治、生活等多个方面的具体情况，翔实生动，能够真实还原历史。如云南罗婺凤氏家族文书记录着南宋至清末凤氏家族土司的起源、发展以及渐渐失去势力的过程，典型地反映了这个时期这个地域土司制度的特点。由于凤氏家族文书数量多，且收藏地域相对集中，并且在内容上具有整体性，在时间上具有连贯性，其不仅成为研究云南罗婺土司文化发展的历史依据，还成为研究我国封建时期社会政治、经济、民族关系，以及军事情况等方面的重要史料，对研究云南史、彝族史也有重要历史价值。

1. 展现各地域兴衰的真实情况

就各个地方档案目前保存下来的情况看，地方档案记载的内容范围广，时间线长。涉及政治、经济、立嗣、神话故事、民间传说，以及民族关系等多个方面。如云南罗婺凤氏家族文书，记录了南宋时期至清朝同治年间的众多彝族史料，反映了罗婺凤氏家族兴衰的真实情况。罗婺部原是"三十七蛮部"之一，阿而为罗婺部酋长，阿而后代阿英易姓凤氏，凤氏自此始。如《镌字岩石刻·凤公世系记》（由凤氏根据自己的家谱编写）第一次提到凤氏，明确凤氏是由阿而之后阿英在明朝弘治戊申（1488）更姓而来。《武定军民府土官知府凤氏世袭脚色》记载了凤英曾祖母至凤英一百多年间土官知府的传袭、受赏等情况，还有凤英一生的主要活动，内容翔实生动。

2. 立体、多维的史学研究价值

地方档案的记录载体多样，有纸质的、碑刻的，甚至还有实物档案，如陕南地区特定历史时期的手工产品——油纸伞，其在历史上作为一种体现当地文化的商品，具有一定的实用性，并且还承载着该区域历史上的经济、艺术、文化等信息。透过油纸伞可从多个视角全方位地解读出陕南地区特定历史时期的大量史学信息。地方档案有着立体、多维的史学研究价值。

3. 地域社会治理和承袭沿袭价值

地方档案中包含与政府治理、医疗、卫生管理，以及传袭制度、婚姻制度等有关的内容，对揭示地域社会治理和制度的承袭等情况具有重大的历史价值。以官方为主导的社会治理内容，包括土司传袭制度、婚姻制度等，对研究和解决地域问题都具有重要的历史价值，如从土司婚姻制度可以看出表亲婚配、兄讨弟媳的现象在土司之中十分常见。

4. 地域文化的历史进程推演与考证价值

地方档案记录着当地历史上的社会现象、经济贸易等信息，虽然是原始的第一手史料，但也会存在记录者因失误而导致的错记、漏记等现象，因此，在地方档案的研究中需要考证地方档案的真实性和准确性。通过个人与群体、个人与档案记录、群体与档案记录间的相互印证，以个人、群体、档案三者之间的联动为基础，能够完成各地域各时期历史的推演与考证。在实际研究中，就是将地方档案中记载的记忆与实地、各专家学者的文化记忆相印证，让地方记忆传承者与档案文字互证。除了以上互相印证的方式，还可将地方档案与正史、地方志、田野调查报告互相印证，只有这样进行多方面的考证和历史推演，才能保证地方档案记载史料的真实性。

5. 揭示历代社会民族生活的历史价值

地方档案揭示了社会基层的生活状态。地方档案提供历朝历代社会贵族的经济情况，也提供普通民众的生活情况。如地方司法档案研究开始研究特定群体的生活状态，下层妇女的生活状态逐渐进入研究者的视野。学术界的视野也聚焦到特定的地理区域，对少数民族聚居区的司法档案的研究，揭开了"习惯法"与"成文法"的面纱。这些都为研究古代社会民众生活提供了实例，具有揭示历代社会民族生活状况的重大历史价值。

（二）现实价值

1. 充实档案学研究文库，具有重要的现实收藏价值

地方档案具有非常重要的收藏价值。一方面，作为重要的历史资料，地方档案形成的时间线可追至数百年之前，甚至更久远。地方档案也是重要的文物资料，大部分地方档案的保存较为完善，清水江文书中的部分契约文书时至今日仍然具有司法效应。地方档案因形成的时间线连续不断，故而能够全面反映地方的发展和兴衰史，因此地方档案具有很重要的收藏价值，但部分地方档案保存于民间，这给当地的档案馆的档案征集工作带来了不小的困难。另一方面，部分地方档案反映出了特定时期当地特有的历史，如具有特色的孔府档案、凤氏家族文书等，可以弥补我国特定历史时期对地方档案收集量少的缺陷，丰富我国历史档案的馆藏。

2. 揭示各地制度的影响，具有现实研究价值

地方档案中反映当地社会治理的内容，对研究制度对当地民众生活、经济等方面的影响具有重大的研究价值，同时对研究制度的变革、当地管理的变化也具有研究价值。地方档案中的相关记载对研究制度、管理所带来的影响具有现实的研究价值。

3. 地方档案蕴含着潜在的经济价值

地方档案还具有值得关注的经济价值。地方档案往往形成于经济较为发达的地域，这些地区或是历史底蕴深厚，或是有丰富的自然资源，包括旅游资源、矿产资源等，且大多具有得天独厚的自然环境，与悠久的历史文化相结合，可以开发成为较好的旅游胜地。我国将文化研究和旅游相结合的景点已不在少数，如与敦煌古文化紧密结合的敦煌旅游区，还有黄山、庐山等国家重点旅游区，各地区也可以利用珍贵的地方档案，设置各种历史展览，还原历史发展的兴衰面貌，为地区的旅游经济带来助力。

（三）文化价值

地方档案的价值不仅在于为研究地方社会百态提供了多样素材，还在于拓宽了研究者的视野，启发研究者用新的方法对所研究内容进行阐释和描述，同时具有深厚的历史价值。除此之外还具有重要的文化价值。

　　研究者在研究过程中不断整合细化档案资源，并将技术和理论相结合，帮助社会从全新的角度理解和认识区域文化，这有助于社会大众继承地方档案中的文化思想，弘扬特有的地域精神，还有助于指导社会的教育和文化事业建设。因此，地方档案具有很重要的文化价值，是建立社会文化认同、培养文化自信的土壤。

　　1. 个人层面

　　从个人视角研究文化，文化体现在个体的身份定位上。个体的思维构建与心理建设是以文化认同为基础的，是个人价值取向、日常行为的导向。① 地方档案可帮助公民找到个人在人类历史发展中的定位。地方档案中关于个体的记载是以个人在历史上的生活状态、社会现象为基础的，是个人信息的客观记录，是确定个体身份定位的真实凭证。地方档案能够帮助个体寻求到与宗族、祖先之间的联系。自古留存下来的风俗、传统等文化遗产，以及思想体系的构造、延伸都影响个人对当前社会的看法及其价值观的形成，都是个人与祖先之间的联系和个人文化认同的体现。地方档案中的家谱档案是对一个宗族渊源嬗变的记载，是一个家族的根，是个体置于家族历史文化背景下的身份体现，学界要积极针对家谱档案开展研究，在寻求个人与宗族的联系时，深层挖掘出家谱档案蕴含的文化遗产信息。地方档案中的传统文化能促进文化认同。文化的差异、身份认同的不同、语言的不同等因素都会导致在文化交流和文化融合中产生文化认同危机，甚至会使某地域的群体为了防止受其他文化的影响，选择地理上的封闭与隔离，形成极其封闭的文化形态，这虽然避免了受到其他文化的影响，但是由于缺乏与其他文化的交流沟通和碰撞，文化的创新性不足，长期下去，将进一步扩大不同文化之间的认同差距，导致不同文化背景下的个体之间无法相互认可、理解和交流，加深不同文化间的隔阂。而地方档案蕴含的文化价值、情感价值可以唤醒不同文化中的个体的深层意识，使其感受到不同文化的深层文化基因，帮助达到情感接受和文化认同的目的。在不同文化的碰撞中帮助个人不迷失自我。随着互联网技术的发展，全球的文化碰撞越来越激烈、彻底，不同文化背景下的个

---

　　① 佐斌、温芳芳：《当代中国人的文化认同》，《中国科学院院刊》2017 年第 2 期，第 175～187 页。

体之间的交流越来越多。此时，就需要个体保持对自我文化的高度认可，认清不同文化之间的差异，坚定对自身文化的自信。①

2. 群体层面

地方档案蕴含的文化价值在社会群体层面上体现为在文化认同的基础上，个体间相互凝聚成一个文化高度认同的群体。而群体内文化认同的延续除了需要个体之间的团结，还需要依据档案的记载解读地方史料，揭示宗族的文化内涵，以维持该群体的稳定。我们可以从以下几方面着手。一是加强对地方档案内容的解读和深层信息的揭示，实现个体之间的文化认同。群体的共同记忆是群体内部文化认同的基础，是维系群体内部稳定、构建群体文化认同的前提和内涵来源，只有群体内部个体之间的共同记忆越多、越清晰，群体内部个体之间的联系才会越紧密。地方档案中记载着的文字、图形、图像及其他特殊内容所蕴含的传统文化都是群体共同记忆的现实体现。二是以地方档案为史料来源、情感依托，加强群体之间的文化交流，这既有利于加深群体内部的文化认同，也有利于创新群体内部文化传统的传承方式。不同的群体有不同的文化背景，只有借助地方档案蕴含的文化内涵，定义"我们"的群体，构建"我们"的集体记忆，并加强与其他群体之间的交流和文化碰撞，才能使文化得到其他群体的认可和理解。三是实现地方档案中蕴含的文化遗产与社会主流文化的交流、融合和共生，寻求文化间的平衡点。

3. 国家层面

个体的文化认同和文化自信关系着国家认同，是增强国家团结、加强个人文化联系的关键。档案记录着国家的经济发展、文化演变等历史进程，是整个国家集体记忆的载体和依托。档案解读和文化揭示是构建文化认同、维持国家统一稳定的关键。地方档案记载了整个社会阶层在历史进程中的共同历史和记忆，这些共同的历史、国家记忆对于国家文化认可、核心文化价值观的认同至关重要。尤其是在当今文化价值多元的社会中，面对多元化价值的影响和各种文化的挑战，我国亟须以地方档案为史料依托，以其蕴含的文化遗产为文化基因，唤醒社会各阶层共同的历史记忆，强调各阶层的个体心理共性。地方档案能够在构建文化认同的同时，重申

---

① 《郭齐勇：重视国学教育，加强文化认同》，《中小学德育》2015 年第 3 期，第 94 页。

集体、国家的共同目标与价值追求，维护多民族国家统一，维持社会各阶层稳定发展。在防止文化入侵、文化同质化的风险的同时，最大限度地维护和发扬民族文化的多样性，多样的民族文化也是中华民族共同的历史记忆，加强不同民族文化之间的交流和融合，构筑中华民族共同体意识。档案作为历史上国家发展的重要原始记录，能够真实准确地还原历史面貌，使主流思想和文化遗产得以呈现。随着国家的经济、文化、技术等全方位的发展，现代文化不断冲击传统文化，对传统文化既带来了挑战，也带来了机遇。要积极借助现代发展带来的技术和新思想，加强传统文化与现代文化的融合发展，以地方档案为史料依托，强调实物档案传承，发扬传统文化的作用，借助现代技术深层研究地方档案，揭示其文化精髓，推陈出新，使传统文化焕发新的活力。在新时代的全球文化发展中，随着互联网技术的更新迭代，地理和文化壁垒已经被打破，在全球化进程中，我们难免受到不同文化的影响，此时，文化的坚守和自信就显得尤为重要，要在坚守中交流，在留存中进步。档案是一个国家历史发展进程中的重要材料，是国家文化认同、文化自信的依托，能够揭示国家文明与文化发展的历史轨迹。不同文化背景下的档案交流，能够使得不同文化背景下的个体理解其他文化，增强彼此间的文化认同。

第四节　地方档案研究的基本观点和创新之处

一　基本观点

（一）现存于世的各地各朝代的地方档案大多存于地方，其主体是保存在地方各级档案馆、博物馆、图书馆以及私人手中的民间文书、契约文书。它们反映的是历代地方衙门的日常公务活动，也同时反映了村镇、家族、个人等日常活动的情况。

（二）地方档案往往数量巨大、载体特殊，是各地区人民在漫长的社会实践活动和官方治理过程中积累下来的传统文化资料，具有重要的文化价值和历史价值，但损毁严重，亟须加大抢救和保护力度，但是由于保护成本高、对专业技术人员的要求高等原因，资金和人力问题一直阻碍地方档案抢救和保护进程。

（三）地方档案是重要的第一手史料，价值不可估量。地方档案的整理研究工作对深入研究地方档案十分重要，初次整理时，要保持原貌，在二次整理或是深入整理时，尤其是在数字化环境下，应根据地方档案的内容特征和属性借鉴今日的划分标准，进行分类整理，这样既可以保持档案原貌，又可以发挥"分类"的固有价值，方便使用者使用。

（四）地方档案的整理研究要积极借助当代新兴的信息技术，打破地理、馆际壁垒，实现地方档案资源的共享。基于区块链技术、大数据、云计算等的地方档案整理研究、整理数据分享、档案资源共享共建是今后的研究重点。

（五）深化地方档案的研究工作要加强不同地区、不同部门和不同行业间的合作，积极推进各领域多元合作发展已成为不可阻挡的趋势。各地档案部门只有通过拓展思维，积极与研究机构、高校通力合作，共同开展地方档案的研究工作，才能在未来时代发展中赢得行业发展的主动权。

（六）地方档案史料的研究要借鉴其他学科的研究方法，通过不同的学科视角解读和揭示地方档案的内涵。要融合多学科的研究范式，注重学术实践和基层实地调查，采用多领域交叉的形式还原历史面貌，传承和保护传统文化。

（七）地方档案史料研究的开发利用工作要服务于相关行业，服务于社会各项事业，为相关行业的发展注入历史文化内涵。如地方档案研究助力旅游业的外宣工作、为名人纪念馆的建设提供服务、为景区（点）服务注入文化内涵等。

二 创新之处

（一）跨界开发

跨领域研究地方档案已成为学界普遍的研究做法，而积极借助新兴的数字技术进行地方档案的开发利用是新时代给予地方档案的机遇。地方档案是人类宝贵的文化遗产，将其藏于深阁虽然是对档案的一种保护，但已不符合现如今的时代需求，而利用新技术跨界开发利用地方档案，让更多的人认同地方档案背后蕴含的文化内涵，将静态的地方档案激活为人类的深层记忆也是一种保护。以清水江文书为例，为了使档案遗产得到最大程度的平等利用，贵州凯里学院建设了"清水江文书数据库"，保存于档案馆、研究机构、高校、民间等地方的清水江文书从物理世界跨界到了数字世界，让社会大众得以利用。将此做法推广到全国各地，不再只是一种构想。

（二）机构合作

地方档案的保存主体多元，有体制内的档案馆、博物馆、文化研究机构、高校等，也有体制外的民间组织、个人等。机构间合作是整理、保护、开发和利用地方档案的关键。如苏州市的档案管理中心与苏州大学积极探讨丝绸样本档案的保护技术，通过档案馆与高校的合作方式，开展丝绸样本档案保护项目，对地方档案保护研究具有指导意义和创新意义。

（三）学科借鉴

地方档案的内容涉及面广，涉及学科知识多，包括法学、政治学、社会学、民族学、档案学、文学、美学等学科，不同学科的研究方法有所不同，融各学科研究之长，解地方档案学之题，是地方档案学研究的创新之处。近些年，"数字人文"的研究浪潮让地方档案学的研究架上信息技术的"翅膀"，其中地方文书地理信息系统的构建已成为研究的一个热点。

第五节　地方档案研究现状和不足

一　研究现状

近些年，各地档案馆已意识到地方档案的重要性和价值，进行了大量的地方档案整理工作，对价值较大的地方档案进行了整理研究。档案学界针对地方档案的研究也已经有了丰富的研究成果，对地方档案的解读层次越来越深，揭示出了更多档案所蕴含的信息。地方档案是对特定历史背景下一个区域的有权机关、民间团体或个体在该地域从事的各种社会活动以及对该区域的社会现象进行记录而形成的原始史料。我国经过历朝历代形成了种类多样，数量巨大的地方档案，尤其是明清时期，对地方的社会现象、经济往来、文化形态等的记载颇多。随着文化遗产重要性的增加、社会文化发展进程的推进以及大量地方档案的面世，学界加大了对地方档案的抢救和整理力度。地方档案的研究不仅完善了档案学的理论基础，而且增加了史学研究的史料来源。

学术界掀开了清代地方档案研究的热潮。地方档案日益受到学界的青睐，本章节主要收集整理 2020 年之前的研究成果。以地方档案整理和研究新成果展示研究现状。

（一） 地方档案的整理

本章节将 2020 年前与地方档案整理相关的学术会议、国家社科基金项目，以及国家社科基金冷门绝学研究专项项目和档案汇编成果进行了梳理。

1. 学术会议

时间	地点	会议名称	主办方
2019.06.07	山东省青岛市	"清代档案与清代社会"	南开大学中国社会史研究中心与青岛大学历史学院、文学院联合主办
2019.07.08	宁夏银川	"海峡两岸档案暨缩微学术交流会"	中国档案学会和中国文献影像技术协会主办
2019.08.10	广州	《客家珍稀文书丛刊》新书发布会暨"契约文书的整理与研究学术研讨会"	南方出版传媒、广东人民出版社、上海交通大学、中山大学、厦门大学联合主办
2019.09.21	河北秦皇岛	"清文化研究与传播学术研讨会"	东北大学秦皇岛分校社会科学研究院、清华大学人文与社会高等研究所、中国人民大学国学院联合主办
2019.10.18	辽宁沈阳	"第一届东北地区档案学术研讨会"	辽宁大学历史学院、辽宁大学中国档案文化研究中心主办，兰台世界杂志社协办
2019.10.25	河北邯郸	"第八届中国古文书学——民间文书与基层社会"学术研讨会	邯郸学院与中国社会科学院简帛研究中心、敦煌学研究中心、徽学研究中心联合主办
2019.11.23	四川南充	第一届历史档案与特色文献研究学术研讨会	由西华师范大学历史文化学院与地方档案与文献研究中心联合承办

2. 2019 年国家社科基金项目、2020 年国家社科基金冷门绝学研究专项项目

序号	项目批准号	项目名称
1	19BZS110	晚清英国驻天津领事馆档案整理与研究（1860—1895）
2	19BFX030	《孔府档案》所见孔氏家法族规研究
3	19BZS120	新发现的两淮徽州盐商文书整理与研究
4	19BZS010	明清清水江官文书整理与研究
5	19BZS138	土地文书与明清两湖地区土地制度研究
6	19BZS140	以明清碑谱为中心的山东宗族与乡村社会建构研究
7	19BTQ010	徽州民间文书抢救性保护与数据库建设研究
8	19BMZ020	清代西南方志少数民族图像资料的整理与研究
9	19BZJ025	新发现的明清川东地区佛教文献整理与研究
10	19BZS009	明清华北女性碑刻搜集、整理与研究
11	19XZS015	清至民国时期四川灾害史料的整理与研究
12	19XMZ008	清代蒙古文土地契约文书研究
13	19XMZ019	清代喀喇沁三旗蒙古文土地关系档案整理与研究
14	19CTQ013	近代云南土地契约文书整理与研究
15	20CTQ016	西藏乡村俄巴家藏文献整理与研究
16	20CTQ022	地方志文献中药用物产的知识挖掘与利用研究
17	20BTQ016	台湾地区藏南海资料搜集、整理与数据库构建研究
18	20BTQ025	贵州未刊汉字石刻文献搜集整理及数据库建设
19	20BTQ026	国内外收藏蒙古文孤本典籍整理与研究
20	20BTQ030	浙江地方志书通考与研究
21	20BTQ031	百年来出土汉简《仓颉篇》文献整理与综合研究
22	20BTQ032	布达拉宫所藏宝藏寂著述梵本整理与研究
23	20BTQ033	敦煌藏文伦理文献的整理与研究
24	20BTQ034	敦煌藏文摩诃衍禅宗文献整理、翻译与研究
25	20BTQ035	日本藏中国戏曲戏单海报的整理与研究
26	20BTQ036	魏晋至隋唐女性碑刻整理与研究
27	20BTQ038	新疆出土佉卢文土地契约文书整理与研究
28	20BTQ098	改革开放以来湘江流域灾害档案文献整理与研究
29	20BTQ100	清代西藏地方档案及其管理研究
30	20BTQ102	新发现的仙居民间历史档案整理研究与数据库建设

续表

序号	项目批准号	项目名称
31	20VJXG003	禅让类出土文献综合研究
32	20VJXG004	中国古代司法歌诀与图表的搜集、整理及研究
33	20VJXG005	广州十三行印章印迹整理研究
34	20VJXG007	清民国时期青海藏事司法档案整理与研究
35	20VJXG008	英国印度事务部涉藏档案整理与研究
36	20VJXG010	多语种档案文献与清代八旗蒙古研究
37	20VJXG011	新发现珍稀徽州文书整理、研究与数据库建设
38	20VJXG012	丝绸之路古代地图整理与研究
39	20VJXG013	明代边海防地图整理与研究
40	20VJXG014	中央苏区历史地图及历史地理文献的整理与互证
41	20VJXG015	台湾"西藏档"涉中印边境档案整理与研究
42	20VJXG017	出土东周秦汉荆楚地理资料整理与地域空间整合研究
43	20VJXG022	中国与东南亚瑶族《盘王大歌》系列传世唱本整理与研究
44	20VJXG024	土家族掌墨师手稿整理与研究
45	20VJXG027	南岭走廊少数民族梅山教经籍搜集、整理与研究
46	20VJXG028	汉传佛教阿育王文献整理与研究
47	20VJXG031	《悉昙藏》整理与研究
48	20VJXG032	中国传统医学"无名方剂"挖掘、整理与研究
49	20VJXG035	中国国家图书馆藏敦煌社会经济文书的整理与研究
50	20VJXG037	"一带一路"视野下的藏文南亚文献整理与研究
51	20VJXG038	皖派绝学中理必文献的发掘、整理与研究
52	20VJXG044	梵—汉悉昙学核心典籍《悉昙字记》直系文献整理与研究
53	20VJXG046	布达拉宫馆藏贝叶经整理与编目研究
54	20VJXT001	汉长安城未央宫出土骨签的整理、缀合与再研究
55	20VJXT002	山西古代造像碑所见民族交融史料的整理与研究
56	20VJXT003	陕西古旧地图整理与研究
57	20VJXT004	明清广东海防地理史料的整理与研究
58	20VJXT006	《全明戏曲》编纂与俗文学编目整理研究
59	20VJXT007	宋代琴学文献史料的整理、编纂与研究
60	20VJXT013	敦煌藏经洞及和田地区出土于阗语文书释读与研究
61	20VJXT018	中国出土典籍的分类整理与综合研究

通过梳理 2019 年国家社科基金项目审批通过项目和 2020 年国家社科基金冷门绝学研究专项项目，发现有关地方档案的国家社科基金项目多与地方档案的整理研究相关，学界对地方档案的研究重点聚焦于地方档案的抢救与整理研究，属于档案研究的初级阶段。

3. 近年地方档案汇编成果一览表（部分）

地方档案汇编成果根据中国知网、万方、维普、读秀和中国图书出版数据库等平台部分数据整理而成。

序号	名称	编者、作者
1	《粤海关历史档案资料辑要 1685—1949》	粤海关博物馆
2	《中琉历史关系档案》（咸丰朝一、咸丰朝二、咸丰朝三）	中国第一历史档案馆
3	《邑商文化档案史料汇编》	罗会明
4	《清代山西民间契约文书选编》（全 13 册）	郝平
5	《土默特蒙古金氏家族契约文书整理新编》（全 2 卷）	李艳玲、青格力
6	《开滦历史档案汇编》	张雨良
7	《日本侵华军事密档·侵占台湾》	汤重南、刘传标
8	《赣南文书》	徐雁宇、熊昌锟
9	《东莞明伦堂档案》	东莞市档案馆
10	《清宫珍藏达斡尔族满汉文档案汇编》	中国第一历史档案馆等
11	《孔子博物馆藏孔府档案汇编》	《孔子博物馆藏孔府档案汇编》编纂委员会
12	《大屯契约文书汇编》	吕燕平
13	《腾冲契约文书资料整理与汇编》（全三编）	吴晓亮、贾志伟

可以看出，地方档案汇编成果具有鲜明的特点，一是内容涉及范围广，研究主题多元；二是地域跨度大，因地方档案区域性的明显特征，汇编成果都是以当地的地方档案为史料来源，所以具有涉及区域广泛的特点；三是地方档案汇编成果大部分由档案馆专业人士完成。

（二）地方档案的研究

近些年来所形成的地方档案研究成果总体上时间跨度大，地域分布广，有时还横跨多个学科。本章节根据其研究主题进行大致归类并对部分研究成果进行展示。

地方档案与政治史研究。近些年学术界以南部档案、《黑图档》、巴县档案为主要史料来源，以政治学为研究视角，进行了大量的研究，并整理出了众多的研究成果。近些年，地方档案研究中有关政治史的研究多将档案中所记载的制度与现如今的制度做对比，将多份地方档案进行对比研究也是近些年的研究重点。

地方档案与经济史研究。近些年新发现的地方档案是地方经济史研究的主要史料来源，如新发现的高台、金塔契约文书和新发现的闽东民间契约文书，部分研究学者也关注到少数民族地方档案中的经济史内容，并进行了研究。

地方档案与社会史研究。地方档案研究中关于社会史的研究主要还是聚焦于社会治理、官方政府运作和社会阶层方向。如以南部档案为史料来源，进行官府实际运作与历史变迁研究以及教育改革背景下的出路变化及阶层分流研究。[1]《黑图档》成为近些年来的研究热点，研究者多对其记载的社会治理内容进行解读和研究。[2]

地方档案与婚姻史研究。地方档案中的婚姻史内容成为近些年来的研究热点。以清代巴县档案和新发现的地方档案为主要研究史料，有对巴县档案中涉及婚姻史内容的总结性研究，也有对婚姻文约格式的研究。[3]

地方档案与司法史研究。关于司法的研究一直是地方档案研究的重点，地方档案作为司法史研究的第一手史料，在司法史研究中起着重要的作用。近些年地方档案研究中关于司法史的研究较为零散，研究成果不成

---

① 吴佩林、李增增：《拦留：〈南部档案〉所见清季地方社会中的纠纷解决》，《华东政法大学学报》2019 年第 3 期，第 154~166 页；陈慧萍：《清末教育改革视野下地方士绅流动与分化的历史考察——以"四川南部县衙档案"为中心》，《青海社会科学》2019 年第 4 期，第 188~192 页。

② 李小雪、常建华：《清康雍年间盛京城乡旗民划界探析——以盛京内务府抄存档案〈黑图档〉为中心》，《青海民族研究》2019 年第 3 期，第 159~168 页。

③ 张志军：《何以嫁卖？——从乾嘉道巴县 36 份嫁卖案例说起》，《西华师范大学学报》（哲学社会科学版）2019 年第 3 期，第 19~24 页；张晓霞：《清代退婚文约之特点及真实性探讨——以巴县档案为例》，《成都大学学报》（社会科学版）2019 年第 1 期，第 62~68 页。

系统，有以《黑图档》为研究材料的，也有以巴县档案为研究材料的，但不可否认的是近些年的研究成果正在向着揭示深层信息的方向发展。

地方档案与民族史研究。近些年来，有关少数民族地区的档案成为民族史的研究热点，一些具有民族特色的地方档案正逐步进入研究者的视野，如锦屏加池苗寨文书、南疆契约文书，以及一些地方志，如满文《喀木地方一统志》等。

地方档案与语言学研究。地方档案中包含很多俗字，尤其以少数民族语言为语言载体的地方档案的俗字更多，如西藏地区的地方志。有关地方档案中语言学的研究主要还是以俗字研究为主。

二 研究不足

目前，依托地方档案的整理与研究已取得了很多研究成果，地方档案在档案学界、史学界都是研究者的关注重点。尽管研究成果较多，但地方档案研究仍有一些不足和亟须改进的地方。

（一）研究整理与公布全面性不足

从现有的地方档案汇编成果来看，其内容主要涉及司法、契约文书，整理得也较为全面，而关于政治、文化等方面的内容较少。

（二）研究主题不全，研究成果不深

地方档案是历史上各地域的社会现象的原始记录，内容涉及面广，但现有的研究多为档案整理研究、档案部分内部信息解读，研究基本还处于初级阶段。

（三）跨学科研究方法应用不足

地方档案内容涉及众多学科，现有研究成果虽从不同学科视角进行研究而来，但是研究成果大多只是借鉴相关学科的理论概念，对研究方法的应用不彻底，地方档案研究跨学科研究方法应用不足。

（四）地方档案的利用价值不足、利用效率不高

虽然近些年地方档案学术成果数量猛增，但连接地方性知识与大历史，提升档案的利用价值和利用效率仍旧是学界亟待解决的难题。各地域

要依托当地特色档案和文化遗产，搭建地方档案与文献研究交流的学术平台，提升地方档案整理与研究的能力和水平。

（五）对新技术、新思想借鉴不足

地方档案的研究虽然很重视对地方档案的挖掘和整理，也进行了地方档案数据库的建设，但是从研究成果来看，地方档案的研究还停留在整理、内容解读、浅层信息解读层面，关于档案深层信息揭示和信息关联方面的研究较少，而这些研究领域正是学者需要突破的地方。借鉴新技术、新思想为地方档案的研究助力是未来的趋势，如"数字人文"正在如火如荼地开展，地方档案研究也要与时代技术接轨，在未来的研究中掌握主动权。

（六）地方档案研究创新意识与理论提升不足

近年来，新的地方档案逐步被发现，完善了我国档案的完整性，但不少利用新材料的研究者只顾盲目堆砌史料，缺少问题意识、创新意识，理论提升程度较低，这种现象不利于研究者思想的扩展。

【思考题】

1. 请简述地方档案的主要研究方向。

2. 请介绍你家乡的地方档案及其研究情况。

3. 结合元数据知识，请选择某地方档案，如清水江文书，为其设计元数据和著录编目。

4. 借鉴新媒体技术，对某地方档案进行宣传展示。

5. 总结分析地方档案研究的特点及趋势。

6. 地方档案的研究视角如何与时代发展相契合？

第二章　中国地方档案整理研究

1. 要求学生了解地方档案整理状况。
2. 本章重点是地方档案整理的代表性成果。

第一节　地方档案整理现状

一　地方档案整理成果梳理

　　地方档案是地方文化的真实记录，它不仅对国家宏观政策在基层社会的运行有着详细的记载，对地方社会的政治、经济、文化、教育等多个方面也都有着详细的记录，其整理对于挖掘地方的历史、推动地方社会的发展有着至关重要的意义。1950 年以来，随着学术界研究视野的"眼光向下"，微观史、地方史研究渐成趋势。目前学界对地方档案的整理工作成果颇丰，学者们普遍认为对保存量大、价值高的地方文献进行整理研究是必要之举。从国家的层面上来讲，历史传统文化是我们珍贵的民族财富，将这些历史遗珠发掘出来使其重见天日并对其进行系统的整理，是提升我国的文化软实力的必要之举，也是增强民族文化自信的要求，更是建设文化强国，扩大中华传统文化的影响，提高中国传统文化的国际地位的必由之路。从研究者的角度来讲，未被发掘的地方档案是目前学界的新鲜空气，在传统研究手段下的史书、文献等已被充分解读，不能满足继续研究的需要。这些珍贵的地方文献资料恰恰满足了这一需要。所以，无论是出于国家大义还是为推动学术研究，将地方档案文献整理发行出版都是必要的选择。而目前已有的研究成果也确实证明，这些地方档案资料的整理出版也确实为政治、经济、社会、法制、教育、文化等方向的研究和具有针对性的地方历史综合考察提供了新的研究材料，丰富了目前已有的研究成果，推动了学术研究的进步。近年来各地的整理成果如下。

北京市

• 清代宋淇所著《剿抚澎台机宜》，现存于北京市档案馆，这部档案记载了 17 世纪清朝统一澎湖、台湾的历史。其主要内容是为剿抚澎湖、台湾而出的各项政策策略建议，包括对当时客观条件的描述，例如对当地地形地势的描述，还有对当地的山川湖泊、历史情况、风俗民情、人口城镇甚至台风规律的记载。

• 《京张路工撮影》，现存于北京市档案馆。此档案为影像材料，记载了当时京张铁路的全貌，将当时京张铁路的修建过程、通车庆典，以及全程各车站和火车的情况反映出来，是研究中国铁路史的珍贵资料，也是中华儿女建设家园、振兴中华、不懈奋斗的真实写照。

• 老舍著《四世同堂》手稿文献，保存于中国现代文学馆，由老舍先生用墨笔恭楷竖行书于抗战时期手工纸上，仅存第一卷和第二卷，弥足珍贵。

天津市

• 中国近代邮政起源档案，现存于天津市档案馆。该档案属于清代邮政档案的一部分，主要记载了 1850 年以后中国海关总税务司赫德（英）筹办近代邮政业务的过程。其委派天津海关税务司，在北京、烟台、牛庄、上海、天津五地试行近代邮政业务，并以天津为中心向外辐射。该档案还详细记载了如何构建邮寄业务网络、如何传递邮件、如何管理邮务，以及如何发行邮票。值得一提的是，这本档案详细记载了中国第一家邮政机构——海关书信馆的组建过程，还有第一代邮政代办机构——华洋书信馆如何在中国开辟陆、海运邮路的过程以及发行中国第一枚邮票——大龙邮票的相关内容。

• 中国北方地区早期商会档案，现存于天津市档案馆。该档案详细记载了我国最早的民族资产阶级的发展情况，披露了北方地区商会由官办商务局到商务公所再到商务总会的演变过程。

• 李鸿章在天津筹办洋务档案文献，现存于天津市档案馆。该档案详细记载了 1870 年到 1900 年之间，李鸿章任直隶总督兼北洋大臣时，在华北地区以天津为中心从事的洋务派活动，具有重要史学价值。

河北省

• 明代谏臣杨继盛遗书及后人题词，现存于容城县档案馆，是明代著名谏臣杨继盛因弹劾奸相严嵩，被诬陷入狱后被杀前写给自己的妻儿的两封遗书真迹，真实地反映了杨继盛做人、治家、处世的思想，具有重要的文物研究和欣赏价值。

• 清代获鹿县永壁村保甲册，现存于河北省档案馆。该档案是清代时期，河北省获鹿县永壁村的保甲册，内容涉及鸦片战争后清代基层户籍管理、人口数量、家庭结构、雇工及农村经济等发展变化的情况。

• 长芦盐务档案，保存于河北省档案馆，时间跨度自清代中期至民国时期共170余年，具有连续性的特点，是现存最完整的反映中国盐务历史的档案珍藏。其卷帙浩繁，内容丰富，涉及长芦盐务机构沿革、盐政制度、芦盐的生产、运输、销售、缉私、税收、稽核等。

• 开滦煤矿档案文献，现存于河北省开滦集团档案馆。该档案是对1876年到新中国成立后开滦煤矿的艰苦卓绝的发展历程的真实记录，折射了当时中国的政治、经济乃至军事、外交状况。文件包括上奏的折子、股票、账簿、文件、书信、报告、合同、规章制度、证书、董事会会议纪要、公司组织机构、矿产报告、照片，以及大量国内企业特有的珍贵历史档案和资料。

• 保定商会档案，保存于河北省保定市档案馆，是北方内陆中等城市商会档案的典型，以民国时期的档案为主体。《保定商会档案》完整记载了保定商会及其同业公会在清末至新中国成立初期四十多年中的变迁历程，包括其机构设置、组织结构和人员更迭的情况，全方位真实动态地呈现了近代保定在政治、经济、文教及社会方面的"立体图景"。

山西省

• 山西商办全省保晋矿务有限总公司档案文献，现存于阳泉市档案馆。其内容包括保晋公司的章程、合同、股票、息折、股东大会报告、合资说明书、股东名册、股东清册、股东登记表、发息登记表、股账等。

• 宁化府益源庆历史档案，保存于山西省太原市档案馆，主要包括益源庆1817年使用过的铁甑、醋缸、蒸料锅等实物，以及民国时期益源庆使用的旧账簿、解放初期私营企业设立的登记表、企业入会申请书、注册商标等共 80 件。

内蒙古自治区

• 清代皇帝对鄂尔多斯蒙古王公的诰封，保存于鄂尔多斯市档案馆。该资料是清代皇帝赐封鄂尔多斯蒙古王公妻室的官方诰命文书，反映了中国在形成统一多民族国家过程中蒙古族与中央朝廷的亲密关系，表现了清朝实行的比较正确的民族政策。这组文献文书风格特殊，质地为黄、白、黑、蓝、红五色锦，用墨笔书写满、蒙两种文字。每份长达 5.15 米，宽 0.32 米。

• 清代阿拉善霍硕特旗档案，保存于阿拉善左旗档案馆。该档案是目前我国现有的保存最完整、记载最系统的清代时期内蒙古札萨克衙门的档案。该档案以蒙文为主，并有大量满、藏、汉文。其记载的内容反映了当时的政治情况、经济情况、文化状况、民族情况、宗教情况等。

• 清代内蒙古垦务档案，保存于内蒙古自治区档案馆，该档案是清代到民国时期由中央政府在内蒙古设立的各届机构在推进垦务工作中形成的档案材料记录，以墨书于手工纸上，文字以汉字为主，间有满、蒙文。

• 鄂尔多斯左翼后旗台吉家谱，保存于内蒙古自治区鄂尔多斯市档案馆。该档案是自成吉思汗第 15 代孙子巴图孟克达彦汗起，到左翼后旗王爷康达道尔基的家谱图，共 20 代。包含 2000 多位台吉。在鄂尔多斯市的档案馆中，此图是现存的版面最大的历史档案，它长 7.23 米，宽 3.45 米，面积足足接近 25 平方米。

• 五当召蒙古文历史档案，保存于内蒙古自治区包头市档案馆。其主要内容是清代时期的内蒙古地区的各级行政机构与中央集权政府之间互相来往的公函。其中涉及清朝理藩院、绥远将军衙门、归化城副都统衙门、萨拉齐等诸厅。这份档案详细记载了当时中央集权政府对宗教寺庙以及其中的僧侣的管理制度，还有清朝末年一直到民国初年，当地开垦农田、开发矿物、置办田地产业等产生的纠纷。

• 清代册封扎萨克世袭多罗达尔罕贝勒的册文，保存于内蒙古自治区档案馆。这份档案文献是在清代道光二十四年、同治元年、光绪六年、光绪十六年由道光帝、同治帝、光绪帝三位皇帝分别签发的册封第 9～12 世喀尔喀右翼旗扎萨克世袭多罗达尔罕贝勒的册文。这些册文长度为 345 厘米，宽度为 34.3 厘米。册文的材质由黄色纸质材料与丝网混合构成。升降龙及云朵图案布满了这些册文的边框和卷尾。上边书写的文字有满文和蒙文两种文字，前边是满文后边是蒙文。还使用了两种颜色，主体部分使用丹书，时间落款采用墨书，并钤有"制诰之宝"。

辽宁省

● 唐代开元年间档案，保存于辽宁省档案馆。这份档案形成于唐代开元二年，一共有 6 件。到目前为止，这是我国档案部门中收藏的年代最久远的纸质公文材料。这份档案集中反映了当时社会的宗教信仰、社会安全的情况，详细记录了对来犯骚扰的流寇进行剿捕的申状，上边有当值司马的签字，还有当时各处寺庙法师的名册以及有关死者身份、背景资料的详细报告。

● 《明太祖洪武二十五年实录稿本》（部分），保存于辽宁省档案馆。这份档案叙事详尽，文风质朴、逻辑清晰，好读易懂，涉及当时生活的方方面面，包括政务、军务、对外交流、司法、文学、民族关系、朝贡、祭祀和旌表等。从中可以一窥当时社会的普遍状况与朱元璋主政时期的政治活动及其政治思想。

● 戚继光签批的申文，保存于辽宁省档案馆，是戚继光就任山东等处总督备倭署指挥金事第二年（1554）时的一个批语。主要内容是处理乡里一个赌博事件。申文是中国古代的一种上行文书，存世的明代申文极为罕见。

● 图琳固英族谱，保存于辽宁省喀左县档案馆，是用蒙古文写成的明代末年至清代中后期近 200 年间蒙古显贵图琳固英家族的谱系。族谱长 8 米，宽 1.7 米，用蒙文按塔式结构墨笔手书。其中能辨认的有 14 代 1904 人，记载了从 1635 年（后金天聪九年）至 1831 年（清道光十一年）图琳固英后人的姓名、爵位和职务等。

● 盛京内务府册档，保存于辽宁省档案馆。该档案是清代盛京的总管内务府衙门抄录的文书。其原件是盛京总管内务府与北京总管内务府、北京六部等官方组织和盛京将军衙门、奉天府、盛京五部之间来往的公函。盛京内务府把这些原件按照时间顺序和函文之间的关系进行排列并进行抄录。盛京内务府册档共 1149 册，其中京来档 151 册、京行档 168 册、部来档 429 册、部行档 359 册、存查档 42 册，此档案使用满文和汉文两种文字写成。

吉林省

• 清代吉林公文邮递实寄邮件，保存于吉林省档案馆，是清代时期吉林地区邮驿活动的邮品。这些邮品是当地的将军府衙门与各级州府之间的公务寄送物品，其中包括将军火票、排单和实寄封等物品。这些邮品深刻反映了当时的历史情况，还原了清代吉林地区的邮驿系统，可从中一窥清代时期军政的交通管理体系与寄送公函的方式。

• 清代吉林打牲乌拉捕贡山界与江界全图，这份档案是两张图，一个是打牲乌拉捕贡山界全图，由打牲乌拉翼领衙门绘制，另一个是江界全图，由打牲乌拉旗务承办处恐江界"日久年湮，无所考据"而绘制。两张图分别于宣统元年、宣统三年绘制。两张图是匠人用手工绘制的彩色长图，比例尺为六万分之一。配有到图例和注释。

黑龙江省

• 清代五大连池火山喷发满文档案，保存于黑龙江省档案馆。它是清朝康熙年间黑龙江将军及其下属布特哈首领所写的笔记和文件的副本，全部用满文书写。这份文件详细记录了 1720 年 1 月 14 日到 1721 年 3 月 18 日和 1721 年 4 月 26 日到 1721 年 5 月 28 日五大连池火山两次喷发的全过程，描述了火山喷发的时间、地点、喷发状态、喷发规模、喷发产物、堰塞湖的形成过程等。

• 清代呼兰府《婚姻办法》档案文献，保存于黑龙江省档案馆。黑龙江省档案馆保存的清代呼兰府《结婚办法》档案，是清代光绪后期呼兰府针对当时封建婚姻的一些弊端以及由此引发的诸多诉讼等一系列社会问题而制定的原始公文，也是黑龙江省最早的婚姻法规。

• 清代黑龙江通省满汉文舆图图说（同治年间），保存于黑龙江省档案馆。这份文件出自清朝同治三年（1864）形成的黑龙江将军衙门档案，是咸丰八年（1858）中俄《瑷珲条约》签订后对黑龙江将军衙门及其所辖各市、旗的原始记载。它以满汉文图学的形式详细记录了当时黑龙江地区的地理历史状况，涉及当时黑龙江地区的山、河、城、族户、驿卒、牧场、植被、历史遗迹的位置和名称，内容翔实可靠。

• 清代黑龙江地方鄂伦春族满文户籍档案文献（同治、光绪年间），保存于黑龙江省档案馆。这份文献源于清代的黑龙江将军衙门档案，在同治五年（1866）至光绪二十六年（1900）之间断断续续地形成。它是已知的鄂伦春族形成时间较早的历史户籍档案，记载了清代黑龙江省布特哈、呼伦贝尔、黑龙江省江城所辖的库玛尔路、毕拉尔路、阿里路、多布库尔路、托河路等的鄂伦春人的历史人口状况，且都用满文记载。

上海市

• 江南机器制造局档案，是江南机器制造局成立初期的档案的一部分。档案详细描述了江南机器制造局的诞生和生产过程，是反映江南机器制造局早期历史的珍贵资料，也是研究洋务运动和民族工业发展史的珍贵史料。

• 上海总商会档案，保存于上海市档案馆，主要包括上海总商会1912年至1928年的议事录，1913年至1927年的办事报告、历次奏案和章程、会员录等，以及与上海总商会筹资垫款、举办商品陈列所、修改商会法、参与租界华人参政运动、征集商品参加国外博览会等相关的文献。

• 《近代中国百货业先驱——上海四大公司档案汇编》，现被上海市档案馆收藏保存，记录了曾经引领近代中国百货业的上海四大百货商店的发展历程。

江苏省

• 尹湾汉墓简牍中的西汉郡级档案文书，保存于连云港市博物馆，该文献是1993年在东海尹湾六号汉墓出土的，书写在汉代的竹简上。这是东海郡功曹史师饶的随葬品。这份文件是我国现存的历史上最早的行政文书之一。主要记载了西汉末年东海郡、县、乡、里的行政机构设置、官员设置、户籍、耕地与货币、经济税和武器装备等情况。

• 大生纱厂创办初期的档案，保存于南通市档案馆。它记录了近代中国民族资产阶级代表人物、著名实业家张謇在高中状元后弃官返乡办实业、办教育的艰难历程，揭示了大生企业集团工业、交通运输、垦殖畜牧业、文化教育、慈善事业等多项事业的创建和发展过程。

• 苏州商会档案（晚清部分），保存于苏州市档案馆，主要是苏州商会与清代中央政府及各级地方官府衙门之间来往的文件。苏州商会与北京商会、天津商会、上海商会、南京商会、武汉商会、广州商会、重庆商会齐名，并称为清末八大商会。目前八大商会中原始档案留存至今的只有苏州商会和天津商会。

• 中山陵档案，它被保存在南京市档案馆，记录了孙中山先生逝世、纪念馆和陵园选址、陵园设计、陵园建筑、北上迎榇仪式、奉安仪式、举国追悼、中外人民参观陵园等重大事件和活动。中山陵系孙中山陵寝所在地。

• 韩国钧《朋僚函札》档案文献，是民国期间曾任江苏省省长的韩国钧保存的与康有为、梁任公、黄炎培、陶行知等政界要人、社会名流的信函。这些信件从侧面反映了当时江苏、浙江、福建、安徽、上海以至全国的政治、军事、经济、思想、文化、实业等多方面的情况。

• 苏州市民公社档案，保存于江苏省苏州市档案馆，记录了苏州城内各市民公社从事消防、卫生、道路、公益、学务诸方面的活动，内容十分丰富，是研究清末民初市民自治、公民意识、社区管理的重要史料。

• 晚清、民国时期常熟百种地方报纸，被保存在江苏省常熟市档案馆，由1910年（清宣统二年）至1949年期间的通俗地方报纸组成，共计110种，7248张。这批地方报纸，种类多、数量大，占同期常熟地方报纸种类的70%以上，对常熟这一地区的历史演变和社会动态进行了详细的记述。

• 近现代苏州丝绸样本档案，保存于江苏省苏州市工商档案管理中心，主要形成于19世纪末至20世纪末。它由丝绸企业在丝绸设计、制样、生产、交流过程中逐渐积累起来的丝绸样品、产品实物等组成。

• 民国时期南京户籍卡档案，保存于南京市档案馆，分户卡和口卡两类，口卡按男女性别分别登记并按姓氏排列，上面除填报姓名、性别、年龄、住址、籍贯、文化程度、职业、婚姻状况、与户主的关系等内容外，还包括体貌特征、宣誓期限和地点、兵役、义务劳动、保甲番号、指纹等，共计28项。户卡以家庭户为主，有的依据工作处所或军队编制为户，户主为上司领导或雇主。

• 南京长江大桥建设档案，保存在江苏省档案馆。这份档案系统、完整、全面地保存了南京长江大桥规划设计、施工竣工、预决算、投入使用、工程配套、后期维护、世界宣传和展览等内容。档案中包含有纸质文件、工程图纸、照片、视频等。

浙江省

• 清代《清漾毛氏族谱》，保存于江山市档案馆。这是衢州地区最完整、版本较早的毛氏族谱。它具体反映了毛氏家族，特别是江南毛氏主要分支在衢州的繁衍、迁徙和发展的情况，对研究中国古代人口迁移和家庭繁衍具有重要的参考价值。

• 汤寿潜与保路运动档案，保存于浙江省档案馆，是当时任浙江省全浙铁路公司总理的汤寿潜，围绕沪杭甬铁路建设和路权问题，与浙抚院、邮传部的沟通文件。

• 晚清民国龙泉司法档案，保存于龙泉市档案馆，记录了浙江龙泉自清咸丰年间至新中国成立近百年的司法案件，多方面呈现了晚清特别是民国时期的地方社会情况。

• 钱塘江桥工程档案，保存于浙江省档案馆。这份档案是钱塘江大桥在筹建、设计、施工过程中形成和积累的工程图纸、工程照片和底片。它客观地记录了桥梁建设、桥梁爆破、桥梁修复的全过程，对中国桥梁建设史的研究具有重要价值。

• 史家祖宗画像及传记、题跋，共有南宋史家七代重要历史人物画像31幅，清代学者题跋19篇，每幅都附有人物传记。它反映了史氏家族参与南宋社会政治经济活动的情况。

• 浙军都督府汤寿潜函稿档案，保存于浙江省嵊州市档案馆，填补了浙江省地市级及以下各类档案馆在收藏辛亥革命时期省级主要官员手迹档案方面的空白，也充实了浙江省档案部门有关辛亥革命档案的内容。

• 茅盾档案，包括日记、回忆录、部分小说、书信、随笔等手稿，保存在浙江桐乡市档案馆，反映了茅盾的文学创作活动和文学理论，以及他的政治活动和生活状况。

• 浙江抗日军民救护遇险盟军档案，被浙江省档案馆、遂昌县档案馆、象山县档案馆、江山市档案馆保存。这些档案客观地记录了浙江抗日军民解救美国飞行员和英国战俘的事实。

安徽省

• 明代徽州土地产权变动和管理文书，现在保存于安徽省档案馆。该文献是徽州休宁县、歙县与土地买卖、产权转让、税收征管、山地管理、土地产权登记等相关的经济文书，是对明代中叶以后徽州土地管理的典型记载。

• 明代徽州江氏家族分家阄书，保存于安徽省黄山市档案馆。阄书是中国传统社会认定分家析产的契约文书。明代徽州江氏家族分家阄书完整记录了江氏家族五代人三次分家的情况，具有连续性。

福建省

• 福建侨批档案，侨批档案是侨胞通过民间渠道和后来的金融、邮政机构寄回中国的信件或简跋、汇款凭证，是一种"信钱合一"的信件，记录了外来文化在福建侨乡的碰撞、融合过程，见证了福建侨乡和侨乡经济文化的发展。

• 福建辛亥革命英杰档案，保存于福建省档案馆，包括福建9大辛亥革命英杰的手稿、书信、委任书，以及收条、照片等有关文献资料。

江西省

• 唐江商会档案，保存于江西省南康区档案馆，记录了1937年至1949年间唐江商会人事、社会活动等方面的内容，并且还涉及了该时段内南康地区经济、交通、税收等方面的情况。

山东省

• 清代《八省运河泉源水利情形总图》，保存于汶上县档案馆，是清朝同治年间由工部匠人考察后全手工绘制而成的，长937.5厘米，宽27.3厘米。这是运河流经湖南、湖北、江西、浙江、安徽、江南、山东和直隶八省的河流总图。

• 《六省黄河堤工埽坝情形总图》，保存于汶上县档案馆，清同治二年（1863）绘制而成。这份档案详细描述了黄河从青海巴颜喀拉山发源地经甘肃、陕西、山西、河南、山东、江南入海的全过程，对沿途的州、县、镇、村、桥涵、闸、堤、土坝及其支流进行了详细标注。

• 孔子世家明清文书档案，保存于山东省曲阜市文物管理委员会，包括衍圣公与朝廷、地方官员往来的各式公文，记录府内各机构运转及孔氏家族日常生活状况的文书等，是明清时期衍圣公进行政治经济活动和处理家庭事务的原始记录。

• 解放战争时期临朐支前《军鞋账》，保存于山东省临朐县档案馆。

该文献的主要内容为临朐县大观区北草山亭村妇救会会长张鹏英记录的该村 72 名家庭妇女制作军鞋的情况。作为解放战争时期临朐人民积极支援前线的证据，这份档案在山东省乃至全国都尤为罕见和独特，先后参加全国党史资料展和山东省特藏档案展览。

河南省

● 国共两党河南抗战档案文献，共一百三十余万字，分为上下两册：上册为中国共产党河南抗战档案文献；下册为中国国民党河南抗战档案文献。

湖北省

● 汉冶萍煤铁厂矿有限公司档案，保存于湖北省档案馆，包括董事会档案、公司经理部档案和财务会计档案。此外，还有公司在经营活动中收集、发布的大量信息。内容涉及公司建设、经营管理、调查统计、生产销售、交通运输、工业设备、财务管理、发行股票与债券等方面。

● 江汉关档案文献，保存于湖北省档案馆。这份文书记载了自清咸丰十一年十二月（1861 年 1 月）总理各国事务衙门批准在汉口成立江汉关税务司（简称江汉关）起到 1949 年的 80 多年间，受江汉关税务司、长沙关税务司署、财政部湖北缉私处老河口查缉所等部门监管的财政部部长岳关监督公署对进出口运输工具、货物、旅客行李物品的关税监督征收、查缉走私情况，以及邮政、气象、水路、航运、运输等口岸事务。

● 辛亥革命武昌起义档案文献，保存于湖北省档案馆、辛亥革命武昌起义纪念馆，包括照会、任命状、信函、名册、照片等，记录了在湖北建立的科学补习所和日知会的活动、武昌起义的发展过程、起义军的通知和命令、起义后各省的电报和照会，以及大元帅选举、临时政府成立、孙中山辞去临时大总统职务、临时条约制定等重大历史事件。

湖南省

● 永州女书档案文献，保存于江永县档案馆，是对湖南省江永县妇女文字文化的历史记载。女书又名女字，有 600 多个字符。它是一种符号系统，可用于日常生活交际，只在女性之间流传。当地妇女利用女书创作女书作品，翻译当地流行的中文唱词。

● 湘鄂赣省工农兵银行发行的货币票券，保存于湖南省浏阳市档案馆，包括中国共产党领导下的浏阳、万载、宜春等这些地方的工农银行发行的可以流通的货币，发行时间为 1931～1933 年。该类货币票券共 974 张。其种类有银圆、铜圆、大洋、公债券、股票，银圆面值有 1 角、2 角、3 角、5 角、1 元、10 元等 6 种，铜圆面值有 200 文 1 种。

广东省

• 广州中山纪念堂建筑设计图纸，保存于广州市档案馆，是广州中山纪念堂最完整的一套设计图纸，是研究中国近代建筑发展史的重要史料。

• 九龙关管辖地区图（1891 年至 1948 年），保存于广东省档案馆。它是清末至中华人民共和国成立前的九龙关辖区地图。

广西壮族自治区

• 百色起义档案史料，保存于广西壮族自治区档案馆，是中国革命历史档案的重要组成部分，其中有红军和苏维埃政府的文告、标语，也有起义领导人宣传革命的演讲笔记、信函和苏维埃政府颁发的土地证等。

海南省

• 海南渔民《更路簿》，这是一本小册子，供渔民在南海作业时阅读。该文献记录了航线、里程、岛礁名称、潮汐、流速及变化、天气等内容，是历代渔民航海经验的总结。它是用海南方言写的，所以被称为"南海天书"。

重庆市

• 民国时期的中国西部科学院档案，保存于重庆市档案馆，系统、完整地反映了民国时期中国西部科学院的组织和工作概况，以及中国西部科学院"科学救国"的历史活动。档案内容涉及卢作孚、蔡元培、黄炎培、张群、刘湘、杨森等学术界和政界名人与中国西部科学院的关系。

四川省

• 《宇妥·元丹贡布八大秘诀》手写本，保存于四川省甘孜藏族自治州德格藏医院，这是藏医学家宇妥·元丹贡布的手迹。宇妥·元丹贡布是 8 世纪初我国著名的藏医专家，曾任西藏御医。他有着深厚的理论基础和丰富的藏医临床实践经验。他广泛学习借鉴中国医学和外国医学的经验，主持编写了《四部医典》等著作。所有文件均用藏文书写在由狼毒草制成的米黄色藏文纸上。这些原件的封面是刻有梵文佛教六字咒语的木板。

• 元代第七任帝师桑结贝给塔巴贝的封文，保存于四川省甘孜藏族自治州档案馆，这份文件记录了元朝第七任帝师桑杰贝代表元朝皇帝，将金沙江两岸的人和地赐给当地一个叫塔巴贝的人，并请塔巴贝管理和照顾当地人民一事。所有的文件都是藏文，其封文是珠匝体形式的手写藏文。这是一件难得的珍品。

• 《般若波罗蜜多经八千颂》档案文献，保存于四川省甘孜藏族自治州德格印经院，是《甘珠尔》百部经卷之一部，它是大乘佛教的主要经典。木刻佛经板长 77.5 厘米，宽 19 厘米，厚 3 厘米。该档案由梵文和藏文字母拼写而成。梵语和藏语并存。雕刻精美，工艺复杂，堪称珍品，是藏传佛教经典的代表。

• 清代四川南部县衙档案文献，保存于四川省南充市档案馆，它是对清代南部县政府行政活动的全方位记录，内容包括官员的任免、户籍、土产、赋税、征兵、自然灾害、风土人情、司法法规等，具有连续性。它是对清代一个地方的政治、经济、军事、文化、教育、司法、宗教、外交的反映，是县级地方权力的缩影。

• 四川自贡盐业契约档案文献，保存于四川省自贡市档案馆，记录了自贡井盐 200 多年来在开采、生产、运输、销售过程中形成的各种合伙关系，涉及立井、买卖、租佃、出借、合伙、财产分割等多种类型，系统、完整地反映了当时自贡地区盐业合伙集资经营的全过程和特点。它记录了中国股份制经济从无到有，从有到壮大的过程。

• 四川省凉山彝族自治州毕摩文献，保存于四川省凉山彝族自治州美姑县档案馆，它是彝族祭司毕摩收集、整理、创作的民间经典文献。它是用古代彝族语写成的，以手写体的形式代代相传，以资礼仪之用。其种类繁多，卷帙浩繁。仅美姑县档案馆就有原始文献 300 余种，计 1535 卷。内容涉及社会历史、文学艺术、风俗礼仪、道德法律、医药卫生、军事思想、天文历法、自然地理、宗教信仰等。

• 清代四川巴县档案中的民俗档案文献，保存于四川省档案馆。它是巴县档案的组成部分，散落在巴县档案中。内容涉及行会规则、婚丧礼仪、宗族规则、扶养传承、宗教信仰、民间娱乐等与民俗有关的方面，材料丰富、具体、生动、准确。涉及人物包括地方官员、乡绅、商人、僧侣，以及各类普通民众。

• 四川省阿坝藏族羌族自治州茂县羌族刷勒日文献，保存于四川省阿坝藏族羌族自治州茂县档案馆，是以羌族传统绘画方式绘制的古老而自成体系的完备的自源性绘画，是羌族专业神职人员"许"在长期从事占卜、求育、述源、丧葬、祭祖、历算等活动中形成并流传下来的专门文献。

• 明万历年间泸定土司藏商合约档案，现在保存在四川省泸定县档案馆。该档案文献形成于明代万历四十五年（1617）三月十一日，形成地为四川省甘孜州泸定县兴隆镇。签约主持人是沈边土司余景冬交，契约的签订者包括争夺贸易中心双方、喇嘛、长河西招讨司（康明正土司）管家、15 名藏区茶商、川陕滇等五省的汉商代表，总共有 25 个签约人。

• 四川自贡岩口簿档案文献，保存于四川省自贡市档案馆。这份档案共 121 件，内容涉及 92 口井。从时间上划分，清代的有 57 件，民国时期的有 61 件，新中国成立后的有 3 件。这些岩口簿有一百多年的历史，覆盖面积很大，涉及自贡盐田三大产盐区（自流井区、贡井区、大安区）。

贵州省

• 贵州省"水书"文献，保存于贵州省档案馆。主要记录了贵州、广西等地水族的历史文化发展过程。内容包括对水族婚丧、建筑、旅游、占卜等活动的记载，以及水族原始宗教、天文现象、历法资料和古代文字资料。

• 清水江文书，保存于锦屏县档案馆，是以锦屏林业契约为主要内容和特征，反映地方林业与苗族、侗族生存发展的社会关系的原始记录。它是当时当地经济社会生活的缩影。

• 贵州布依族古文字档案（贵州布依文古籍），保存于贵州省荔波县档案馆、贵州省三都水族自治县档案馆。布依族古文字档案是布依族广泛流传和使用的民族文化典籍，是布依族人民用于进行日常宗教活动的书籍。目前常见的形式有布依经和傩书。

云南省

• 云南护国首义档案，保管于云南省档案馆，形成时间为 1915 年至1916 年，共计 191 件，主要为文件、电报等纸质档案。这组档案文献反映了 1915 年至 1916 年护国运动发生的背景及自始至终的全过程。

● 抗战时期华侨机工支援抗战运输档案，保存于云南省档案馆。它们形成于 1937 年至 1945 年，共 850 卷。主要以往来公文、电文、手稿为主，另有少量照片。该部分档案呈现了抗战时期，华侨机工回国支援抗日战争，投身滇缅公路等后方运输线运输工作的实况。

● 纳西族东巴古籍。它是纳西族祭司东巴用东巴象形文字书写的东巴经文，俗称东巴经文。目前，丽江东巴文化研究所共保存有东巴古籍文献 20000 余卷。主要记录东巴祭司在祭祀仪式上诵经的情状。它是纳西族东巴教祭祀占卜活动中使用的经典、书画和民间编年史。

● 彝族文献档案。主要保存在楚雄彝族文化研究所和楚雄州档案馆。经考证，该文献形成于明清时期。44 件彝族珍贵档案，反映了彝族的社会历史、语言、文学艺术、宗教习俗、政治、经济、哲学、伦理、天文、历法和民族关系。

● 昆明教案与云南七府矿权的丧失及其收回档案文献，保存于云南省档案馆，形成时间起于 1900 年，下讫 1911 年清政府赎回七府矿权，共 170 余件，内容主要涉及外事、昆明宗教计划、七国政府采矿权的丢失和收回等，这组档案文献真实详细地记录了"昆明教案"的发生、议结，法英云南矿物公司与清朝廷商订云南七府矿务章程的经过，滇省各界反对法英霸占七府矿权的斗争，以及废除矿约、收回矿权的情况。

● 清末云南为禁种大烟倡种桑棉推行实业档案文献，保存于云南省档案馆，形成时间为光绪三十二年（1906）至民国九年（1920），共 170 件，反映了清末民初云南各级地方政府在落实中央禁烟运动，挽回烟利，推广桑蚕、棉、麻、桐、茶、青枫等经济作物以替代罂粟，推广合作股份公司，鼓励各地开办地方实业，促进农业生产的恢复和发展等方面所做出的种种努力。

● 阿佤山佤族酋长印谱，保存于云南省档案馆，为单件实物档案。这份档案是 1935 年以中英会议成员身份参加边界测量的方国瑜，在边界测量时，为阿佤山各位酋长的印章制作的图鉴。图鉴长 82 厘米，宽 34 厘米。它被命名为"滇边卡瓦山诸部酋长印图之一班"。一共有六个红印。每个酋长的名字和印章的材料都刻在每个印章的右边。

西藏自治区

● 元代档案中有关西藏归属问题的档案，保存在西藏自治区档案馆。这是元朝有关西藏并入中国领土的档案。是当时元朝中央政府与西藏沟通的重要文件，也是元朝中央政府任命的西藏地方官员行使职权的一些重要文件。这篇文献是用八思巴字新蒙文或古藏文写成的，使用的纸张是狼毒草所制成的藏纸。八思巴字新蒙文的纸质档案非常罕见。这些档案反映了西藏自 13 世纪以来就被纳入中国领土的历史事实。

● 明代洪武皇帝颁给搠思公失监的圣旨，保存于西藏自治区档案馆，是明太祖朱元璋于洪武六年（1373）设置西藏俄力思（阿里）军民元帅府并委任搠思公失监为元帅的诏书，记载了明朝中央政府在西藏设置地方行政机构的经过。

● 清代雍正皇帝为指派康济鼐办理藏务事给达赖喇嘛的敕谕。

● 清代嘉庆皇帝为确立达赖灵童事给班禅活佛的敕谕。记载了嘉庆皇帝为确立达赖喇嘛灵童事件而给班禅活佛的诏书。反映了清王朝对达赖喇嘛等大活佛转世事宜的至高权力和清中央王朝对西藏享有无可争辩的主权。

● 首届会供仪仗彩绘长卷，保存于西藏自治区档案馆。是一幅描绘拉萨会供法会成立时供奉佛神仪式的唐卡画卷。长 23.35 米，宽 0.135 米，为布料材质，唐卡内共描绘有 1540 名仪仗人员，手持法器共 910 个、58 种，两组四大天王神像，驮有法器的马 5 匹、象 4 头、牛 1 只。该唐卡以形象逼真的画面再现了该法会的规模和形式，生动呈现了法会仪仗人员的穿着和动作表情，以及丰富的法器，让人仿佛置身法会现场，给人以巨大的视觉冲击和精神享受，是后世绘画艺术的范本。

● 《尺度经·智者意悦》（稿本），保存于西藏自治区档案馆，是一部以佛教身、语、意为基点而创作的绘画塑造佛像、佛经及佛塔的尺度范本巨著。《尺度经·智者意悦》由绘画大师洛扎·罗布加措所作。经文部分由通晓声明学和梵文的大师江孜·江央旺布撰写。题记和后跋是由昂仁·桑杰曲扎写的。

陕西省

● 延长油矿管理局"延1井"（陆上第一口油井）专题档案，保存于陕西省档案馆和陕西省延长油矿管理局档案馆，反映了中国石油工业从孕育起步到成长壮大的历史，是研究中国石油及民族工业发展史的宝贵史料。

甘肃省

● 兰州黄河铁桥档案，保存于甘肃省档案馆。所记内容大致如下：清末中央和地方各级衙门与德商天津泰来洋行签订中外桥梁建设合同，请求中央批准，向欧洲订购桥梁材料，运到天津，转运郑州，中外工匠成功在黄河上建造了第一座具有近代风格的铁桥。

● 敦煌写经。目前，国家图书馆是我国收藏敦煌手稿最集中的图书馆。南京市博物馆有 30 多件敦煌手稿。这些手稿跨度从北魏到五代。大部分是唐代的作品。最长的有 1500 年的历史，最新的有 1100 多年的历史。在所有的中国典籍中，除了一部是草书外，其余大部分是楷书和魏碑。其内容主要是佛经。

● 甘肃秦汉简牍，保存于甘肃简牍博物馆，绝大部分属于军事屯戍文书及中原与西域诸国的交往记录，是研究两汉时期丝绸之路政治经济、文化教育、军事防御、中西交流、民族关系和历史地理等的第一手原始档案，同时也是研究两汉时期书法艺术发展演变的珍贵史料。

青海省

● 明代"金书铁券"，保存于青海省档案馆。该"金书铁券"是明英宗于 1458 年赐给右军都督府右都督李文的。李文是明代青海土官。他忠心耿耿，战功卓著。他被明英宗授予"奉天翊卫宣力武臣，特进荣禄大夫，柱国，高阳伯"的勋号。这张"铁券"制作精巧。它是用生铁做的，呈半弧形、瓦片状。它从左到右长 37.5 厘米，从上到下高 21.2 厘米，厚 0.2 厘米，重 1300 克。正面（凸面）刻有明英宗诰命制文，字上镶金。文字为古汉语，字体是颜体。

● 唐代"谨封"铜印档案文献，保存于青海省档案馆。"谨封"是唐朝与两域各民族，特别是汉族、吐蕃之间公文及信札往来的封印，属公文和信函传递过程中是否泄密的有效凭证，这也是中原地区的民族通过丝绸之路、唐藩古道与西部民族经济文化交流的明证。此"谨封"制作考究，紫铜质，呈方形，长宽各为 2 厘米，厚 0.2 厘米。印纽为蛇形环纽，正面为篆体的阳史"谨封"二字。

宁夏回族自治区

• 西夏文佛经《吉祥遍至口和本续》，由宁夏回族自治区文物考古研究所保存，是 1991 年在宁夏贺兰山拜寺沟方塔废墟中发现的西夏文献之一，形式采用蝴蝶装。全文约 10 万字，是译自藏文的藏传佛教密宗经典。它是世界上最早的木质活字印刷版。它将木活字的发明和使用的时间从元代提早到宋代。

新疆维吾尔自治区

• 清康熙、雍正、乾隆三朝皇帝给新疆蒙古土尔扈特部落的敕书，保存于新疆维吾尔自治区档案馆，是清康熙、雍正、乾隆三朝皇帝颁给土尔扈特汗王的敕令文书，用满、蒙两种文字书写而成。这些资料反映了康熙、雍正两朝土尔扈特部落迁徙伏尔加河下游后与伏尔加河下游地区人民的关系，以及万里回归后乾隆皇帝对土尔扈特部落的赞誉和妥善安置的情况。

• 吐鲁番鲁克沁地区额敏和卓及其后裔的家谱，保存在新疆维吾尔自治区档案馆，是居住在吐鲁番鲁克沁地区的郡王额敏和卓的后裔，即第八代郡王叶明和卓继承爵位时，依照清政府编造新疆回部王公家谱和袭爵源流旧例而造具的。

台湾地区

• 《明清宫藏台湾档案汇编》，这份资料汇编是"台湾文献史料出版工程"的重要组成部分，是迄今为止规模最大的明清档案出版工程。全书230 卷，记录了明清时期中央政府对台湾的管辖和治理的真实情况，全面反映了 300 多年来台湾的历史变迁和一系列重大历史事件。

• 大溪档案，这份档案收藏了蒋介石 1921 年初至 1949 年的公文、书信、令状、手稿和笔记。这些档案涉及北伐、中山舰事件、四次围剿井冈山以及国共合作时期国民党内部斗争等。

香港特别行政区

• 香港总商会档案。这份档案包括香港总商会的会议记录、历年大事记（年鉴）和会员花名册等，其中最早的一份档案为总商会前身"华商公局"的会议记录簿（《华商公局志事录》），可追溯至 1905 年。

澳门特别行政区

● 澳门档案，是迄今为止澳门当地整理出版的最大部头的明清时期澳门史料集。1931 年出版了第一系列，共 4 册。1941 年出版了第二系列，仅 1 册。1964 年，整理出版澳门档案的工作在长期停顿之后再次启动，至 1979 年出版了第三系列，共 32 册。1979～1988 年间，整理出版了第四系列，共 11 册，并易名为《澳门档案——澳门历史档案馆报告》。

二 代表性成果简介

学术研究的"向下视野"让微史与地方史的研究逐渐成为一种研究趋势。特别是近年来，地方档案馆正逐步开展对本地方档案的整理工作。对清水江文书、徽州文书、南部档案、侨批档案等一些现存数量多、保存价值大的地方档案的研究，取得了显著成绩，具有代表性意义。

（一）清水江文书

清水江文书又称锦屏文书，是对我国明朝到民国时期在黔东南地区少数民族聚居地内保留的历史资料的总称，[①] 它是一种以林地合同和土地合同为主体，用汉语书写的民间契约文本，包括转关合同、借款合同、诉讼词语、税收合同、公告、政府许可证等。这类文献记载了明清以来清水江流域各民族社会经济活动的方方面面，在清水江流域的研究中发挥着不可替代的作用。[②] 清水江文书在 2010 年 2 月被列入《中国档案文献遗产名录》。

1. 清水江文书的发现

由于清水江文书传统上具有保密、不对外公开的特点，民间保存的大量的相关文献遗产长期不被人关注，外界对其知之甚少。

1964 年，贵州省民族研究所以罗义贵、周绍武、万斗云、杨有赓组成的调研组对锦屏县进行了为期半年的调查，成果为《锦屏半殖民地半封建

---

① 陈洪波：《清水江文书整理成果的著作权探析》，《原生态民族文化学刊》2020 年第 4 期，第 50 页。

② 谢景连：《贵州清水江文书的由来和特点探析》，《阿坝师范学院学报》2018 年第 3 期，第 51 页。

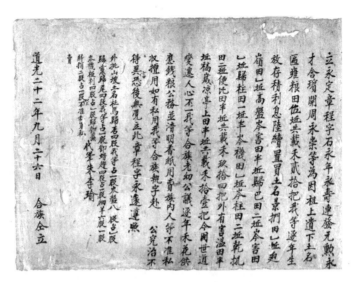

图1 清水江文书

社会经济调查报告》，杨有赓也正是此时在文斗村村民姜元军手中获得300余份契约文书。1986年，杨有赓再入锦屏县调查，平鳌村村民姜于修出示600余份契约文书。在原有成果之基础上，杨有赓撰成《锦屏侗族地区社会经济调查》，《侗族社会历史调查》在1988年11月由贵州民族出版社出版发行。由此可知，清水江文书的零星发现当在20世纪50年代，1964年确切发现了300余份，1988年首次出版公布。①

除了上述调查研究之外，锦屏县档案局于1984年对锦屏古代林业契约、家族谱系、石碑雕刻等一系列的民间文献资料进行收集整理。共征集乾隆二十八年（1763）至宣统三年（1911）间的原始契约文书280份。1998年至1999年底，锦屏县档案局大规模集中收集民间档案，共收集清代契约文书正本2875份，副本34份。但这些契约文书作为档案并未对外界开放，鲜为人知。②

---

① 吴才茂：《近五十年来清水江文书的发现与研究》，《中国史研究动态》2014年第1期，第39~40页。
② 吴才茂：《近五十年来清水江文书的发现与研究》，《中国史研究动态》2014年第1期，第40页。

2. 清水江文书的特点

清水江文书对研究清水江流域的经济、政治和法律制度具有重要价值。它们除了具有强烈的"归户性"的特点外，还具有活态性、综合性，以及生态归属性等特点。

（1）活态性

敦煌文书是一种封闭的历史文献。清水江文书与敦煌文书有很大的不同。它仍然活在当地人民的心中，发挥着社会作用。这是它生命力的表现。目前，清水江文书原件由征管部门以借阅形式保管，并给文书所有人一份复印件，承认其所有权，文书所有人可以随时到征管部门核对原件。这种处理方式恰恰证明了清水江文书是"活的"。徽州文书主要由师爷记录保存，不会直接涉及当事人的权利、责任和利益。而清水江文书与文书持有人之间有着直接的经济、政治利益关系，甚至与家族内外、村与村之间的关系密切相关。①

（2）综合性

清水江文书包括土地买卖契约、当铺土地承包契约、次海关契约、贷款契约、墓地买卖契约、房产地基买卖契约、产权清单、继承契约、撤回契约、结婚证、转让契约、除贴字、过亩清单、营业执照、税务凭证、土地经营许可证、地税及粮食借据、诉讼用词、宗教文书、书信等，甚至可以说清江水文书涉及一个民族文化的全部内容，这显示出其极强的综合性。②

（3）生态归属性

清水江文书大多是关于林业生产的，涉及造林技术、护林技术、树种选择、树种搭配、林业运输等诸多生态问题。生态问题需要在特定的生态背景下讨论。在现有的研究成果中，很少有人提及生态属性。林业对生态的依赖性很强。在不同海拔、不同性质土壤、不同地理位置优先种植的树种不同，种植的其他树种也不同。这些都清楚地体现在清水江文书中。③

---

① 谢景连：《贵州清水江文书的由来和特点探析》，《阿坝师范学院学报》2018 年第 3 期，第 54 页。

② 谢景连：《贵州清水江文书的由来和特点探析》，《阿坝师范学院学报》2018 年第 3 期，第 54 页。

③ 谢景连：《贵州清水江文书的由来和特点探析》，《阿坝师范学院学报》2018 年第 3 期，第 54~55 页。

图 2　清水江文书

3. 清水江文书的整理工作

（1）整理现状

目前对清水江文书至少进行了三次规模比较大的梳理出版工作。首次是 2007 年至 2011 年，《清水江文书》（张应强、王宗勋主编，三卷 33 册）由广西师范大学出版社影印出版，共有文献 1.5 万余件。第二次是 2014 年，贵州大学张新民教授主编的"贵州清水江文书系列"《天柱文书》（第一辑，22 册）由江苏人民出版社影印出版，内含文献 7000 余件。第三次是在 2017 年。凯里学院李斌教授主编的《贵州清水江文书黎平文书》（第一辑 22 卷）由贵州民族出版社影印出版，收录文献 8500 余件。①

此外，杨有庚、罗洪洋、陈金全、潘志成、吴大华、龙泽江等其他学者都对清水江文书进行了不同规模的搜集整理。当然，清水江文书的征集、梳理和归纳还远远没有结束。陈春声教授在《清水江文书》中说："清水江文书的出版，只是学术史上一部具有深远意义的长期著作的开端。除了对地方文献和民间文献的搜集整理日益繁重外，对这些珍贵历史文献的解读和研究还有很长的路要走。"②

---

① 张应强：《主持人语：多元学科与清水江文书的整理研究》，《原生态民族文化学刊》2018 年第 3 期，第 36 页。

② 张应强：《主持人语：多元学科与清水江文书的整理研究》，《原生态民族文化学刊》2018 年第 3 期，第 36 页。

表 1 清水江文书相关著作

序号	编纂成果	作者（编者）	出版机构	出版日期
1	《贵州苗族林业契约文书汇编》（全三卷）	唐立、杨有赓、武内房司主编	东京外国语大学	2001 年 3 月至 2003 年 3 月
2	《清水江文书》（第 1 辑　共 13 册）	张应强、王宗勋	广西师范大学出版社	2007 年 1 月
3	《贵州文斗寨苗族契约法律文书汇编——姜元泽家藏契约文书》	陈金全、杜万华	人民出版社	2008 年 7 月
4	《清水江文书》（第 2 辑　共 10 册）	张应强、王宗勋	广西师范大学出版社	2009 年 10 月
5	《吉昌契约文书汇编》	孙兆霞等	社会科学文献出版社	2010 年 7 月
6	《清水江文书》（第 3 辑　共 10 册）	张应强、王宗勋	广西师范大学出版社	2011 年 7 月
7	《土地关系及其他事务文书》	潘志成、吴大华	贵州民族出版社	2011 年 12 月
8	《林业经营文书》	潘志成、吴大华、梁聪	贵州民族出版社	2012 年 12 月
9	《贵州清水江流域明清土司契约文书·九南篇》	高聪、谭洪沛	民族出版社	2013 年 3 月
10	《贵州清水江流域明清土司契约文书·亮寨篇》	高聪、谭洪沛	民族出版社	2014 年 7 月
11	《天柱文书》（第 1 辑　共 28 册）	张新民	江苏人民出版社	2015 年 5 月
12	《道真契约文书汇编》	汪文学	中央编译出版社	2014 年 12 月
13	《岷江上游半坡寨文书汇编》	王田、杨正文	民族出版社	2015 年 1 月
14	《加池四合院文书考释》（共 4 卷）	王宗勋	贵州民族出版社	2015 年 11 月
15	《贵州文斗寨苗族契约法律文书汇编——姜启贵等家藏契约文书》	陈金全、梁聪	人民出版社	2015 年 8 月
16	《贵州清水江文书·三穗卷》（第一辑）（全 5 册）	贵州省档案馆、黔东南州档案馆、三穗县档案馆合编	贵州人民出版社	2016 年 1 月
17	《土地契约文书校释》卷一	安尊华、潘志成	贵州民族出版社	2016 年 11 月
18	《土地契约文书校释》卷二	安尊华、潘志成	贵州民族出版社	2016 年 12 月

此外，一些零散的学术相关资料和已发表的学术研究成果经过收集和重新编辑，也可用于较深入的研究。如 2004 年和 2005 年，罗洪洋收集整理了《贵州锦屏林契精选》《贵州锦屏林契田契精选》，涉及相关文件约150 份；2008 年，陈金泉、杜万华主编出版了《贵州文斗寨苗族契约法律文书汇编——姜元泽家藏契约文书》一书，共收录契约文献 664 篇；2011年，潘志成、吴大华共同编辑出版了《土地关系及其他事物文书》，该书共含有 157 份合约文件。①

（2）整理方法

第一，要保持民间文献的原貌，尊重分类收藏的习俗。在不同市民家中看到的各种文件，可能有不同的分类形式，即使市民对这些文件进行了分类，也看不到其中所包含的一些分类标准或规则。但在初步查找、收集、整理过程中，整理人员坚持保持文件及其原始分类的基本状况，以保证同一类别的所有文书之间可能存在的内部联系不被破坏。整理清水江文书的首要原则是保持这类民间文献的原貌。②

第二，充分考虑清水江文书系统完整、归户性强、内部脉络清晰等突出特点。通过这些特点来确定文献整理编目的基本原则。在清水江文书编目整理过程中，整理人员确定了提取主体、原因、时间三要素的统一规则，对单个文献进行命名。并在此基础上，结合部分要素对各类文献进行编目整理。这些已经确定的清水江文书编目原则，充分考虑到了地域历史文化差异，可以为民间文献收集整理基本规范的系统化提供借鉴。③

第三，坚持民间历史文献就地保存的原则。从中国民间史的本质来看，这些民间历史文献的产生和收藏都应该属于"民间"。如何有效地维护这些历史文献与民间的原始自然关系，是当前搜集整理民间历史文献和保护资料首先需要考虑的因素。因此，在清水江文书的收集梳理过程中，工作人员十分重视就地保存原始文献的原则。除了考虑及时维护清水江文

---

① 张应强：《方法与路径：清水江文书整理研究的实践与反思》，《贵州大学学报》（社会科学版）2018 年第 1 期，第 38 页。

② 张应强：《方法与路径：清水江文书整理研究的实践与反思》，《贵州大学学报》（社会科学版）2018 年第 1 期，第 38~39 页。

③ 张应强：《方法与路径：清水江文书整理研究的实践与反思》，《贵州大学学报》（社会科学版）2018 年第 1 期，第 39 页。

书原有的历史传承脉络、系统与完整性外，也最大限度地保证其具有可解释性的基本意义。①

（3）具体整理工作

①清水江文书的分类整理。清水江文书的内容按照不同的分类标准可以分为五大类、七大类和十大类。它有的是根据文件的重要性来安排的，如有的认为林地租赁方面的契约很重要，有的认为土地租赁的契约更重要。一般来说，按主题的顺序来进行排列更有利于对同一主题下的契约进行全面的对比研究。

②清水江文书的编撰顺序。清水江文书是在特定的商业活动中产生的，具有当时的政治、经济色彩。一些编撰者根据清水江文书形成或发现的时间进行编撰和排版。主要代表作有《清水江文书》，该文献就是主要按原收藏者的保存顺序排列的。仅仅对只属于一个地方的文件才按时间顺序排列：以村庄为单位，按照不同的家庭，将文件划分成若干卷，不同卷内再按原收藏者的分类分为帙，然后按年代顺序排列。优先按照原收藏者的排列顺序排列，再按所辖乡镇和村庄进行排列，同一户按年代顺序排列。

③清水江文书的编号。清水江原始文献大多没有编号，但为了方便用户查找和阅读，编者会对收录的文献进行编号。有些人会根据文件出现的顺序给文件编号，这就是常用的顺序号。

④对汇编的清水江文书拟定标题。清水江文书在形成时大多没有题名，但为了便于检索，编者在编撰文献时，会根据文献的特点或内容拟定题名。然而，不同的编撰者对标题的编排有不同的标准。

⑤对清水江文书的勘误和校对。清水江文书形成于明末清初。今天，它已经有 400 多年的历史了。因此，原始文件难以辨认。因为它们大多是在苗族、侗族林农的生产生活中形成的，所以会出现一些我们不认识或书写有误的少数民族文字。为方便读者阅读，对于此类文字，在对原文进行编写时用特殊符号进行整理。

⑥对清水江文书来源的描述。清水江文书大多是从民间征集来的，有些征集来的文献对来源有一定的描述，比如最初在哪里征集的，谁征集

---

① 张应强：《方法与路径：清水江文书整理研究的实践与反思》，《贵州大学学报》（社会科学版）2018 年第 1 期，第 39 页。

的，怎么征集的。它有助于读者了解该文件的历史。

4. 清水江文书的研究内容

（1）民族习惯法研究。利用清水江文书研究少数民族习惯法和法律史是非常引人注目的。如徐晓光在《清水江流域林业经济法制的历史回溯》一书中概述了清水江流域从清代到民国的林业经营法律机制。除去著作外，他的系列论文亦是围绕这一主题展开，以林业合同、诉讼文书、政府公告、口头信息，以及来自少数民族地区的小区域社会法为运作案例来研究民族法与民间习惯法的互动关系。[①]

（2）社会经济史研究。有关清水江下游区域社会经济变迁的研究成绩也很显著，张应强的研究最为突出并具启发性，他把清水江下游地区置于清朝政治、经济、社会发展的历史语境中，通过梳理和描述以采伐和运输活动为中心的区域社会历史的基本进程，论述了传统中国的国家权力如何依托区域市场网络的发展与相应区域的地方社会互动，从而对区域社会变迁的多元因素相互作用、多元关系整合的过程做出区域性的认识和历史性的解释。[②]

（3）人工林业史研究。作为清水江文书的大宗，林业契约也是学者关注的重点内容之一，逐渐形成了以人工林为切入点的对林业经济运行机制及其繁荣的探讨。罗康隆认为，村、社、家共享的山林体系是侗族传统人工运营林业的基础，血缘、地理、社会组织三位一体的传承模式是侗族人工经营林业长期运行的机制，因这种机制得到林业契约文书和习惯法所衍生的地方性制度的进一步保护而实现人工林繁荣。此外，还有一些研究者认为家庭林业所有权和良好的林业管理制度促成了人工林的繁荣。[③]

（4）村落史研究。张应强从文斗寨的契约文书出发，对文斗寨的家族与村落社会生活进行了钩沉，他认为旧时实行的土地制度及相关政策，塑造或改变了土地权利的概念，改变了以土地权利关系为核心的社会关系。

---

① 吴才茂：《近五十年来清水江文书的发现与研究》，《中国史研究动态》2014 年第 1 期，第 45 页。

② 吴才茂：《近五十年来清水江文书的发现与研究》，《中国史研究动态》2014 年第 1 期，第 47 页。

③ 吴才茂：《近五十年来清水江文书的发现与研究》，《中国史研究动态》2014 年第 1 期，第 48 页。

朱晴晴以清水江支流小江地区为例，阐述了清代小江地区的商业活动对区域社会结构的影响，阐述了集市场和乡村功能于一体的移民村"江西街"的历史进程。此外，其他的思考与研究视角在近年来也呈现着多元化的趋势。①

（二）徽州文书

徽州文书是历史上徽州地区，即歙县、祁门县、黟县、绩溪县、婺源县、休宁县留下的原始民间史料。它们是徽州居民在日常生产生活过程中所形成的有关各种利益关系的原始文件和记录。它们涉及徽州地区人民生活的方方面面，数量、种类繁多，历史悠久，内容丰富，被誉为继甲骨文、汉晋竹帛、敦煌文书等之后的中国历史上的"第五大发现"。② 其主要内容包括交易合同、契约文书、继承文书、私账簿、官簿、官令、诉讼文书、会议簿、村规民约、书信等，自 20 世纪 50 年代以来，徽州文书被大规模发现，国内外学者对此都极为关注。徽州文书数量多、质量好、时间跨度大、种类繁多，具有很高的定量和定性分析及持续跟踪调查价值。

1. 徽州文书的发现

徽州文书的大规模发现始于 20 世纪 50 年代，当时发现了 10 万多件文献。当时，安徽屯溪古籍书店开始收藏和销售徽州文书，中国科学院、中国第一历史档案馆等公共收藏研究机构也开始购买徽州文书，徽州文书开始了被大规模发现和收藏的进程。同时，社会经济史领域的一些学者，如梁方仲，在进行自己研究方向的调研活动中，也逐渐关注徽州文书的收藏。徽州文书的原创性、独特性、文物性和学术性，为历史学、社会学、民俗学、人类学等人文社会科学的研究提供了珍贵的资料。凭借徽州文书开创的"徽学"已成为国际学术研究的前沿领域，也是中国人文社会科学研究中最具影响力的成果之一。③

---

① 吴才茂：《近五十年来清水江文书的发现与研究》，《中国史研究动态》2014 年第 1 期，第 48~49 页。
② 汪慧：《论〈徽州文书〉的整理、出版及价值》，《佳木斯大学社会科学学报》2015 年第 2 期，第 159~161 页。
③ 王蕾：《徽州文书、徽学研究与数字人文》，《图书馆论坛》2016 年第 9 期，第 1~2 页。

图3 《黄册底籍》

2. 徽州文书的馆藏现状

中山大学藏有 17 万件左右，上海交通大学藏有 8 万～10 万件，黄山大学藏有 8 万件，安徽省档案馆藏有 8.3 万件，黄山博物馆藏有 3 万多件，安徽大学徽学研究中心藏有 1.2 万件左右，安徽省博物馆藏有 1 万余件，祁门县博物馆藏有 1 万件左右，中国社会科学院经济研究所藏有 1 万件左右，中国社会科学院历史研究所藏有 14137 件，中国国家博物馆藏有 1 万件以上。

3. 徽州文书的整理工作

（1）整理成果

20 世纪 80 年代以来，徽州文书的整理出版工作取得了越来越多的成果，受到越来越多的关注。如 1988 年，安徽省博物馆整理出版了《明清徽州社会经济资料丛编》（第一集），共约 50 万字，其中地契、典当地契 18 种，950 件；1990 年，中国社会科学院历史研究所、徽州文契整理组整理出版了近 50 万字的《明清徽州社会经济资料丛编》（第二辑），以分类的形式收集了近 700 篇徽州文书；[1] 20 世纪 90 年代，中国社会科学院历史研究所整理出版《徽州千年契约文书》，全书共 40 册，收录的徽州文书时

---

① 鲁朝阳：《社会效益突出，整理理论与整理实践并重——〈徽州文书〉出版再评价》，《出版广角》2018 年第 11 期，第 87 页。

间跨度从宋朝延续到民国时期；2000 年，中国社会科学院历史研究所整理
《徽州文书类目》，收录徽州文书 1.4137 万件（册）。除了整理出版徽州文
书，还有一些收藏单位开始建立徽州文书数据库，如黄山学院的"徽州文
书特色数据库"，安徽大学的"徽州文书目录检索系统"等。①

（2）整理方法

研究者普遍认为徽学这门新兴学科建立的前提条件与重要基础条件之
一就是徽州文书。对现有的 75 万件徽州文书的深入整理，既包括徽州文书
整理理论的总结，也包括徽州文书整理实践的模式。刘伯山教授的徽州文
书整理工作已形成一套行之有效的理论体系和实践模式，由于其具有科学
性和普遍性，得到了越来越多专家学者的认可。

图 4　徽州文书

首先，提出了民间文献档案归户理论。在整理实践中，坚持尊重文献
档案客观形式的归户性，并因其具有普遍性而将其推广到民间文献档案的
整理中。刘伯山教授认为，徽州文书是一种民间家族档案，与文献所有者
的日常工作、生产劳动、社会交往密切相关。文件之间也有着密切的关
系，这种关系表现为一种内在属性。这种内在属性类似于中国历史上"归
户"档案的属性，被学术界称为"归户性"，"归户性"理论对我们全面
了解基层政治经济结构的变化非常重要，特别是对了解当时中国传统宗族
社会的家庭结构、家庭内部人口结构、基层民众的社会交往、风俗习惯的
发展变化非常重要。②

---

① 李梦霞、申斌：《徽州文书的收藏与整理》，《图书馆界》2014 年第 1 期，第 19 页。
② 鲁朝阳：《社会效益突出，整理理论与整理实践并重——〈徽州文书〉出版再评价》，
　　《出版广角》2018 年第 11 期，第 86 页。

其次，在对徽州文书进行研究和梳理的实践基础上，总结出民间文献整理的三大原则。一是确保文件档案完整的"第一尊重原则"，即"首先要具体把握文件档案的性质和形成问题，充分尊重民间文件档案的历史形成"。二是坚持"第二尊重原则"，确保文献档案的历史连续性，即"要充分掌握文献档案的历史保存方法，充分尊重民间文献档案的历史保存"。三是尊重原则，即"要把握发现和收藏文献档案的实际情况，充分尊重民间文献档案的发现"。①

再次，在整理文件的过程中，要注意实地调查与文件内容的相互核实，对归户文书的传承人和来自村里的文件情况进行深入的实地调查，尽可能地在当时的社会文化生态中解读归户文书。通过大量实地调研，进一步充分肯定文献内容的历史真实性，实现文献历史与现实的紧密联系。将实地调查获得的口碑数据整合到相关文献整理结果中，实现传世文献与口碑数据的相互印证。刘伯山教授将通过田野调查形成的记录命名为"发现调查笔录"。②

最后，对民间文书出版范围的积极拓展。徽州谱牒是徽州民间文献的重要组成部分。亦即徽州族谱。徽州族谱有手写族谱、刻本族谱、活字族谱等多种形式。在时间顺序上，最早的在崇祯年间，最晚的到民国时期。其中，明末清初的家谱尤为珍贵，史料价值最高。在不断完善现有徽州文书出版成果的基础上，进一步探索和拓宽学术出版的研究领域，构建更加全面的徽州文书出版格局，仍然是许多专家学者和出版社需要关注的问题。在刘伯山教授的悉心指导和大力推动下，广西师范大学出版社最终确定了出版徽州文书谱牒的意向，这对徽州文书的史学研究补充具有重要意义。目前，共有两大系列 20 种图书在准备发行，共收录徽州族谱 40 余种。③

4. 徽州文书的研究内容

（1）商业史研究。徽商是明清时期的商业巨头，历来备受关注。1947年，傅衣凌发表了《明代徽商考——中国商业资本集团史初稿之一》。论

---

① 鲁朝阳：《社会效益突出，整理理论与整理实践并重——〈徽州文书〉出版再评价》，《出版广角》2018 年第 11 期，第 86 页。

② 鲁朝阳：《社会效益突出，整理理论与整理实践并重——〈徽州文书〉出版再评价》，《出版广角》2018 年第 11 期，第 86 页。

③ 鲁朝阳：《社会效益突出，整理理论与整理实践并重——〈徽州文书〉出版再评价》，《出版广角》2018 年第 11 期，第 86~87 页。

述了徽商的发展历程及其在中国商业史上的地位，为徽商研究开辟了一个新的领域。在海外，日本学者藤井宏是第一个系统研究徽商的学者。1959年发表《新安商人的研究》。此后，徽商研究受到学术界的高度重视。叶显恩、张海鹏、王廷元、唐力行、王振忠、王世华、周晓光、李琳琦、冯剑辉还有日本的臼井佐知子等都为徽商的研究做出了突出贡献，发行了数本专门研究徽商的图书。①

（2）历史地理研究。近十年来，大量徽州民间文献被发现，为历史地理学研究打开了一扇新的窗口。随着新史料的出现，明清交通地理和乡村地理的研究有望有许多新进展。以历史交通地理为例，早在1992年，山西人民出版社就出版了杨正泰注释的《天下水陆路程天下路程图引客商一览醒迷》一书。其中，《天下水陆路程》和《天下路程图引》都是徽州人的作品。此外，杨正泰还编撰了《明代驿站考》（1994年首次版，2006年再版），涉及许多相关问题的研究，在地理学、历史学、社会学等方面都具有重要的研究价值。②

（3）社会史研究。徽州文书大量被发现已有半个世纪，特别是20世纪90年代以后，田野调查获得的许多新文献被纳入社会文化史的语境，为用民间文献书写人们的日常生活史提供了极大的可能性。在具有悠久商业传统和契约意识的徽州社会，许多具体的民间文学作品，在一定程度上，有时与近现代社会调查数据一样精准。③

（4）法制史研究。从宋代开始，徽州一直以擅长诉讼著称。北宋大作家欧阳修曾指出歙州人习惯法律法规，喜欢打官司。每个家庭都有自己的书。当他们听到人们对自己不利的事情，就会争论。而且，他们会记住该事件的时间以便于诉讼时使用。尤其是明代以来，徽州的诉讼档案非常丰富，是研究法律史的重要史料。④

---

① 王振忠：《徽州文书与明清以来的中国史研究》，《安徽大学学报》（哲学社会科学版）2018年第1期，第2页。

② 王振忠：《徽州文书与明清以来的中国史研究》，《安徽大学学报》（哲学社会科学版）2018年第1期，第5页。

③ 王振忠：《徽州文书与明清以来的中国史研究》，《安徽大学学报》（哲学社会科学版）2018年第1期，第6页。

④ 王振忠：《徽州文书与明清以来的中国史研究》，《安徽大学学报》（哲学社会科学版）2018年第1期，第9~10页。

（5）赋役田土史料与地方社会研究。如清末民初，休宁南乡和化里璜川的《本甲经办会议十排》清账，该书记录了 1870 年至 1941 年本甲九次轮换排年会议经理的收支账目，内容相当详细生动。《清光绪五年祁门县二十二都户口环册》，反映了清代徽州山区的社会安全、家庭关系、人口、家庭及户籍、职业等各方面的状况。从中，我们可以了解到乡村社会的繁杂生活，对宗法社会中的徽州佃户和棚民的社会生活也会有许多新的认识。①

（三）南部档案

清代南部县衙档案，是南部档案的全称。该档案是清代四川省川北路保宁府南部县内外公文、民事诉状和契约的集合体。档案记载的时间跨度从 1656 年开始到 1911 年结束。它跨越了 255 年，共有 18186 卷，84010 件。档案内容包括南部县的设立、官员的任免、禁革不好的习俗、土地财产、户籍人口、税费、地震灾害、乡规、科举、征兵、武术考试、保甲团、租佃贷款、行业协会、司法法。它记载了清代南部县的政治、经济、军事、司法、宗教、文化、教育、对外交往等方面的情况，该档案数量大、内容广、价值丰富。2003 年 10 月南部档案被选入第二批《中国档案文献遗产名录》。②

1. 南部档案的发现

在清代县级地方政权档案中有一颗璀璨夺目的明珠，那便是清代南部县衙档案。它形成于 1656 年至 1911 年（顺治十三年至宣统三年），足足有 255 年的历史积淀。南部档案曾由于各种社会因素而不断被转存、更换保存地点，最终于 1956 年被遗弃到南部县公安局后面看守所的哨楼里，无人问津。1960 年，四川省档案局向全省发出调查旧政权机关档案的通知，南充地委档案科根据指示，在所辖各县开展调查工作。同年 10 月，南部县档案馆发现了置于南部县公安局哨楼里一捆捆未经整理的清代南部县衙档案。清代南部县衙档案也由此从一捆捆如同废纸的档案"摇身"变成地方档案瑰宝。③

---

① 王振忠：《徽州文书与明清以来的中国史研究》，《安徽大学学报》（哲学社会科学版）2018 年第 1 期，第 9 页。

② 赵彦昌、苏亚云：《南部档案整理与研究述评》，《中国档案研究》2018 年第 2 期，第 99~100 页。

③ 陈维：《20 世纪 60 年代以来清代南部县衙档案整理研究》，硕士学位论文，云南大学，2019，第 8 页。

图 5　清代南部县衙档案展览馆

图 6　清代南部县衙档案目录

2. 南部档案的整理工作

南部档案一共经历了四次整理。第一次整理是在 1964 年，四川省人民委员会办公厅和四川省档案管理局联合发布《关于清理、整理和集中历史档案中有关问题的处理意见的通知》时，这批档案才真正面临第一次整理。南部档案在第一次整理之后，被移交到南充市档案馆。1979 年，南充市档案馆馆长彭承志组织一队人员对南部档案进行了第二次整理。然而，由于档案实在过于繁杂，参与其事的人员又少，事倍功半，最终取得的成果并不理想。1984 年，饶德安先生开始正式主持南部档案的第三次整理工作，到 1986 年这次整理工作基本完成。虽然第三次整理没有达到完善的程度，但相比于第一次和第二次整理已经进步很多，如对南部档案做了最基本的整理、装盒和编目等工作。2005 年，南部档案第四次整理工作正式开始。经过不懈的努力，2009 年《清代南部县衙档案目录》终于由西华师范大学和南充市档案局（馆）联合编撰而成，并顺利正式出版发行。①

2011 年 10 月 25 日，西华师范大学吴佩林教授作为首席专家，成功申请国家社科基金重大项目"清代南部县衙档案整理与研究"。两年后，吴佩林出版了《清代县域民事纠纷与法律秩序考察》，该书入选国家哲学社会科学成果库。2014 年，《清代南部县衙档案研究》《清代县域民事纠纷与法律秩序考察》获四川省哲学社会科学优秀成果一等奖。2015 年，《清代四川南部县衙门档案》出版。出版社为黄山书社，由四川省南充市档案局（馆）编。2014 年 11 月，课题组与南充市档案局、南部县档案局合作建设了清代南部县衙档案展览馆并对外界进行开放。从 2011 年至 2016 年，吴佩林、蔡东洲、左平、苟德仪等学者对南部县衙档案进行全面、科学、规范的整理，出版书 100 本，并且邀请国家图书馆专家对档案进行数字化整理，完成了对每一件档案的摘要及图片的拍摄，可以说南部档案的整理工作硕果累累。②

3. 南部档案的研究内容

（1）书吏和衙役设置。研究者充分利用南部档案中的原始文献，较为系统地研究了州县官吏和衙署的设置情况，以及各衙署的衙役雇用实态，并对各衙署的职责及其履行方式进行了细微的探讨，如县丞衙门、典史衙门、巡检衙门及其衙役设置。南部县向上级申报的各类衙门额设衙役清册和与衙役相关的档案清楚地反映了各类衙门衙役的数量、种类、选拔、职掌、工食银、管理及其他相关的内容。如同样是合法额设的衙役和书吏，前者有工食银，后者则基本上没有，而是依靠各种陋规滥收钱物养家糊口。知县衙门的幕友和长随非朝廷额定，而是由官员自聘和支付薪水，

---

① 赵彦昌、苏亚云：《南部档案整理与研究述评》，《中国档案研究》2018 年第 2 期，第 99～100 页。

② 刘松乔：《清代南部县衙档案保护始末》，南充政协网，2019 年 8 月 8 日，http：//www. nczx. gov. cn/news/wenshixy_zxw/2019/8/8/816292D5CD41G5G78FIHJ. html。

只对官员负责。

（2）基层组织。1930 年以来，基层组织受到中外学术界的广泛关注，但既有研究在地域上主要集中于华北、华南地区，对西南、西北地区的研究尚付阙如。所用的资料主要是典章文献和文集等，鲜有档案。以南部县的基层组织为研究对象，通过对档案进行梳理，进一步证实了乡约制、里甲制、保甲制是清代控制基层社会的有力手段的结论，在很大程度上厘清了清代基层社会的管理问题。但是，由于中国幅员辽阔，各地经济、政治、文化发展不平衡，基层组织的形式和功能具有地方性和地域性的特点，并非当时中央政府设计的那样整齐划一。

（3）州县教育。关于州县教官，一些学者在其论著中认为其设置整齐划一，即州学设学正、训导，而县学设置教谕、训导。事实并非如此，实际上清代县学有教谕、训导兼而有之者，亦有教谕或训导单设者；县学以教谕为正职，训导副之，教谕和训导可以同署办公，亦可以分署办公，教谕和训导皆有"经制"和"复置"之别。

（4）婚姻与社会研究。就清代四川南部县而言，人们遵循着幼时订婚、插香换庚、适时结婚的乡间习俗，其中按照媒妁之约、父母之命写婚书、收彩礼等习俗，也与国家法律相吻合。尽管在地域社会中，伦理规则维护着婚姻秩序，但许多婚姻行为却在客观上偏离了伦理。例如，尽管传统社会的主流道德认为买卖妻子的行为是可耻的，但由于经济的普遍贫困，这种行为作为一种民俗在民间社会普遍存在。对此县长也是基于村民不同的诉讼动机而做出裁决，倘若严格按照法律法规，难以平衡各方利益。[1]

（四）侨批档案

侨批档案是以侨眷书信为主的历史档案。数量庞大，内容丰富，基层性突出。它们对中国区域社会史、经济史、移民史与档案保护、家庭档案管理等诸多研究内容具有重要价值。[2] 一般而言的侨批档案特指侨批，"银信""批信""番批"皆属此类。但是实际上侨批档案包括的范围更大，

---

[1] 《清代南部县衙档案整理与研究》课题组：《〈清代南部县衙档案整理与研究〉中期检查报告》，全国哲学社会科学工作办公室，2014 年 2 月 27 日，http：//www.nopss.gov.cn/n/2014/0227/c373522~24484269.html。

[2] 乐苑、赵彦昌：《侨批档案汇编及其特色研究》，《兰台世界》2018 年第 1 期，第 26 页。

涉及的内容更广，它的"内涵更像是海内外的华人华侨或服务于华人华侨的机构"，它是"在邮寄侨批或者从事侨批事业的过程中形成的实体性文件，其中包含着一系列的信息"①。2000 年，国学大师饶宗颐在潮汕市历史文化研究中心的讲座上指出，潮汕侨批档案值得研究。② 此后，侨批档案备受关注，先后在 2010 年、2012 年、2013 年分别入选了第三批《中国档案文献遗产名录》《世界记忆亚太地区名录》《世界记忆名录》。

图 7 《海邦剩馥：侨批档案研究》

1. 侨批的历史

侨批，简称"批"，或称"番批"和"银信"，指华侨华人通过国内外民间组织向我国寄送的汇款和信件。是信汇邮政的特殊载体，广泛分布于福建、潮梅、海南等地。华侨先民早年迫于生活或为了逃避战争，冒险渡海南下，远赴东南亚等国。由于三地华侨主要集中在东南亚国家，当时我国金融、邮政机构尚未建立或极不完善，因此，侨胞寄回家乡的资金和信息，主要由"水客"、"客头"和侨批馆投递，这种由侨胞通过私人渠道和后来的金融、邮政机构寄回的汇款和信件，被称为"番批"或"银信"。清朝末年行郊出现，专门从事这一行业，被称为"批郊"；民元以后，这种华人华侨的书信与汇款单才统称为侨批。③

---

① 聂勇浩、陈童：《侨批档案整理方法探讨》，《山西档案》2017 年第 1 期，第 49~50 页。

② 杨明华、刘晓莉等：《侨批元数据著录规则研究》，《图书馆论坛》2013 年第 4 期，第 82 页。

③ 罗堃：《"侨批档案"申遗成功》，《潮商》2013 年第 3 期，第 45~46 页。

随着海外侨胞对侨批投递需求的不断增加，一个专门运送侨批的行业应运而生，最早的经营者是"水客"。后来，随着海外华人侨批投递业务量的不断增长，一个完善的海外华人侨批业务组织——侨批局应运而生。现代邮局和金融机构的出现，也促进了侨批业务的发展。20世纪70年代，侨批业务收归银行统一管理。①

2. 侨批档案的内容特点

（1）侨批档案具有极高可信度。首先，从侨批档案的形式、内容特点来看，侨批档案具有较高的真实性。如侨批采用以家书、简跋为主的传统书信形式，真正保留了民间传统书信的原始风格，可信度高。其次，从侨批的内容书写形式来看，其书写材料、书写格式和书法艺术也具有较高的历史价值，在内容描述上也具有较高的可信度。特别是从居住地的角度，对政治、文化、侨界等方面的描写，这些内容都是从侨胞"自我"的微观层面来写的，它的受众大多是侨胞的直系亲属，表达了侨胞的情感。这对客观反映历史的真实面貌起到了积极的作用。②

（2）侨批档案内容十分具体、丰富。通过对侨批内容进行分析，发现这些档案的内容非常丰富，涉及官方监管文件、重要场所和物品，不仅有个人的信件，还有涉及家庭、社会的信封和汇款单。这些都能有效地反映华侨华人在不同时期的发展历史，也能反映当时独特的时代特征，提供侨乡和华人华侨旅居地的重要政治、经济、文化等信息。③

（3）侨批档案的史料价值极高。侨批的历史价值主要体现在时间跨度的完整性上。侨批从清代开始出现，一直延续到20世纪70年代。时间跨度较大，保存基本完整，能够系统地反映近代中国各个历史阶段社会的变迁。从空间分布来看，侨民主要分布在马来西亚、新加坡、菲律宾等东南亚地区。因此，侨批对于研究东南亚地区的区域变化以及世界各地华侨华人聚落的社会经济发展具有独特的价值。侨批除具有经济价值外，还具有很强的历史文化价值和拓展、丰富档案文献学研究领域的巨大价值。④

---

① 罗堃：《"侨批档案"申遗成功》，《潮商》2013年第3期，第46页。
② 石剑文：《侨批档案文化遗产研究》，《兰台世界》2015年第14期，第122页。
③ 石剑文：《侨批档案文化遗产研究》，《兰台世界》2015年第14期，第122页。
④ 石剑文：《侨批档案文化遗产研究》，《兰台世界》2015年第14期，第122页。

3. 侨批档案的整理工作

改革开放以来，随着我国侨务政策的变化和华侨学的兴起，侨批逐渐引起政府的重视。福建、广东的档案馆、文化机构、银行、集邮协会开始对散落在民间的侨批档案进行发掘、收集和整理。中国银行泉州分行十分重视泉州乃至整个闽南地区侨批史料的收集整理工作。先后出版了《泉州侨批业史料》《闽南侨批史纪述》等专著。目前，有关福建侨批档案的资料，包括银行、邮政档案及相关的文献，已基本整理完毕。但是可能还有一些抗战时期的史料未被发现。①

虽然广东省侨批档案的整理工作起步较晚，但在广东省政府的支持下发展迅速。2000 年起，汕头市潮汕历史文化研究中心开始对潮汕侨批进行征集、梳理和归纳工作，第一座侨批文物馆于 2004 年建成。近年来，研究中心共收集了 3.6 万余份侨眷侨批原件，6 万余张由麦保尔、邹金盛等人收藏的侨批光盘。目前，该研究中心拥有侨批约 10 万件，最早的一件是1810 年写成的。此外，还收藏了一些与侨批有关的文物，如侨批业所使用的批袋、市篮、批盒、批局信笺等。2005 年 6 月，潮汕历史文化研究中心与广西师范大学出版社合作，编辑出版了包含研究中心征集的 10 万件侨批的《潮汕侨批集成》，共 4 辑 125 册。第一辑 36 册于 2007 年 12 月初出版。2009 年 7 月，"海邦剩馥世界记忆——广东侨批档案展"在广州由广东省档案局（馆）、汕头市档案局（馆）、江门市档案局（馆），梅州市档案局（馆）与潮汕市侨批档案馆联合举办。这次展览被认为是积极推动广东侨批申报"中国档案遗产"，争取入选"世界记忆名录"的有力之举。②

4. 侨批档案的研究内容

侨批档案内容丰富，涉及面广。许多学者从不同领域对海外华人侨批档案进行挖掘和研究。其中，黄清海、袁丁和陈丽园、焦建华、程希等通过研究揭示了华侨华人对当时侨批产业发展的巨大影响，以及侨批产业从无到有再到盛大发展的历程。班国瑞等人从贸易的角度分析了华侨贸易在近代中国和海外华人中的作用。黄清海、林南中主要从侨批与金融的关系入手，论述了金融业中侨批的作用。舒习龙和温建钦借助侨批档案研究华

---

① 庞卫东：《侨批业的兴衰与侨批的档案价值》，《兰台世界》2010 年第 7 期，第 69 页。

② 庞卫东：《侨批业的兴衰与侨批的档案价值》，《兰台世界》2010 年第 7 期，第 69 页。

侨史。邓达宏和邓芳蕾从民俗史的角度研究了侨乡与侨乡民俗、传统信仰、侨乡建筑。黄清海研究了侨批的美学价值。林丹等人研究了侨批的名称的由来。除此之外，黄清海还从传承的角度论述了侨批档案的世界记忆遗产价值。邓达宏则提炼了侨批中儒家文化的精髓，着重研究侨批档案中的儒家文化。①

近些年，王炜中、邓达宏等学者还主要从申遗的角度研究侨批对世界的影响；此外，潮汕市历史文化研究中心和福建省档案馆还以图志的形式向人们展示了侨批档案，同时，对人们发现的部分侨批档案进行注释和解读，还原并呈现侨批档案的面貌；也有学者从档案展览和新闻宣传的角度，运用书评的形式对展览及其文化效应进行阐述，代表学者有白婧、闫旭。邓达宏等论述了侨批档案在文化教育中的作用，作用主要集中在对家乡教育在理念和资金的影响上；邓芳蕾等人从海外华人批评中解读传统家风的传承。

综上所述，侨批档案的研究逐渐趋向于深入细致，研究领域更广，研究视角更全面。综合目前已有的研究成果，我们发现侨批档案的研究呈现出从宏大到细小、从全局到部分、从表征到内化、从细节到全体的立体化、交叉化、互动化、平行化的研究趋势。可以说无论从哪一个角度进行研究，都能得出结果。侨批档案可以说是"千面女郎"，人们从不同的领域，从不同的角度，都可以找到研究方向，取得研究成果。无论是从宏观、微观等大的角度出发，还是从文字、象形、图标、艺术等具体方面入手，对侨批档案的研究都是富有成效和极具启发意义的。②

三 地方档案整理经验总结分析

档案整理是档案管理最基础的工作，也是一项十分重要的工作，如果档案缺乏整理，档案就很难得到开发和利用。地方档案的整理一直以来都是档案学界研究的重点。地方档案数量众多，价值巨大，对地方档案的整理不仅能为学界档案研究增添新的史料，扩大地方档案的研究范围，还能

---

① 宫毅敏：《传统文化创新视角下侨批档案开发利用与对策研究》，《山西档案》2019 年第 5 期，第 113~114 页。
② 宫毅敏：《传统文化创新视角下侨批档案开发利用与对策研究》，《山西档案》2019 年第 5 期，第 114 页。

促进地方档案史学研究角度的转变，意义重大。然而未经整理过的地方档案很难发挥其真正的历史价值和现实价值，毕竟对于研究者来说，不可能都做到先有实地调研而后有研究成果，这些地方档案资料的整理出版也确实为政治、经济、社会、法制、教育、文化等方向的研究和具有针对性的地方历史综合考察提供了新的研究材料。① 如中山大学张应强教授整理汇编的《清水江文书》、安徽大学刘伯山教授主编的《徽州文书》、中国人民大学包伟民教授整理编纂的《龙泉司法档案选编》等，极大地推进了地方档案的学术研究。地方档案源于地方，存于地方，每个地方档案的形成都受地理环境、社会变迁、经济发展等各种因素的影响，保存下来的地方档案现状也大有不同，因此在具体的整理过程中存在着各种各样细微复杂的问题，及时整理前人关于地方档案的整理经验，然后总结出一套行之有效的整理方法，对于今后其他地方档案的整理、保护和利用都具有重要的指导借鉴意义。

对于地方档案的整理研究，不同的学者所采取的研究方向不同，但多是按照地方档案的具体内容进行分类研究。如清水江文书的整理研究，学者们多从清水江文书的民族习惯法、社会经济史、人工林业史、村落史等方面进行研究；对徽州文书多从商业史研究、历史地理研究、社会史研究、法制史研究、赋役田土史料与地方社会研究等方面进行整理研究；对南部档案多从州县官吏和衙署的设置情况、清代基层社会、教育问题、传统婚姻问题等方面进行整理研究；侨批档案研究的出发点大多是华侨的历史，侨乡的民俗风情、传统信仰、节日习俗、建筑风貌，侨批命名，有的研究者将侨批档案与传统儒家文化相结合研究这些档案反映的儒家文化，或者将侨批档案与世界记忆遗产相关联进行研究。还有一些学者从地方档案的起源、发展、历史、兴衰等方面进行研究。总体来说，目前地方档案的整理研究还是通过以小见大、以点带面、以微观带宏观的研究方式进行。

关于地方档案的整理原则，最开始遵循档案的来源原则，即考虑留存地方档案的总量和保持地方档案原件的原貌，按照档案的来源和形成单位进行整理和分类。而随着越来越多的地方档案被发现和收集，不同地方整

---

① 吴佩林：《地方文献整理与研究的若干问题：以清代地方档案的整理与研究为中心》，《西华师范大学学报》（哲学社会科学版）2011 年第 6 期，第 24 页。

理档案的方式也不一样，这个原则并没有被通用，很多地方根据各自档案内容的特点进行了其他分类，而这种看似科学的分类方式会对档案造成损害，以清代的巴县档案为例，该档案内容颇为丰富，涉及面广，吴佩林教授认为目前对巴县档案的梳理工作破坏了原档案的保存格局，将"按房保存"更改为按内容保存不可取。如今这份档案被划分为内政和司法两类，在其大类下又划分诸小类。例如内政下的职务官称、军事政治、文教体系、经济贸易、邮电交通等小类。司法下又按照当今的标准划分为土地权限、房屋所有、资金借贷、欺瞒诈骗、家庭纠纷、妇女地位、财产继承、商贾贸易、凶杀殴役、盗窃和赌博等。这种按照内容进行分类的方式并不适合对地方档案进行首次整理，比较适用于后期深入整理阶段。①

目前对地方的档案文献进行整理的方式有三种。一是点校出版。点校就是对古籍标点、校对的简称。一般来说，一部古籍大多会有好几种版本，而这几种版本中难免会有疏漏，因此出版者必须要选择较好的一个版本用来出版。但是对于出版物来说，无论多么细心也总还是会有出错的地方，所以为了让最后的出版物准确可靠，就要对出版物的版本进行详细校对。但是校订一本书所需周期长且易出错，而且因出版物较难反映纸张与用笔的颜色以及画行、盖印、判日等形制，所以点校出版会导致丢失大量信息。二是影印出版。影印出版是出版少数民族地方档案书籍常采用的一种方式。一些地方档案如契约文书、地方族谱、地方志、账本、石刻档案等是十分珍贵且具有保存价值的，不宜被直接拿来出版，尤其是石刻档案、石碑档案等，如果想要出版其内容，则需要通过扫描影印的方式出版。影印出版的好处颇多，影印耗时短，同时又能最大限度地保留古籍的原始面貌，使出版物带有历史的厚重感，但是这需要组建专业技术团队，而并非随意找人影印。特别是在影印过程中会遇到各种各样的专业问题，例如古籍中的文种判断以及内容里日期的确定，都需要具有相关经验的专业人士进行解决。三是点校与影印结合。这种方式主要是以点校整理出版为主，对于一些珍贵的、不易点校整理的孤本、善本、罕见本等进行影印的一种出版方式。如贵州民族出版社出版的"清水江文书整理与研究丛

---

① 吴佩林：《地方档案整理向何处去——基于清代地方档案整理现状的反思》，《光明日报》2016 年 4 月 9 日，第 11 版。

书"就是对若干典型民族村寨收藏的"清水江文书"原件进行影印、整理、点校、注解的成果。四是采取点校整理与影印技术、注释三者相结合的方式。《清代达斡尔族档案辑录 清宫珍藏达斡尔族满汉文档案汇编》就是由中国第一历史档案馆和达斡尔民族博物馆用这种方式编写的，为了保持档案原貌，将满文档案原件影印版本编入书中，还将档案中的满文逐件译成汉文，集中编排，附于书后。西藏自治区档案馆编译的《清代西藏地方档案文献选编》除了有藏汉合璧的原档影印件，还附有与藏文相对应的汉文译文。通过这种形式既能够把原始资料原汁原味地展现出来，又丰富了内容，既有利于少数民族地方人员查询利用书籍，也有利于其他民族了解该民族的历史与文化，极大地推动了地方档案的多元融合发展。

地方档案是地方在长期的社会发展中所遗留下来的关于该地区政治、经济、文化等方面的原始材料。不论是档案遗留数量还是档案保存质量，地方档案现存情况都不完全相同，更不用说在档案形成主体、档案类型、档案记载内容等细节方面了，因此想要整理出一套可以全面推行的地方档案整理经验并非易事。笔者认为，地方档案的整理需要理论结合实践，灵活借鉴已有的整理经验和方法，在实践中不断完善地方档案的理论知识，并邀请越来越多的专家学者参与地方档案的整理，共同探讨和完善地方档案的整理理论，只有这样才能挖掘整理更多的地方档案，充分实现地方档案的价值。[①]

第二节 地方档案整理的方法

一 地方档案整理方法综述

（一）地方档案整理方法原则的变迁

我国地方档案的形成主体有政府组织和非政府组织两种。从 16 世纪到 19 世纪初，政府组织主要是官府衙门，而非政府组织除了个人，还有家庭、宗族、村落、会社、店铺商号、书院、戏班、寺庙等。官府档案保存了下来的很多，主要包括有宫中档案、内阁大库档案、淡新档案、宝坻档

---

① 聂勇浩、陈童：《侨批档案整理方法探讨》，《山西档案》2017 年第 1 期，第 53 页。

案、巴县档案、南部档案等。其他个人或社会组织的档案，如果按照形成主体进行划分，多数表现为同一个地域的众多不同形成主体所遗留下来的档案，如台湾的文书档案、徽州的文书档案、石仓的文书档案以及清水江的文书档案等。19 世纪末开始，随着政治、经济、社会、文化的全面变迁，政府部门愈加庞大，政府之外的大型复杂组织大量涌现，导致档案文献形成主体多样化，档案文书类型、内容复杂化。[①] 总的来说，地方性的档案主要包括各种民俗文书、官办文书、家庭文书、企业文书等几种形式。本节选取了民间文书和官文书两个角度对地方档案的整理原则进行概述。

1. 民间文书

我国对于民间文献的收集和整理概念经历了从"打散文书、内容分类"到"现状记录，保持文献归户性、系统性"的重要转变。初期对于民间文献的整理主要是采用内容划分和时间安排相结合的形式。以台湾民间所藏的契字文书为例，1901 年，日本殖民者在台湾设立了临时台湾旧惯调查会，进行了私法惯习调查。他们按照德国民法的框架将中国老百姓在日常生活中与社会民事交往有密切关系的乡规俗例做了比较系统的梳理，编成《临时台湾旧惯调查会第一部调查第三回报告书台湾私法》。立足法学的视角和以民法为基础、根据契约类型进行分类的文书分类法深刻影响了后来中国的民间文书整理和研究。[②] 台湾民间所藏契字文书的大规模收集整理是从王世庆编撰的《台湾公私藏古文书汇编》开始的。此次的整理并不是按照影本文书的数量和来源进行分类，而是根据影本文书内容进行了更为细致的分类，每一类内再按照时间顺序进行排列，对每一件文书按照"分类号码、总号码、名称、年代、张数、收藏者、收藏者地址、备考"进行著录，具有"文书内容与类型相结合，参照民商法体系"的特色。[③] 值得一提的是，此次项目将原件留在原收藏者那里，采取复制副本的收集方式，体现了对文书来源的重视。

---

① 吴佩林主编《地方档案与文献研究》（第三辑），国家图书馆出版社，2017，第 1~2 页。
② 杨培娜、申斌：《明清民间文书收集整理的变迁、现状与展望》，载吴佩林主编《地方档案与文献研究》（第三辑），国家图书馆出版社，2017，第 189 页。
③ 杨培娜、申斌：《明清民间文书收集整理的变迁、现状与展望》，载吴佩林主编《地方档案与文献研究》（第三辑），国家图书馆出版社，2017，第 189 页。

对于徽州文书的整理，在 20 世纪八九十年代也基本采用"类型/内容分类，时间排序"的整理方法，例如《明清徽州社会经济资料丛编》第一集、《明清徽州社会经济资料丛编》第二辑、《徽州千年契约文书》等，在单件文件的题名、录文方面做出了示范。王钰欣、周绍泉等著名的历史学者更是据此提出了一套比较强的理论和具有实践性的管理利用徽州历代政府文书的方法，将徽州文书分为土地关系与财产文书、赋役文书、商业文书、宗族文书、官府文书、教育与科举文书、会社文书、社会关系文书、其他文书九类，① 这对流传后世的历代徽州政府文书及其他地方文书的整理有着不可忽视的深远的影响。

随着文书整理分类工作理论不断深入发展，按照内容分类与时间排序的整理方法逐渐被按照文书群整理的方法所取代。早在 1962 年，严中平先生就已经多次强调我们一定要高度重视保护徽州民族传统文书的"完整性"。1975 年，佐伯在东京大学东洋文化研究所协助下，主持成立"17 世纪以后东亚公私文书的综合研究"这一课题，在对有关中国古代本土公私文书的综合整理中首次成功实践了这一具有研究性的做法。针对此次整理我们明确了对于文书整理工作的几个基本原则，具体包括以下几个方面。（1）以文书为基础进行分群整理。将文书按原来保有者的姓名和地域进行分类和归并，设立一个文书群，原来保有者不明的按照所在地域进行归并。（2）在一个文书集群内部进行排列。首先按照所选文书类别进行划分，各组内部再以时间先后顺序为基础进行编排。依照这个编号顺序为该书的文书编号加以分类，整理后形成文书编号。（3）给各个文书群撰写解说，对各文书群的成员进行一次整体性的详细介绍，对经过选择后的或者整理出来的相关文书样本范例等进行详细解说。（4）对每一件文书，按照文书名、制作年代、发件人、收件者、地址、备考等六个项目逐一进行登记，记录其相关基本资料信息，② 与此前的按照劳务契约约定形式/合同内容并参照目前我国有关民商法的法律框架要求进行文书分类整理的工作形式相比，此种分类整理的工作思路和处理方式又开启了新一次变革。代表性的研究成果是

---

① 杨培娜、申斌：《明清民间文书收集整理的变迁、现状与展望》，载吴佩林主编《地方档案与文献研究》（第三辑），国家图书馆出版社，2017，第 189 页。

② 杨培娜、申斌：《走向民间历史文献学——20 世纪民间文献搜集整理方法的演进历程》，《中山大学学报》（社会科学版）2014 年第 5 期，第 77~78 页。

《东洋文化研究所所藏中国土地文书目录·解说》。

杨国祯在整理《闽南契约文书综录》时整合了"以文书体系为原则"和"以保留文书群面貌为原则"两种整理方式。地方档案的整理工作和成果对于整个国家社会的进步和发展都是有益的，因此我们需要通过汇集各种力量，聆听不同专家学者的意见，以一种协同合作的形式让更多的地方档案机构、专家学者共同参与到地方档案的整理工作中，这样不仅能够有利于我们在不同的角度、不同的学科、不同地域之间进行思想碰撞，还可以启发相关部门探索地方档案整理的新思路，寻求当前地方档案整理的新途径。例如按照契约对象所处地点进行分类，设立文书群索引和人名索引等。① 刘伯山在收集整理徽州文书的过程中，提出保持民间文书"归户性"的整理原则，所整理的《徽州文书》系列是中国第一次按照归户办法出版的较大规模的文书，对学界的贡献和影响非常大。

随着研究理念的转变，学者们不再仅满足于整理研究公藏机构中的文书，开始进村入户收集、整理文献。《清水江文书》《石仓契约》等就是很好的范例。中山大学历史人类学研究中心在对清水江文书进行保护和整理时，明确地要求采用"保持文献原来的系统"的保护概念来充分明确地描述历史文书保护和整理的基本原则，贴切明确地阐述了高度重视和保护村民进行农田搬迁入户时所发现的、有独特的自然原生态的历史文献的保存状态的基本维度的保护思想。在整理时以村寨为单位，为每个村寨定一个序号，村寨之下以家族或家庭为单位，来自同一家族的文献编为一卷，同一卷之下按照文书收藏者原来的分类列为若干帙，每一帙内则依照时间顺序排列。② 上海交通大学历史系整理石仓契约的办法便与之相类似，并取得了若干成就。

2. 官文书

有清一代，案卷的编制和处理本身就有一套自己的规则。所有文书处理完毕后，原则上均需要按照时间的先后次序进行立卷、归档。虽然各个分管的科室实际上是按"一事一卷"的处理方法进行归档，但卷内的各种

---

① 吴佩林主编《地方档案与文献研究》（第三辑），国家图书馆出版社，2017，第1~2页。
② 杨培娜、申斌：《走向民间历史文献学——20世纪民间文献搜集整理方法的演进历程》，《中山大学学报》（社会科学版）2014年第5期，第78页。

案件实际上仍是按照其相应的地点和时间序列紧密排列在一起，案件多的最高可以延伸到数十米乃至几百米。[①] 然而，后来的一些地方档案整理者很多没有按照"来源原则""全宗原则"等原则进行档案整理，打破了"按房归档"这一档案整理原则，造成"边整理边破坏"的现象，甚至在一些地方，粘连成坨的档案被直接丢弃，或者变成了印刷纸厂的原材料，而且在分类中破坏档案原有保存状态的现象也较为普遍。台湾"淡新档案"便是典型案例。戴炎辉先生自 1947 年就已经正式开始了档案整理工作，于 1953 年发表《清代淡新档案整理序说》，展示了清代淡新档案整理的历史，将这些淡新档案按职能划分为行政、民事和刑事三门，每门下再划分为款、案、件，并给出了详细的内容分类表。虽然我们今天认为档案整理的原始编号应该保持既有状态，但戴炎辉先生所给出的分类方式是揭示文件内容的重要手段，对后世具有很强的开创性意义和现实参考价值。后来的一些学者又发现，我们纳入行政编的很多案子都是诉讼型的案子，把它们归到民事编或者刑事文书中也未尝不可。尽管戴教授对每一起"案"进行了归类，也仍然存在着种种困难和问题。比如，有一个"案"在起诉刚开始时，控诉人就号称自己已经被掳禁，所以它就被归入刑事编，然而随着我国刑事诉讼程序的深入发展及案件的发展，人们更加觉得应当把它全部归入我们的民事编"钱债"中。四川南部档案则是为数不多的采取按住宅为归档和整理办法的例子，对档案整理工作做出了有益的探索。[②] 1984 年底南充市地方档案馆对南部档案进行的长达三年的大规模整理较为规范化和专业化，包括以时间为序按房进行排列、分盒存放、编写目录等工作。此次整理根据清代南部县地区各级乡镇和县衙档案的特殊性，采用独特的档案资料分类处理模型，按照档案发布时间和朝代的顺序对南部档案进行了排列，再按照吏、户、礼、兵、刑、工、盐七房进行了分类。这种分类模式打破了我们传统的划分方法，更加科学化、专业化。除此之外，南部档案的整理还有许多值得参考借鉴的地方。专家们依照国家《明清档案著录细则》的行业标准，结合清代四川南部县衙档案的特点和

---

① 吴佩林：《有序与无序之间：清代州县衙门的分房与串房》，《四川大学学报》（哲学社会科学版）2018 年第 2 期，第 53~54 页。

② 吴佩林：《地方档案整理向何处去——基于清代地方档案整理现状的反思》，《光明日报》2016 年 4 月 9 日，第 11 版。

相关梳理工作的经验，编制了《清代四川南部县衙档案著录细则》，明确了档案的著录要求和著录的项目，以"件"为单位对南部档案进行文件级著录，这是一项十分复杂的工作。

不管是关于民间档案的"归户性"原则还是官档文书的"按房整理"原则，对于当地档案的整理来说都是十分有价值的。在当今的大数据环境下，在后期对档案进行深入整理阶段时也可结合按内容分类的方法。这样既有利于我们维护和继续保持分类档案的基本原貌，又能够更好地充分发挥"分类"的固有应用价值，方便学者进行研究。

（二）地方档案整理方法中存在的问题和解决策略

吴佩林教授在《地方文献整理与研究的若干问题：以清代地方档案的整理与研究为中心》一文中详细地分析总结了在清代地方文献历史档案收集整理的科学研究发展进程中普遍存在的一些问题和当前需要我们通过认真思考和深入研究予以解决的若干重要问题。第一便是前面提到的"边整理边破坏"的现象，没有按照来源原则对档案进行整理；第二是缩微黑白胶片多有缺陷，很多内容不能被有效识别，对研究造成了阻碍；第三是现有出版物档案选取方式不当，没有保持档案完整性和系统性，而是从中抽取几件进行出版。除此之外，吴佩林教授在《地方档案整理向何处去——基于清代地方档案整理现状的反思》一文中也提出了一些问题，这些问题亟待我们自己去思考和研究解决，例如，出版地方文书是采取影印的方式还是点校的方式，在当今的信息化时代如何提供研究者需要的数据，等等。对于这些问题，学者们也做出了相应的思考。

首先关于原件影印还是原件点校的研究问题，吴佩林教授提出了原件影印和原件点校各自都具有其独特性且各有优缺点。采取原件影印的方式并对那些极少数人根本就无法准确地辨识的各种文字、图像、具有困惑性的语言词句、考证方式等进行说明，不失为一种可行的科学研究手段和方法。如此既不会误导使用者，又能够有效地给今后我国古代历史档案资料的搜集整理研究奠定深厚的学术理论基础，充分体现出版物的学术研究价值。此外，宾长初和鲁朝阳在《谈民间档案文书的影印整理与深度整理》中把目前我国民间档案文书的影印整理形式大致划分成影印整理和深度整理两种，认为目前我国民间档案文书的收集发表和编辑出版过程应该以影印整理为主，逐步过渡到深度整理。从出版工作的角度来看，纸质版民间档案文书出版的理想状态是把影印和释读结合起来，但由于录文整理释读难度大，耗时长，因此，作者认为目前较长一段时间内，较为可行的主要整理出版方式，仍然应当是先行整理出版影印本，尽快公布资料供学者使用，再出释读本，以便跨学科研究者使用。待资料积累到一定数量后，由学者根据研究侧重点而有所选择地加工整理，陆续推出电子版、网络版乃至数据库。这种层递式的整理出版方式，将打破文书收藏、整理、公布在人员、精力、技术、学科侧重等方面的客观局限，也会有利于推进成果向更规范、更严谨、更便于学术使用的方向发展。①

客观而言，点校自身具备独特的优势，例如一页能容纳的可读性文字更多，点校版本相对于影印版的价格要低廉等。但是点校本也仍然存在着许多问题，最根本的问题就是大量的信息，尤其是图形和视频类的非文字信息经常被人们遗弃，继而造成这些信息被研究者忽略，或者使研究者抓住了某一个问题却又无法进行深入的研究。此外，误识、误点现象更是普遍存在。诸如此类的问题导致电子档案的专业信息化应用价值也会相应地大打折扣。当然，档案的大多数重要内容对于档案利用者来说，影印件与传统点校本并没有太多的本质区别。真正对利用者构成阅读困难的那极少一部分也恰恰是点校中最容易出错的部分。②

其次，地方档案的整理是采用黑白制作方式，还是采用原色的翻印方式。缩微档案模拟处理技术自20世纪70年代就被广泛地运用在了企业的档案管理中，随着我国现代电子信息处理技术的迅猛改革和不断发展，原来基于胶片、光盘等档案载体的缩微档案模拟处理技术，已经逐步发展为基于胶片、光盘、网络等多种档案载体的缩微数字化和智能混合技术。数字化在有效保护、抢救宝贵的数字档案，开发、利用数字档案这一信息技术资源上均具有十分重要的历史意义。但是，出于一些科学技术以及成本上的考虑，过去的档案缩微胶片大多都只是采用了黑白胶片格式。这样的文字制作和识读技术手段不仅没能真正达到保护档案原貌的主要目的，而

---

① 宾长初、鲁朝阳：《谈民间档案文书的影印整理与深度整理》，搜狐网，2019年2月11日，https://www.sohu.com/a/294031728_723484。

② 吴佩林：《地方档案整理向何处去——基于清代地方档案整理现状的反思》，《光明日报》2016年4月9日，第11版。

且阅读者根本无法对档案中大量的不同色彩重叠的印章戳记信息进行有效识读。显然，原色科学翻印和印刷技术已经更好地满足了当前我们相关的需求，也许我们甚至能够这样认为，随着我国现代科学翻印技术的持续发展和不断更新，原色翻印档案势必将在未来几年内成为我国现代科学翻印技术不断发展的一个必然趋势。①

再者，对于地方档案的整理出版是选择选编，还是选择全部出版。"选"，有两种情况。一种是选"件"而非完整的"卷"。另一种是选部分"卷"而非辑录全部档案。不论哪种"选"，都有可能无法为研究人员提供完整的档案信息，也难以恢复完整的档案历史背景，这对研究者得出一个符合实际的结论是十分不利的。对于一些档案体量很大的纸本档案，可以优先考虑将纸本档案出版和数字化档案出版管理方式相结合，印制少量的纸本档案给各级图书馆进行档案收藏，同时独立经营档案资料库。②

最后是如何提供研究者所需的数据。我国的各级地方档案资料种类繁多，数量较大，是学者进行相关学术研究的重要学术参考资料。数字复印以及电子文件影印印刷出版等多种手段，对于提高目前我国各级地方档案的综合利用率虽然已经起到了一定的促进作用，但实际上操作起来往往费时耗力。当前我国档案信息网络技术的不断发展，对于推动地方档案信息进行更加数字化的管理和建设，对于不断拓宽地方档案信息资源综合利用的覆盖范围，提高地方档案信息资源的综合利用率等都具有重要指导意义。可以对纸质档案文件进行高分辨率扫描将其转存为电子档案，再将电子档案整合录入地方档案检索数据库。提供一个系统、丰富、完整的档案数据库，建立一个完全能够有效实现档案资源共享的档案大数据、云计算平台将会成为我国以后档案资料整理查询工作的一大重点和发展趋势。

二 地方档案整理方法的比较

比较性事物研究的理论方法主要目的是根据一定科学标准，对两个或两个以上具有密切联系的科学事物进行对比考察，寻找它们性质的异同之

---

① 吴佩林：《地方档案整理向何处去——基于清代地方档案整理现状的反思》，《光明日报》2016 年 4 月 9 日，第 11 版。

② 吴佩林：《地方档案整理向何处去——基于清代地方档案整理现状的反思》，《光明日报》2016 年 4 月 9 日，第 11 版。

处，探求一种具有普遍性的科学规律和具有特殊性的事物研究理论方法。通过从各种角度去比较，从而得出异同，从异同中思考如何对存在的问题进行解决，使问题慢慢被改正直至发现一个最优解。地方档案整理是一个系统化过程，按照系统论的观点，系统通过控制、调节可以达到最优化，系统由此实现最优运转并且良性循环。因此，在思考地方档案整理方法时，有必要从各种角度进行比较，去发现地方档案整理方法的一个最优解或标准，好让地方档案整理愈加标准化、规范化，这既便于档案库房物理空间和逻辑空间的优化组合，也为提供更加便捷和优质的档案服务打下基础。故本节从专题角度、社会阶层这两个角度对地方档案的整理方法展开论述，从而挖掘出地方档案整理方法的异同之处。在开始比较之前，会对所比较的地方档案整理方法进行一个简要概述，而后分析挖掘其中的异同，之后再进行总结，从而得出地方档案整理方法的规律。

（一）社会阶层角度

社会阶级一般泛指由与其他人有着相同的或者类似的社会地位的人而组成的一个相对较为持久的群体。地方档案的内容既反映了官方机构的办事程序，也反映了民间的民风民俗。根据社会阶级理论，可以将地方档案分为官方档案和民间档案两个部分，不同的阶层具有不同的经济能力、组织结构、政治影响，将地方档案划分官方档案、民间档案两个部分，然后再进行细分，在细微层面对地方档案整理方法进行比较分析，从而在细节处对宏观对比进行修补，从而更全面地比较地方档案整理方法。

1. 官方地方档案

官方地方档案，顾名思义是指由官方机构形成并保存下来的地方档案，由于其形成主体具有较好的档案意识，我国留存下来的地方档案中较多的是官方地方档案，如黑图档、孔府档案、南部档案、巴县档案等。通过比较可以总结出官方地方档案具备以下特性。

（1）整理相对规范

官方档案多以文书类为主，是处理政务活动时留存下来的历史活动凭证，一般会严格遵守当时的文书格式，从而在内容编写上较为正式。如黑图档，其文种正规，书写规范，并按照京来、京行、部来、部行、存查五个类别进行划分，其下再按照时间进行划分，并粘连成册。由此可见官方档案文种之正式、整理之规范。

（2）保存相对完整

我国官方自古以来就注重档案保存，具有良好的档案保存意识，各朝各代都注重对文件进行保存备份，以备查考，因此官方地方档案也都保存良好，都会有专门的库房对其进行保管。如孔府档案设有两厅两房来保管。巴县档案以及南部档案也按照档案形成机构划房保存。

（3）整理有一定系统性

在中国古代，政治体系的运转依靠公文的支撑，在这个过程中，产生了大量的公文，在长期的整理过程中，往往会形成系统的整理方法，如宋人周湛提出的千文架阁法。所以官方地方档案在保存过程中，出于便于查找和提高效率的目的，往往会按照整理方法来整理，从而形成系统化的库藏结构。如巴县档案、南部档案按照档案来源划入不同库房，然后再根据时间来进行划分。从中可以得知当时的档案保管已经使用了机构—时间的方法。

由上文所列出的官方地方档案存在的共性，可以发现官方地方档案在具有共性的同时在微观层面隐藏着其特性，这些隐藏的特性使人们根据不同的官方地方档案选择不同的整理方法。

首先，由于官方地方档案所处地域以及机构职能的不同，应用的文书格式难免有所差异，而在选取整理方法时，格式的差异也是需要考虑的一个重要因素。例如孔府档案的内容文种繁多，孔府档案主要的内容有公文、私人文书、孔氏家谱及世系宗图、仪注、祭文、土亩土产出借税账簿、建筑工程账册，以及日常生活中的流水账、信函、药方、账册等。公文还包括了奏章、奏折、诏书、敕命、咨文、劄付和劄文批回、谕文、申文、移文、信牌、邮票、字样、牌文、字样、票文、题本、印结、甘结、亲供、手本、火票、兵器、拘票、排单、驿呈、揭贴等类型。① 面对如此繁多的文种，在整理过程中，就需要思考如何整理才能使这些文种系统化。只有分析挖掘其内在联系，这样在使用过程中才不至于混乱。由于目前我国现存的官方或地区性的档案大多数与府衙相关，其中所涉及的档案

---

① 孔德平、唐丽：《孔府档案的保存、整理与研究》，《西华师范大学学报》（哲学社会科学版）2017年第3期，第16页。

文书大多数都与司法相关，如巴县档案、淡新档案、龙泉司法档案等，所涉及的档案文书多数为状纸、传票、拘票、点名单、供词、讯问笔录、言辞辩论、调解笔录等诉讼文书，所以在整理此类官方地方档案时，常常按照案件来进行整理，把案件作为一个立卷单位，将相关文件汇集到一个卷宗内进行保管。如在修订和整理淡新档案的工作中，整理者会发现清朝时已经对淡新档案的内容进行了较为基础详细的整理，每一份涉及诉讼案件的档案的所有相关资料都是被重新汇编到一起的，而且它们都是按照时间之先后，依序被粘贴成一长条状。与当地行政有关的档案，也已经按照相同的业务问题被汇集到一起，并依据时间上的顺序进行粘贴。在官方地方档案中，不同的文种代表不同的背景信息，暗含着权力关系，因此当时整理者在整理档案过程中往往会基于这些因素进行考量，从而对不同文种选择不同的整理方法，然后进行整理归档。所以在比较官方地方档案时，通过对其所包含的文种进行比较，也可以看出其整理方法的差异。

其次，虽然官方具有保存意识，并会设置专门的库房来保存档案，但是不同的机构设置的库房却不相同，库房中所保存的档案也不相同，通过库房的划分情况也可以感受到地方性的影响。同时，在认识到官方地方档案历来受到统治者重视的基础上，也需要认识到官方地方档案由于是官方所产生的，在政权更迭过程中，会不可避免地遭到损毁。例如南部档案和巴县档案都是按照职能来分房保管档案，南部档案划分为吏、户、礼、兵、刑、工、盐七房，巴县档案划分为吏、户、礼、兵、刑、工、盐、仓、承发九房，由于所处地域的差异，导致产生了不同的划分方式。我国先秦时期地方政权的机构设置就讲究分曹而治，将权力细分，在慢慢发展过程中，分曹而治演化为分房而治，但两者在本质上是一致的。虽然明朝以来，地方衙门仿照六部设吏、户、礼、兵、刑、工六房，但在具体落实过程中，仍然需要具有一定的自主权，所以南部档案和巴县档案两者在房的划分上存在着差异，这种差异同样也存在于其他官方的地区性档案上，这也正是我们在整理南部档案时所需要遵守的因地制宜原则。我们需要充分凸显地方档案的地域性，因为地方档案是人们了解和认识当地最真实、可靠的凭证，是构建当地历史记忆与地方认同的一个重要记忆载体。所以官方地方档案由于所处地理位置不同，社会情景不同，自然而然地会产生自身特色，整理方法也会因为地方性特色而相应地产生与之对应的特点。

这条规律不仅仅适用于官方档案，亦适用于民间档案。

最后，官方地方档案都经过系统化整理，都有一定的整理方法，但是在细微之处存在着差异。例如孔府档案在整理过程中采用了千文架阁法，按照天、地、玄、黄、宇、宙、洪、荒八大类别进行整理排序；南部档案按照职能分房管理，各房中的档案按照时间来进行排列；淡新档案则以案卷为单位，将相关档案粘连成条状。这种整理方法的差异，也是由于地方档案自身所具有的特色造成的。孔府档案就是明代衍圣公府在逐步发展中形成的历史档案。① 衍圣公府在历史上的地位崇高，衍圣公府的机构设置规模较大，产生文件类型众多，所以采用了千文架阁法来整理档案；南部档案虽然留存文件数量较多，但来源相对集中，所以只需要按房来分类好，就可以良好地利用库藏档案；淡新档案以司法档案为主，以案件为立卷单位，可以清楚展现档案之间的联系。地方档案的整理应当以地方性为主，围绕地方特色，更多地保持原来的整理面貌，而不是用今人的眼光去整理。今天大部分官方地方档案都按照档案的原始整理体系进行整理，但由于历史原因，也有一些官方地方档案的原始整理体系遭到了破坏，如巴县档案、孔府档案等，原始整理体系被破坏势必会造成档案背景信息的缺失，可能会导致在建构历史情境的过程中产生某种偏差。因此对于历史，就需要尊重其原貌，文物如此，历史档案亦如此。

2. 民间地方档案

民间地方档案是指由本地方民众直接参与形成的具有保存价值的历史记录。民间地方档案多是由地方知识精英参与形成，是反映地方人民社会生活的历史记录，既反映了"大"历史，亦可见"小"历史，两者相互印证，构筑一个完整的历史情境。因此，民间地方档案整理的工作意义重大，我国目前现存的各类民间地方档案主要包括徽州文书、清水江文书、吐鲁番文书等。通过比较分析可知，民间地方档案主要有以下共性。

（1）以契约文书为主

民间地方档案多是本地方民众在处理事务的过程中，为了获取凭证而请当地知识分子见证并书写而成的原始记录。民间事务多以商业性活动为

---

① 孔德平、唐丽：《孔府档案的保存、整理与研究》，《西华师范大学学报》（哲学社会科学版）2017 年第 3 期，第 15 页。

主,因此,档案格式多为契约文书。如徽州文书 60% 的现存内容都为契约文书,清水江文书则是清水江流域内买卖林木的相关契约文书。

(2) 多散存于民间组织及个人

民间地方档案的民间二字意味着档案原属民间、藏于民间。民间地方档案是指由本地方民众记录产生的档案,强调原始的民间属性。所以当官方档案流失民间,藏于民间时,这些档案就不应当被视为民间档案。正因为民间地方档案的本质属性是民间属性,所以大多数都散落于民间,多为民众自己保存,没有相应的保护条件和保护意识,所以民间地方档案的挖掘工作亟须开展,从而为认识和研究本地方历史记忆留下丰富的档案资源。

(3) 整理原则强调"归户性"

民间地方档案由于散落民间,缺乏系统的整理,所以藏于民间的地方档案大多是不成体系的。随着社会调查运动的开展,徽州文书、清水江文书等档案大量被发现,史学界最早对其进行了搜集整理,如中山大学图书馆中藏有大量徽州文书。但是在研究过程中,这种搜集整理会人为地中断档案文件与其生成地方的历史联系,造成背景信息的缺失,从而导致从档案中建构的历史情境有所残缺。所以在后来的收集整理过程中,强调归户性,从而维护档案的原始性,只复制副本带走以供利用。

民间地方档案分散于民间,被学界关注后,才开始被系统整理,所以民间地方档案的整理是按照今人的方法来进行的,早期由专门的文化机构进行保管,如今强调归户性的整理方法,这鲜明地反映学界意识到档案原始性的重要性。因此,民间地方档案的整理方法是保持其原貌,然后复制副本来进行研究,对这些副本又进行整理出版,而在整理出版的过程中,由于学者认识的差异,会采用不同的编排方式,从这个角度可见其差异性。民间地方档案汇编整理方法大致可以分为三类。一是先将民间地方档案汇编分类然后再按照年代顺序进行整理,如唐立、杨有赓、武内房司主编的《贵州苗族林业契约文书汇编》,王钰欣等编、黄山书社 2000 年出版的《徽州文书类目》等。二是直接按年代来编排,然后再进行分类,如陈金全、杜万华主编的《贵州文斗寨苗族契约法律文书汇编——姜元泽家藏契约文书》。三是按照归户性原则,强调文书的原始整理体系,如张应强、王宗勋主编的《清水江文书》等。

总而言之,无论是官方地方档案还是民间地方档案,在宏观上都存在一定的共性。官方地方档案因具有一定的保存和整理方法而保存良好，所以保存下来的档案众多，而且对于实体整理需要花费的时间更少，更多的是考虑其数字化以及如何更好地为社会大众提供服务。而民间地方档案仍有很多散落民间，需要学者和档案工作者一同深入民间挖掘。总之，无论是官方地方档案还是民间地方档案，在整理时都强调保持原貌，维护其原始性，这是两者的整理方法所共同遵守的准则。

（二）专题角度

地方档案记载内容众多，其中涉及地方社会生活的方方面面，连接官方同民间的是司法档案，这是官方同民间交流的一种重要表现，同时也是社会风貌的一种再现，所以笔者以地方司法档案为专题，从这个角度展开进行比较。

地方档案中涉及司法档案的有很多，现以巴县档案、淡新档案、黄岩档案为典型来进行分析比较。

巴县档案中 88% 的档案内容被认为是司法档案，清代时，分房管理，然后按照时间顺序来进行整理。抗日战争时期，出于保护档案资料完整性的迫切需要，便将该档案收藏于巴县樵坪乡的一座著名的关帝庙内，后该档案被四川大学冯汉骥于 1953 年发现，四川大学对其进行了抢救保护，将其按照所有权并依据政务、农业、工商、手工业、交通运输、财税、金融、文教健康、军事、司法、重大事件进行了分类，又按照我国各个朝代的顺序进行了排列，目录完善。

淡新档案是由台湾大学行政法学院教授戴炎辉进行保护性整理的，近年戴教授在实践中又对其进行了搜集整理，将淡新档案内所有相关法律文件依次划分为司法行政、民事与刑事诉讼三门，每门下再依次划分为各类、款、案、件，共计 1163 案，19152 件。对其中的司法档案则尽可能保持原貌，保留清代时的整理痕迹。

黄岩档案共涉及诸如诉状的形态、副型、证明资料及审理纪律记录等共 110 多件司法审查的文书。第一历史档案馆在对所获的档案资料进行整改和修复后总共收集并获得 78 份诉状，时间跨度从清同治十三年（1874）一直延续至清光绪十五年（1889），前后历时共 15 年。整理者首先邀请档案修复工作人员对已经破损的档案原件做出技术性处理，再按照破损档案的保存年代统一编号，然后把破损原件按一定比例逐个进行缩小影印，并逐次点校。不仅如此，他们还积极地运用了法律人类学研究的手段和方法，将档案所记录的个别性案件事故发生地和该档案记录的事故发生地相结合，并对这些事故发生地进行了实地的调查和核实，以进一步深入地探求它的历史变迁。①

这三种地方档案分别反映了三种不同的整理方法：依照今人的方法开展整理工作；按照档案原来的整理方法进行整理；通过深入调查档案背后的历史情境，从中获取隐性信息，将隐性信息同显性知识相结合，从而获取档案实体和内容的整理方式。在现今的学术研究过程中，第一种整理方法割裂了档案的原始面貌，人为地破坏掉了其中所隐含的背景信息不利于了解古人的整理思维以及对档案的看法，所以除了历史原因以外，这种整理方法如今使用较少。第二种整理方法则是地方档案整理过程中常用的方法，保留了档案的原始面貌，方便挖掘档案背后的信息，有利于研究古人的思维方法，从而为研究地方档案整理史提供一定的支撑。第三种方法则是地方档案学今后发展应当努力的方向，随着记忆成为社会科学研究的热点，记忆建构成为研究的一个重要思考问题。地方档案承载了地方记忆，这一点是毋庸置疑的，所以在进行地方档案整理的时候，不应当只对档案实体进行整理，更应当深入进去，挖掘其中的隐性信息，从中挖掘出地方档案背后所隐藏的历史情境，从而建构起较为完整的历史记忆，这需要地方档案学者深入挖掘分析产生地方档案的文化土壤，从而得出整理地方档案实体和内容的双重整理方法。

对比是为了得出一个普遍规律，从而为地方档案整理工作提供一个准则，通过对比分析，可以得出地方档案的实体整理最为重要的就是保持档案原始性的结论，无论是官方还是民间产生的地方档案，都不应割裂其产生的土壤，而要保护这片土壤，等待研究者将二者联系起来。梁启超先生认为史料并不仅仅只是记载文字的历史资料，更包括生成历史资料的人，笔者以为史料也应该包括生成历史资料的社会情境。在电子档案时代，档案学界认为应该分析电子档案的背景信息，从而维护档案的来源。地方档

---

① 吴佩林：《地方文献整理与研究的若干问题：以清代地方档案的整理与研究为中心》，《西华师范大学学报》（哲学社会科学版）2011 年第 6 期，第 25 页。

案由于其产生的土壤具有独特性，在整理地方档案的过程中，应当挖掘其背景信息，从而维护地方档案的来源，整理出一个完整的地方档案整理体系，为地方文化记忆建构和地方身份认同提供支撑。

第三节　地方档案整理的问题及对策研究

一　地方档案整理问题

近年来，地方档案的整理工作虽然有很好的成果，但是由于地方档案时间跨度大、所涉地域广等特点，对其整理没有形成很好的规范，各个地方档案管理机构多参照自身档案管理办法或是参照其他地方档案整理成功案例来进行整理，在整理过程中出现了以下明显问题。

（一）地方档案整理意识淡薄

地方档案大都是直接保存在县一级的档案馆，但是县一级的档案馆由于受人力、物力等因素限制，其保存状态和条件都相对较差，有的地方档案馆仍保留着老式的木盒来储藏和存放这些档案，虫蛀的情况十分普遍。有的没有索引和目录，档案梳理粗略，缺乏条理，查阅起来也十分不便。多数档案馆由于缺少恒温、恒湿等物理储藏环境的要素而存在安全隐患。还有就是缺少必要的安全和防护设施。总而言之，虽然与省级、国家级的档案体系相比，县一级的各类档案体系都具有其独特的历史意义和价值，更加接近乡镇和村落，与农民群众的日常生活息息相关，但是，县级档案馆管护过程中所面临的问题却更为严峻，管护任务也更加艰巨。除存储于地方档案馆的地方档案外，群众手中也有珍贵的档案，但由于缺乏相关的保护知识，以及档案馆缺乏宣传等，群众不懂得档案的价值。群众不上交、档案馆不主动下乡收集整理，导致对研究地方政治经济文化具有重要意义的地方档案被闲置，甚至被损毁。

对地方档案的整理工作仍然存在应付现象。往往只有上级档案馆下达某个当地档案整理任务时，相应部门才会对该地区的档案进行集中整理，去突击搜索，收集整理相关地方档案，而整理任务全部完成后，所搜索到的地方档案也就没有了专人负责管理，最后散存于档案馆某处，不利于查阅。一些单位对地方档案区域的界限定位太过死板，不充分考虑其历史发展的变化过程，不接收现在其周边地区和其他在历史上联系紧密的相关档案，导致地方档案整理工作出现了断层。即使步入信息化时代，一些单位也未能做到与时俱进，仍然停留在印刷式的地方档案文献资料的搜集和整理上，没有充分考虑如何运用互联网来协助其组建当地档案资料数据库。上述的种种原因，导致了很多单位地方档案的存量不足。[①]

（二）地方档案整理主体单一

地方档案受限于其自身特点，多由各个地方档案馆收集整理归档。各地地方档案多由当地自行研究整理，很少会进行跨区域研究。如巴县档案、南部档案等多是由四川地区的档案馆收集，再由学者进行研究，而后编纂成册进行出版；再如西藏档案多是由西藏地区的档案馆进行收集整理研究，汇编成册。这样一来，少了其他地区学者的参与，很难出现百花齐放、百家争鸣的现象，不利于地方档案的深入发掘和深入研究。

各地档案馆为保持档案的机密性等，不愿让社会各界参与其中。从《黑图档》的整个整理队伍来看，整理主体主要为辽宁档案馆、辽宁大学两个单位；从学术成果的创获者来看，同样集中在辽宁档案馆和辽宁大学中，迄今为止，仅出版了《黑图档·嘉庆朝》《黑图档·咸丰朝》等。由此可见在地方档案的整理中存在着明显的"地域性"特点，这种"地域性"研究特点使得地方档案的研究具有明显的局限性，主要研究人员集中在少部分单位，单一的研究主体，造成研究成果的匮乏，不利于地方档案的深入研究。

（三）地方档案整理方法多样

在对地方档案的整理过程中，各地方档案馆多是人为地对档案进行划分，这导致整理后的地方档案缺乏历史联系，地方档案整理没有一个统一且行之有效的方法系统，对于整理方式、整理方法、整理原则等都只是在借鉴整理得比较好的方案。

如对清代巴县档案资料进行的系统性的分类和梳理，梳理者彻底打破了最初"按房保存"的古老传统格局，根据今人的定义和划分标准，把它按照内政、司法两大部门进行划分。直隶顺天府宝坻档案亦被按职官制

---

① 徐苏：《论地方文献的收集、整理和现实价值》，《图书情报研究》2019年第4期，第4页。

度、民警政务、宪政、法律词讼、镇压革命运动、军务、财政金融、农林商务、外交往来、传教、礼仪、文教卫生等进行分类整理。台湾淡新档案的资料总结和数据整理都具有非常典型的特性。戴炎辉教授基于清代的地方性行政和近代化法律概念，按照行政、民事和刑事三编进行分类总结。除此之外，徽州文书、黑图档，以及冕宁档案等都是根据现有的档案整理分类方法进行整理的，这虽有利于人们查阅使用，但极大地妨碍了对地方社会文化、经济、政治等的研究，不利于人们对各地地方发展的深入了解和对档案的进一步解读。

地方档案整理具有代表性的当属南部档案和龙泉司法档案，南部档案采用了为数不多的按房归档的整理方法，相对还原了历史。虽然清代南部县衙档案数量浩大，卷帙众多，但是没有杂乱无章之感。从中我们能够很好地了解当时各房分工，尊重历史。龙泉司法档案的整理，最终形成了一个独具特色的地方司法档案编纂体例：以案件为单位，逐年选取典型案例，汇集散落于不同卷宗的同一案件的所有文书，以时间为序重新编排。每个案例都包含内容提要、档案索引、文书图版三大部分。考虑到每一案例都可能反映社会历史的多个方面，不便分门别类，故亦仅按时间顺序编排。①

因此我们对其他地方档案的整理也可参照南部档案和龙泉司法档案的成功经验，基于各地地方档案特点进行整理，可因地制宜、因时制宜，尊重各地历史发展脉络，使地方档案在编纂整理中不会出现时间上不连贯、空间上不相衔接的现象。

（四）地方档案缺乏专业的整理人才

很多地方档案由于年代久远，纸张脆弱，有破损，这就需要专业的档案整理人员进行修复，否则就会破坏档案的完整性。地方档案与其他档案的本质区别就在于它是反映一个特定区域历史发展的史料，因此在对地方档案进行收集整理甚至是修复时，需要更加专业的人才。但受传统档案工作的影响，各地方档案管理机构在岗位的选拔和用人方面没有经过专门的、严格的考核，工作人员始终没有机会接受专业的岗位技能培训。为了节约成本，档案馆在进行档案整理工作时，多招聘兼职人员负责工作，这

---

① 傅俊：《〈龙泉司法档案选编〉的"选"与"编"》，《中华读书报》2019年11月27日，第10版。

会导致档案整理人员的不稳定，频繁更换负责工作的人员，也使档案整理专业化和规范化水平无法达到实际要求。

正如对敦煌文书的整理，不能全部对照文书或图书的原卷刊布，需要专业人才对其进行更加细致的分类梳理，确定其价值。清水江文书含有各种各样制式化的单张本和散件以及各种名目繁多的精装成册的手抄本，从其内容上来讲，严格传统意义上的买卖契约使用文书以及其他各种类型的契约文书较多，收集整理面临很大困难。[①] 巴县档案的整理同样面临着时间跨度长、涉及区域范围广、内容多的问题。整理这些地方档案既需要大量的时间也需要专业知识以及专业修复技术。

总的来说，第一，各级地方档案资料收集与整理的专业技术性人才相对比较匮乏，许多工作人员都缺少专业的档案资料收集与整理的相关业务知识和实践技能，甚至有的单位的档案资料收集与整理的工作都是由个人独立承担，无法保障档案资料收集与整理的工作任务能够高质高效地完成。第二，由于部分有关机构和单位的党政干部领导人员对办公室的档案资料整理工作不够重视，导致有关机构和单位的党政干部领导人员和办公室的工作人员往往都忽略了办公室的档案资料整理的意义与重要性，无法公开地端正自己的工作态度，而是选择敷衍了事。第三，档案整理工作团队的人员的搭配结构不合理，团队工作人员年龄偏大，专业技能水平比较低，学习档案整理新知识技术的综合素质也比较低。第四，大多数的机关档案馆在办公时对于各个档案职能的区别并没有进行良好的规划，空间的设置也相对杂乱，影响到各个档案职能的发挥。[②]

（五）地方档案整理技术落后

现代计算机科学技术在档案管理工作中的应用和网络信息化的进步，使传统的电子档案管理技术不能满足现在巨大的电子档案管理的需求，已经开始面临着即将被淘汰的局面。许多档案馆依旧沿用了传统的档案资料整理手段，没有引进档案资料整理所需要的软、硬件装置。[③]

[①] 张新民：《清水江文书的整理研究与清水江学的建构发展》，《贵州大学学报》（社会科学版）2016 年第 1 期，第 98 页。

[②] 周晓梅：《档案整理工程中存在的问题与对策》，《中外企业家》2015 年第 30 期，第 171 页。

[③] 周晓梅：《档案整理工程中存在的问题与对策》，《中外企业家》2015 年第 30 期，第 171 页。

众多研究者虽然顺应了时代的发展，对地方档案进行了电子信息化的处理，但是对大多数档案仅仅采用黑白缩微技术，这无法直观地显示档案原件的颜色，不利于档案的查阅使用。随着现代信息技术的进步，原来单一载体的胶片缩微和仿真技术已经逐渐向胶片、光盘、网络等多种载体发展。①

采取缩微技术虽然能够很好地达到有效保护地方档案的材料和原件、节省物理空间、延长档案的使用寿命、提高地方档案信息资源的综合利用率等目标，但在进行地方档案整理工作过程中，为了有效节约成本以及防止受各种科学技术手段的影响，整理者往往采用黑白微缩技术来直接进行地方档案的整理，这种制作方式不仅没有达到保存档案多色彩原貌的目的，而且导致阅读者根本无法对档案中大量的不同色彩重叠的印章戳记信息进行有效识读。② 诸如文件印章、描红批字等，更是无法辨别。正如已经进行了缩微处理的南部档案，作为记载了清代的一个县衙日常活动的档案，涉及的内容包括当时的县衙建立、基层组织、文教事业机构，以及婚姻风俗习惯等，不仅有签字盖章文件，也有与其他县衙的往来文书等，如只进行黑白缩微技术处理，在很大程度上会影响众多历史学者、档案学者、社会学者等对四川南部县衙档案的研究、对南部县政治经济文化生活等发展的研究。

（六）地方档案整理的深度不够

近年来，各个地区的学者就地方档案资料进行了多次的整理和收集工作，各个地方的档案资料汇编也更是层出不穷。虽然各个地区档案馆和专家学者相继发表和公布了许多地方性的档案整理成果，为社会科学界的调查和研究人员的研究提供了最可信的第一手历史资料，但地方档案整理仍然有很大的困境需要突破。③

目前已经出版的档案材料诸如《清代南部县衙档案目录》《徽州文书》

---

① 吴佩林：《地方档案整理向何处去——基于清代地方档案整理现状的反思》，《光明日报》2016年4月9日，第11版。

② 吴佩林：《地方档案整理向何处去——基于清代地方档案整理现状的反思》，《光明日报》2016年4月9日，第11版。

③ 赵彦昌、刘俊恒：《2015~2018年清代地方档案整理与研究述评》，《山西档案》2020年第2期，第171页。

《贵州清水江文书》《龙泉司法档案选编》等都被认为是我国南部地区的地方档案，而北部地区整理编著的地方档案较少。总体来说，地方档案整理研究的涉及面较为狭窄。从已经出版的关于地方档案的汇编、选编来看，司法档案、契约性档案虽然出版的数量相对较多，整理也比较全面，但是许多诸如文化、社会、政治等各个领域的地方性档案资料未能够得到更好的整理与公布。因此还需要我们学术界继续研究，对地方档案进一步加以系统性的整理。①

以南部档案为例，其在整理研究方面还存在许多问题亟待解决。一是南部档案汇编极少，仅有综合类汇编，没有专题类汇编，不方便人们分门别类地查阅相关专题的档案。二是研究内容不够广泛、全面。对于南部档案的研究，多数局限于某一具体案件，就事论事，不进行扩展，也不将南部档案与其他档案史料相对比以凸显南部档案的特色。再加上南部档案数量极多，内容涉及政治、经济、文化、司法、军事、教育、卫生、艺术等各个领域，仅利用其中某几份进行学术研究是远远不够的。三是研究南部档案的主体不够广泛。对南部档案资料进行收集整理和调查研究的主体，主要是来自西华师范大学历史文化学院的教授和研究生。至于对南部档案进行研究的其他高校多局限于四川地区，数量不多，其他地区的高校更是少之又少，这可能是受地域和档案史料流通性的影响。②

除了以上问题外，还有诸如档案选取方式不当，即在出版地方档案时，往往是选择某一卷或者某一件进行汇编出版，出版物没有连续性，很可能出现断章取义的现象，不利于人们的阅读；整理档案时学者对"俗字"解读不当，地方档案多数都有当地少数民族方言的语录，具有地区特色，但由于研究者并没有具备与之相关的语言知识，易造成错译、误翻等现象，再者由于汉字几经演变，研究者对很多字形字义难以准确把握，加之部分地方档案记载着一些少数民族地区的文字资料，这对学者研究也有影响，造成很大的困难；传统的点校方式也存在着不足，早期由于需要节约时间和成本而采用点校方式，但是研究人员在信息的整理中易受到个体

---

① 赵彦昌、刘俊恒：《2015~2018 年清代地方档案整理与研究述评》，《山西档案》2020 年第 2 期，第 180 页。

② 赵彦昌、苏亚云：《南部档案整理与研究述评》，《中国档案研究》2018 年第 2 期，第 124 页。

和社会情绪的影响，加之每个人对于信息的认识和理解不同，容易遗漏掉重要的信息，这会影响对地方档案的收集和研究；难以遵守档案来源原则，当前大量出版的各个地方档案的汇编和选编，多是基于当前社会人们对于档案的划分，"边整理边破坏"现象十分严重，甚至在一些地方，粘连成团的档案被直接丢弃，或者变成印刷厂的主要原料。在分类中破坏档案留存原始形态的现象较为普遍。

总而言之，学者们对地方档案的研究往往都会存在一些流于表面的情况，在涉及某个研究主题后，只对它们进行了一个浅层次的研究和分析，并不能够对这些问题进行更加深入的理论探索和长期持续的研究，忽略了地方档案对社会发展以及学术研究的潜在价值。

二 地方档案整理问题的对策研究

(一) 增强社会各界的档案意识

深入挖掘当代中华民族历史悠久的中华民族传统文化和教育资源，保护和挖掘传承当代中华民族的重大历史和优秀文化遗产，推广、弘扬和继承发展优秀中华民族特色的历史和传统文化，是促使当代我国民族传统优秀文化教育事业不断创新、持续健康蓬勃发展的途径，是建设具有中华民族特色的社会主义文化强国的发展途径。作为历史文化资源中的不可缺少的一部分，地方档案的重要性日益凸显。尤其是 20 世纪以来，越来越多的地方档案馆、档案保护机构开展对地方档案的收集、整理工作。地方档案是一个地方的个人、组织和机构在长期的社会发展中形成的关于该地方政治、经济、文化等方面的原始记录，反映着该地区最真实、最原始的社会面貌，是一个地方社会历史的缩影。从某种程度来说，地方档案不仅是一种历史的产物，更是一种历史文化，其影响意义深远。地方档案的整理不仅能够让后人了解前人的历史，为当今社会的发展提供历史经验和借鉴，更能让文化遗产和现代社会产生的新事物相互碰撞融合，产生带有历史厚重感的现代新事物，从而推动整个社会向前进步和持续发展。可以说，地方档案的整理对于社会进步和个人发展都具有十分重要的促进作用。但在具体的地方档案收集过程中，一些诸如保存不善、人为损毁、非法贩卖等现象导致档案流散在外，这使得后来的档案整理工作变得异常艰难。我国地方档案众多，未被挖掘整理的地方档案数不胜数，为了能够更好地挖掘

保护地方历史文化，提高地方人民保护地方档案以便档案专业人员整理的
意识就变得尤为重要，这需要依靠国家制定出台一些关于地方档案整理的
法规政策。虽然目前我国已经出台了许多关于地方档案保护的政策法规，
但专门针对地方档案整理的法规政策还是略显不足。因此国家需要出台更
多的关于促进地方档案整理的政策，各地档案馆要加强相关方面的宣传，
以国家政策增强地方人民对地方档案的重视，有利于从根源上保护地方档
案，从而有利于让地方人民配合文化馆、档案馆、古籍保护中心、高校等
档案保护机构开展收集整理地方档案的工作。

（二）建立资金保障机制

地方档案整理资金主要依托国家支持，虽然近年来国家日渐重视少数
民族文化和民间区域文化的发展，通过国家社科基金项目等官方渠道逐渐
加大对地方档案收集整理项目的支持，但从整体来说，地方档案收集、整
理等工作所获得的资金还是非常少的，资金来源渠道较为单一。不论是地
方档案初期的收集、整理还是后续的编纂、修复、微缩等都需要大量的资
金支持。拥有持续且稳定的资金来源不仅有利于培养专业的地方档案整理
人员，吸引更多专业且有才能的人从事地方档案的整理工作，而且有利于为
地方档案后续的深度整理保驾护航。加大资金投入力度，建立资金保障机
制，一方面需要国家和政府起带头作用，扩大对地方档案整理的资金投入；
另一方面，各地的档案馆、古籍保护部、地方档案整理机构等也要积极争取
社会民间投资者的资金支持。在拥有原始资金的前提下，也要重视其自身的
经济效益，不能一味地靠外界投入资金，而本身没有产生任何的收入，否则
不利于地方档案工作的可持续发展。地方档案也可以依托自身发展，比如地
方档案馆可以利用当地具体地方档案的独特性魅力与旅游业、电影业合作，
为地方档案馆带来一定的经济收入，激发档案馆工作人员的工作热情，扩大
地方档案甚至整个民族档案资源的影响力，提高公众对地方档案的重视程
度，让人们自发地去保护和传承民族文化。

（三）建立多元主体整理机制

地方档案事业的发展离不开人力资源的支持，多方档案保护组织机构
参与是推进档案事业发展的重要因素，起着至关重要的作用。档案馆的档
案工作过去一般依赖于档案馆聘请的专门学习过或从事过档案工作的专业

人员，而很少会聘请非相关专业的人员。但目前的档案事业工作已经不再局限于一定的区域内，诸如档案收集、档案整理、档案编目编研、档案展览讲解等项目都需要借助外来人员的力量，以补充档案工作人力资源不足的情况，这就要发挥社会力量的优势。实行多元协作主体机制是目前在地方档案整理保护方面最为有用、最切实可行的措施。民族区域地方档案的整理不仅仅是一个组织或一个机构的事，它的成果惠及多方主体，甚至对于整个社会来说都是极有意义的。多元主体的基本内涵就是让不同的机构、组织、团体等都参与整理保护地方档案。建立以省文化部、省档案馆、博物馆、图书馆、古籍保存部、高等院校、科研教育部门等为主体，民间个人收藏者、组织、团体等参与协助的多元协作主体机制，发挥这些整理参与者自身的优势与特长，寻找科学合理的合作方式，共同开展各个区域地方档案的整理工作。例如，当地档案管理部门可以提供目前整理的地方档案的馆藏情况，避免其他收集部门重新收集；高校相关部门和档案教学单位可以发挥人才优势，加强与该地方档案以及其他相关地方档案整理研究相关的课题研究；图书文物部门可以发挥人才资源优势以及信息渠道优势，为档案部门和其他机构积极提供有效的技术和知识。

（四）提高地方档案整理技术

大多数地方档案由于年代久远，且留存下来的多为纸质档案，在整理时须谨慎。有很多的纸质档案因为保存条件不善而破损，所以不得不先进行修复再进行整理。为了方便后期的资料查找和整理利用，对一般的清代地方档案，如对于清代南部各州县衙的地方档案都是直接采取现代电子档案缩微整理技术对其进行缩微整理。但是由于受到打印技术和生产成本的双重限制，以前采用的都是一种黑白版多色彩微缩胶卷打印方式，微缩胶卷的打印效果十分不理想，无法真正做到很好地保存档案的原貌。尤其要注意档案中的印章这一部分，有些档案中还存在着不同种类和颜色的印章相互重叠的现象，制造出来的档案照片如果几乎都是黑白或者模糊的，便不能很好地充分体现档案的信息，档案便不能被阅读人员有效地识别与利用。而随着当代我国先进现代科学和工程技术的不断进步，已经出现原色翻印技术，使用原色翻印技术不仅可以达到保存档案原色的效果，更有利于有效阅读和识别档案信息，满足学习研究的需要。相比之前的地方档案整理方式，如今可以直接采取照片原件重复影印的处理方式。影印不同于我们传统的复印，它主要是对这些原版影印图像图片进行扫描或者拍照处理，是对这些原版影印图像始终保持原貌的一种拷贝方式。采取照片原件重复影印的管理方式同样可以有效地避免在我国传统的历史档案点校工作中可能还会存在的一些问题，这么做既可以避免档案利用者对此工作产生误解，又同样能够为我国历史档案管理工作发展奠定深厚的理论基础，充分体现地方档案整理的学习和研究价值。由此而产生的影印件也就可以转换成为电子档案，既便于保存，又便于后人使用和传播。① 此外，在这些档案的清理和修复以及其所需要的工作格式等方面，主要还是依赖手工对一些已经破损、陈旧的档案等文件进行简易性的清理和修复，缺少相关机械装置和技术的参与。手工修复档案固然稳妥，在档案修复的操作过程中我们也能灵活地自由选择档案修复的处理方式和修复工具，并且更加注重对档案资料原件的修复保护，但是若我们有了这些相应的修复机械设备的配合，便能够在很大程度上提升档案修复的精确度和快捷性。②

（五）优化地方档案的整理方法

地方档案的整理不仅指对地方档案进行建立全宗、划定、排序、组合和编目等广泛或短暂意义上的实体性整理，也包括对地方档案进行辨伪、版本比对、校勘、辑佚、著录、编研、出版和展示等具体内容上的整理。目前地方档案的整理方法并没有成熟的体系，也没有切实可行的标准，地方档案的整理方法还有很多缺陷，因此需要优化目前地方档案的整理方法，提高其实施可行性。否则各个地方的档案整理就会无据可依，这既不利于地方档案的后续利用，也无法发挥地方档案真正的价值。地方档案的整理方法是指从整体上为地方档案的整理提供方法论指导，使之按照一定的顺序进行系统性的整理，变得有序化。从这个含义来说，优化地方档案的整理方法应至少包含宏观和微观两个方面。从宏观层面来看，地方档案的管理工作必须尊重其档案原有的管理基础，对原有的管理基础给予充分

---

① 孙大东、陈冉：《地方档案整理存在的问题及应对策略研究》，《中国档案研究》2018 年第 2 期，第 180 页。

② 陈维：《20 世纪 60 年代以来清代南部县衙档案整理研究》，硕士学位论文，云南大学，2019，第 31 页。

的重视，认真地分析其管理的逻辑和利弊，将其合理的部分留存下来，不要轻易地进行全盘否定；要尊重地方档案之间的有机联系，多角度地探索当代地方档案之间的有机关系，做好当代地方档案的划分，尽量从更多的维度上去探索如何全面地保持地方档案间的联系；注重团队的联合，携手共同整理，单靠一人之力整理地方档案会非常困难，甚至举步维艰，而想要彻底摆脱一己之力在专业技术上的局限，就必须要积极地集合各方面的专业人才，邀请当地历史、语言等领域的专业人士一起进行资料的整理和研究；整理和利用并重，在进行档案资料的整理时，需要提前考虑对资料进行怎样的整理，要切实做好档案资料的数字化建设工作，构筑地方性档案资料数据库。从微观的层面上来看，地方档案的整理应首先对档案进行除尘与简易性的修复，地方档案往往历史久远，有的甚至已经上百年了。地方档案主要来源、流传、收藏于中国民间，人们普遍缺乏对地方档案的正确收藏保护意识，原始地方档案的文化保存发展环境极其恶劣。收集的当地地方性档案的灰尘或者虫螨数量比较多，特别是纸质型档案，大部分都会出现有灰尘虫螨甚至纸张脆化或者严重破损的现象，考虑到该档案需要长期保存及其所处的特殊情况，除尘与简易的修复也可以说是非常有必要的。分类与档号的编制，地方档案的划分主要是根据各种地方档案在特定的某一点上的不同特征进行的，按一定的制度加以区别后，把不尽相同的各种档案都集中到一起，成为一个合理而又富有条理的总结整体，以便于后期的保管利用。这个划分体系就需要充分体现各种档案资料之间的来源、时间、内涵、形态、地区等各个方面的有机关系。数字化和著录册，数字化档案馆是保存、充分利用当地档案资源的一种重要手段。地方性的档案因其形成时间长和年代久远，纸质简单且容易受到破坏，其原件并不能够便于人们直接检索和查阅。所以，实现档案数字化并且建立自己的数据库也被认为是当地人们在进行档案信息整理工作时必不可少的重要一环。入库归档，完成了著录手续工作后，以纸质和图像为载体的各个地方性档案都可以按不同的类别组合编制成册，装册完成后再编号入库归档。①

（六）培养专业的整理人才

所谓专业人才就是指那些具有一定的相关专业知识或者特殊专业技

---

① 聂勇浩、陈童：《侨批档案整理方法探讨》，《山西档案》2017 年第 1 期，第 51 页。

术，进行具有创造性的专业劳动，并对国家和经济社会发展做出贡献的职业个体，是能力与个人综合技能素质水平相当高的专业劳动者。在各行各业，培养专业的人才都是必须要做的事情。培养专业的地方档案整理人才需要从两方面入手。其一是传授相关工作人员专业的档案整理知识。地方档案的整理虽然对于保护和传承地方文化具有重要的推进作用，但由于档案本身的神秘性和地方档案工作本身的封闭性，早期并没有多少人注重地方档案的发展，相关专业的学习和工作人员也比较少，因而缺乏专业的地方档案整理人员。而随着教育和科学技术的发展，越来越多的人开始接触档案，了解档案，学习和从事地方档案工作的人也越来越多，对于地方档案整理人员的要求也越来越高。专业的地方档案整理工作人员不但需要具有专业的地方档案整理知识，还需要掌握一定的计算机操作技术。毕竟，在信息技术日益普及的今天，计算机基础技术是必备技能。此外，还需要具备一定的艺术文化基础，现今对内容的整理工作很多都是停留在了表面，整理工作缺少有深度的探索与钻研。所以我们要加强对地方档案资料整理工作人才队伍的建设，组织培养一批有着历史文化基础的档案专门人才与技术型人才。其二就是我们要进一步提高档案管理工作者的档案素养，即档案意识、档案知识、档案技能等档案工作者从事档案工作应该具备的素质与修养。因此，我们要定期对档案资料整理人员进行专业的素质培训和职业管理指导，加强档案资料整理人员对档案资料基础知识的掌握与学习。档案管理工作者应学以致用，将理论知识运用到实践中，提高档案管理的技能。通过建立与档案有关的制度，努力提升档案工作者的档案意识，增强档案资料整理的创新性、活力。[①]

（七）加强档案部门和社会力量的协同合作

从以往的情况来看，地方档案的整理或是以档案部门为主导或是以高校相关部门为主导，不同组织机构之间存在着"信息孤岛"现象，缺乏协同合作。信息孤岛在这里是指不同的地方档案整理部门或组织之间没能进行有效的沟通，从而造成工作上的重复。比如当地的档案部门可能已经收集过相关档案的材料，但是与之合作的当地高校或者其他地方档案保护机

---

① 陈维：《20世纪60年代以来清代南部县衙档案整理研究》，硕士学位论文，云南大学，2019，第34页。

构没能准确获取该部分信息，导致做了同样的工作，这样便拖累了地方档案整理的进度，不利于整个地方档案整理工作的完成。因此，地方档案部门应进一步加强与其他社会组织机构的业务协同合作，即以某一个机构为观察对象，以地方档案行政主管部门和其他社会组织机构共同完成目标的要求为工作核心，使各个单位之间不再受信息割据、系统孤立、功能不同等因素的影响，从而实现高质量业务工作和资料共享，使得不同的单位组织部门，不同的业务机构都能有效地完成工作。① 地方档案的整理工作和成果对于整个国家社会的进步和发展都是有益的，因此我们需要通过汇集各种力量，聆听不同专家学者的意见，以一种协同合作的形式让更多的地方档案机构、专家学者共同参与地方档案的整理工作，这样不仅能够有利于我们在不同的角度、不同的学科、不同地域之间进行思想碰撞，还有助于启发相关部门探索地方档案整理的新思路，寻求地方档案整理的新途径和方法。

【思考题】

1. 谈谈你对"地方档案"的认识，它与其他档案有何异同？

2. 在信息技术广泛应用的背景下，地方档案的整理应该如何与现代技术进行融合？

3. 除本章节所提及的地方档案在整理中面临的问题外，是否还有其他问题？这些问题又该如何解决？

4. 谈一谈巴县档案和南部档案在整理汇编、出版上的异同。

5. 探讨一下多元主体参与地方档案整理的模式及实现路径。

6. 梳理总结现有地方档案的整理方法。

7. 结合所学知识，请构建一下地方档案的分类体系。

8. 地方档案应遵循哪些整理原则？

---

① 王小云、王运彬：《档案部门的协同合作与服务转型研究》，《档案学研究》2018 年第 5 期，第 56 页。

第三章　中国地方档案资源建设

【学习要求与重点】

1. 让学生了解我国地方档案资源建设在法治建设、信息化建设、资源体系建设、开发利用四个维度取得的跨越式的发展成果。

2. 让学生掌握地方档案资源建设现状，分析未来的发展进路及趋势。

第一节　中国地方档案的法治建设

一　地方档案法治建设概况

（一）地方档案法治建设的内涵

档案法治指档案事业发展及档案工作以法律为依据，形成法律主治的社会状态。档案法治是依法治国方略在档案领域中的反映，其建设主体是国家各级档案行政管理机关，客体是各项档案事务。两者之间通过法治手段联系在一起，即档案行政管理机关基于档案法律法规，采用法治手段依法管理各项档案事务。因此档案法律体系的完善是实现档案法治建设的前提。按我国法律条例的效力等级，我国档案法律体系的构成由高到低依次可划分为五个等级。一是国家级法律，档案领域目前只有一部国家级法律，即《中华人民共和国档案法》，由全国人大常委会审议通过；二是行政法规，即由国务院依法制定的关于档案工作的规范性文件；三是地方性法规，由地方人民代表大会及其常委会依法制定的有关档案工作的规范性文件，[①] 如《天津市档案管理条例》《云南省档案条例》等；四是档案行政规章，分为部门规章和地方政府规章，部门规章由国家档案局自行规定

---

① 王艳萍：《试论地方档案法规体系的构建》，《档案与社会》2005 年第 4 期。

或与其他国家层级部门联合制定，如国家档案局与财政部联合印发的《会计档案管理办法》，地方政府规章则指由省、自治区、直辖市等人民政府依法制定的关于档案工作的规范性文件，如《上海市企业信用档案管理办法》；五是规范性文件，由地方档案管理部门制定，如《大同市档案管理办法》。

地方档案法治建设是档案法治建设的重要一环，以地方立法的形式形成地方档案工作法治化的社会形态，实现地方档案工作有法可依、依法治档，促进地方档案事业法治化。地方档案法律法规是规范地方档案事业的法律依据，对于丰富我国档案法律体系具有重要意义。根据《中华人民共和国立法法》，档案事业的地方立法指地方人民代表大会及其常务委员会依据《宪法》和相关法规，参照地方档案建设的实际需求，在不与现行档案法律法规抵触的情况下制定地方档案法规及由地方政府颁布地方政府规章。地方档案立法成果主要通过开展地方档案普法与执法工作取得，以此推进地方档案法治建设。地方档案立法、普法、执法三者相辅相成，成为地方档案法治建设的基本要素。

（二）地方档案法治建设的发展

1. 20 世纪 80 年代初至 1987 年

我国地方档案法治建设最早可追溯至 1983 年由北京市人民政府发布的《北京市城市建设档案管理规定》，此后，部分省（区、市）陆续发布政府规章，如 1984 年吉林省人民政府发布《吉林省城市建设档案管理规定》。市级地方档案立法工作开展得也较早，如 1985 年厦门市人民政府发布《厦门市城市基本建设档案管理暂行办法》。这一时期的地方档案立法主要集中于城市建设档案管理的政府规章，地方性档案法规尚未颁布，立法内容较为单一，同时，这也从侧面反映出这一时期我国地方政府对于城市建设档案管理的重视。以地方立法的形式明确地方城市建设档案管理的行为规范，有效促进了地方档案事业的发展，为此后我国地方档案立法提供了动力。

2. 1987 年至 1995 年

《中华人民共和国档案法》于 1987 年 9 月通过，《中华人民共和国档案法》作为我国档案领域的基本法，其制定开我国档案法治化建设的先河，奠定了我国地方档案立法的基调。1995 年 6 月，《上海市档案条例》公布，标志着我国地方档案法治建设进入新时代。这一时期，地方政府注重地方档案立法工作，大量地方档案法规及规章相继出台。如海南省较早开展档案立法工作，1988 年海南省人民政府办公厅颁布《海南省关于使用省档案馆档案资料的暂行办法》。地方档案立法工作需以中央立法为准绳，这一时期的档案立法工作主要集中于中央，地方档案立法工作也已揭开序幕。地方政府档案规章相较于地方性档案法规数量更为丰富，内容更为翔实，成为我国档案法体系的基础。

3. 1995 年至今

地方档案法规的制定可追溯至《上海市档案条例》，该法规为我国地方档案立法提供范例。1996 年《中华人民共和国档案法》修订后，省级地方档案法规制定工作如火如荼地展开，2010 年《西藏自治区实施〈中华人民共和国档案法〉办法》的颁布，标志着我国省级地方性档案法规已全部出台。这一时期，政府档案规章的制定保持良好的发展态势，档案规章数量进一步增加，立法范围持续扩大，条文内容趋于细化，地级市相关单位也参与地方档案法规的制定，如 2003 年颁布的《哈尔滨市档案管理条例》。2015年修订后的《中华人民共和国立法法》扩大了拥有地方立法权的地级市范畴。地方立法主体扩大，由原来的省、较大的市，扩大成为省加设区的市。[①]如日照市相继发布《日照市档案中介服务管理办法》（2015）、《日照市城市建设档案管理办法》（2016）等。立法主体层次属性与地方档案立法范畴呈正向发展趋势，有助于推动地方档案事业发展由经验、政策导向转向法治，进而实现地方档案治理体系法治化。

随着法治体系的不断健全，地方档案立法工作在形式、内容、规范、法律体例等方面都取得巨大成就，基于地方档案立法成果创新地方档案法治建设，及时制定地方档案法规，基于现实发展所需及时修订法律条文，为依法治档提供法律保障。

二 地方档案法治建设现状

（一）地方档案法治建设成效

1. 地方档案法规体系渐趋优化

地方档案法规体系是指根据《中华人民共和国档案法》形成的地方性

---

① 马竞遥：《设区的市地方立法权运行实证研究——以广东省为例》，《法治社会》2020 年第 2 期，第 56~64 页。

档案法规和档案行政规章。我国地方档案立法工作可追溯至 1995 年颁布的《上海市档案条例》，随后我国各省、自治区、直辖市相继开展地方档案立法工作，形成了数量可观、内容丰富的地方性档案法规和档案行政规章。二者相辅相成，完善了我国地方档案法规体系。随着我国设区的市享有地方立法权后，地方档案立法范畴得以拓展。地方立法主体层次的丰富性赋予地方档案立法工作更大的空间，以云南省为例，自 1997 年《云南省档案条例》颁布以来，云南省陆续颁布《云南省城市建设档案管理规定》《昆明市档案条例》等地方档案法规，形成了一套自上而下、契合地方档案事业发展的地方档案法规体系。

2. 地方档案立法技术成熟

自 1995 年《上海市档案条例》颁布后，我国地方档案法规及规章陆续发布，逐渐形成一套完备的地方档案法规及规章体系，地方档案立法成果颇丰，以我国各省、自治区、直辖市的 31 部档案法规为例（如表 1 所示），地方档案立法技术渐趋成熟，主要体现在五个方面。一是立法时间集中。1987 年我国档案基本法《中华人民共和国档案法》颁布，1992 年颁布的《档案法规体系方案》明确了我国地方档案立法的合法性。我国地方档案立法时间集中于 1995 年至 2002 年，这一时期我国已建立省一级地方档案法规体系。至 2005 年，我国已有 21 部省级地方档案法规进行修订，由此也反映出我国地方根据实际所需及时修订地方档案法规。二是立法名称多样。以我国各省、自治区、直辖市共计 31 部地方档案法规立法名称为例，以"档案条例"冠名的法规有 12 部，以"档案工作条例"冠名的法规有 1 部，以"档案管理条例"冠名的法规有 11 部，以"实施《中华人民共和国档案法》办法"冠名的法规有 7 部。虽然地方档案法规名称没有完全统一，但都遵循地方档案法规立法规定。三是立法结构规范。我国地方档案法规主要采取两种文本结构：一类是总则、分则、附则的结构，另一类是采取流水号顺序直接罗列的形式。虽然立法文本结构不一致，但符合法律条文立法规定，立法结构符合法律规范。五是立法依据明确。在地方档案法规条文起始处就点明立法依据。以表 1 所示的 31 部地方档案法规为例，立法依据的表述主要有两种，分别是"根据《中华人民共和国档案法》和其他有关法律规定"和"根据《中华人民共和国档案法》《中华人民共和国档案法实施办法》和其他有关法律"。这体现出相关机构在开展地方档案立法工作时，有着明确的立法依据，虽然表述不尽一致，但立法工作都是遵循上位法开展的。

3. 地方档案执法工作日臻规范

开展地方档案执法工作，为我国地方档案工作的开展营造了一个公开透明、依法治档的地方档案法治氛围。以地方档案法规规章体系为引领，明确地方档案工作的管理方式、职责权限的划分、执法流程、违法行为等内容，为执法主体提供执法依据，切实规范地方档案执法工作。如云南省档案局邀请省政府法制办公室的专家授课，并为通过行政执法考试的档案工作人员颁发"云南省行政执法证"，提高了档案系统开展行政执法检查工作的规范性。① 以依法治档打造"阳光执法"，执法工作日臻规范，及时查处档案违法行为，避免档案犯罪行为的发生，推进我国地方档案法治建设。如 2003 年广东省档案局对南海九江酒厂有限公司擅自提供档案给境外机构的案件进行了行政处理，② 这也是地方档案执法工作有效开展的体现。

4. 地方档案普法工作有序推进

开展地方档案普法工作是树立法治思维，提高法律素质，增强法律素养的重要举措，是以实际行动践行党的群众路线的重要体现，能够为地方档案法治建设提供良好法治氛围。2016 年，国家档案局印发《全国档案"七五"法治宣传教育规划（2016—2020 年）》，随后地方相继制定区域内的档案法治宣传教育规划，就地方档案普法工作做出明确规划部署，如云南省制定《全省档案"七五"法治宣传教育规划（2016—2020 年）》，福建省档案局印发《福建省"七五"档案法治宣传教育规划（2016—2020 年）》等。2020 年，国家档案局印发《2020 年全国档案宣传工作要点》，落实档案普法职责，要求档案执法人员在开展执法工作时开展档案普法宣传工作，推动形成依法治档的良好氛围。关于档案普法工作的系列条文的相继发布，为地方档案普法工作的开展提供了法律依据，促进了地方档案普法工作有序地持续推进。以渭南市档案局为例，渭南市档案局建立普法工作责任制，将法治宣传工作纳入年度目标任务，做到责任明确，目标具

---

① 王宇佳：《云南省档案法治建设研究》，硕士学位论文，云南大学，2018，第 21 页。

② 易敏：《广东档案法治研究——以〈广东省档案条例〉为中心》，硕士学位论文，华南理工大学，2015，第 5 页。

体，并强化依法治档，将法治宣传教育融入档案各项业务工作中，利用微信、微博等信息平台强化普法宣传，全力推进地方档案法治建设。再如泉州市档案局采取组织档案普法宣传队伍主动下乡宣传的形式开展普法活动。总之，地方档案普法工作形式多样，普法力度不断加大，普法工作持续推进，促进了我国地方档案法治建设的发展。

（二）地方档案法治建设的不足

1. 档案法规修订不及时，不顺应新时代档案工作发展需求

我国出台最早的省级地方档案法规是由上海市人大常委会于 1995 年 6 月通过的《上海市档案条例》，最晚的一部省级地方档案法规条例是由西藏自治区人大常委会于 2010 年 7 月通过的《西藏自治区实施〈中华人民共和国档案法〉办法》。两部法规前后制定时间跨度长达 15 年。立法工作要与时俱进，才能对实践工作中法律缺失的问题及时做出回应。习近平总书记高度关注立法的时代性问题，曾多次强调"形势在发展，时代在前进，法律体系必须随着时代和实践发展而不断发展"①。立法需立足新时代档案工作发展的需要，但目前我国多部地方档案法规已有多年未修订，《西藏自治区实施〈中华人民共和国档案法〉办法》自 2013 年修正后便未再修订。长期未修订的地方档案法规不适应新时代档案管理工作的要求。我国地方档案法规条例受制定时间较早或是修订不及时的影响，条例内容过于老旧，不适应新时代档案工作的开展，不能对新时代档案工作中出现的新变化新挑战及时做出回应，如随着信息时代的到来，档案信息化是大势所趋，但目前关于电子文件的管理、档案信息公开、档案信息化建设等内容很少出现在我国已制定的地方档案法规中。法规内容的不全面，违背时代发展趋势，会造成地方档案法治建设在地方档案事业发展中无法有效发挥作用。

2. 档案法规内容表述泛化，条例严谨性亟待增强

法规条文的权威性与公信力决定档案立法工作必须保持高度的严谨性，对法规条文的外在形式和内在结构的设计都要遵循严格的标准规范。目前，我国地方档案法规普遍存在法规内容重复上位法《中华人民共和国

---

① 《十八大以来重要文献选编》（中），中央文献出版社，2016，第 56 页。

档案法》的内容的现象，法规之间相似度较高，未能体现地方档案事业发展的特色等问题。地方档案法规中普适性的条例难以解决具有地域特色的档案事务，地方档案法规条例内容可操作性不强。地方档案法规内容表述过于泛化，难以指导实践工作，例如，虽然相关法规规定了各单位都应设立档案专职人员负责管理本单位的档案，但在档案管理人员应负责任方面或是表述笼统不具指导性，或是忽略这一部分，现实指导意义较弱。此外，地方法规中还存在文字阐述不够规范与严谨的现象。例如，《黑龙江省档案管理条例》第三十条明确各类机关组织及个人向国内外组织赠送、出售国家所有的档案复制件的，需报省级主管单位、档案行政单位审批。《湖南省档案管理条例》第二十二条提出向国内组织赠送档案复制件需由省级以上档案行政部门批准。两部法规对赠送对象以及审批主体范围的表述均存在差异。两部法规对同一事件表述不同，给档案实践工作造成困惑，不利于档案实践工作的开展。法规条例不具严谨性，造成执法行为的随意性，严重影响档案法规的实效性与权威性。

3. 地方档案法规执法力度有待加强

目前，我国已形成系统的地方档案法规规章体系，对地方档案事业的发展已做出较为详尽的规定，但从实际情况来看，这些规定未能得到很好的贯彻与实施，执法力度较小。这主要是由于档案部门法律意识不强，重业务轻法治，尤其基层档案馆，相较档案法治建设，更多仍侧重馆室建设、资源建设等方面，地方档案法规贯彻不彻底。另一方面，档案执法监督力度不够，根据我国《档案执法监督检查工作暂行规定》中的第九条，我国档案执法监督检查的形式主要有五类，分别是备案审查、执法情况报告、执法检查、群众举报、法律规定的其他形式。地方档案执法监督检查关于群众监督这一方式使用较少，没有发挥公众在地方档案执法检查中的作用，仍以备案审查、执法情况报告、执法检查这三类为主，检查方式形式化，不深入跟进检查情况并做出反馈，执法检查浮于表面，没有为执法工作的有序开展提供保障。以电子文件为例，信息时代，电子文件是档案部门管理的重点，但在地方档案法规中关于电子文件的相关论述较少，而且在实际工作中，对机构及人员职责、监督的内容形式及标准也没有明确的规定，现有相关法规缺乏可操作性，未能体现依法治档。

4. 地方档案人员素养尚需提升

地方档案人员的素养是影响地方档案法治建设水平的关键，目前我国地方档案人员素养仍存在一些问题。一是档案执法人员不擅于运用法治思维参与档案工作，档案人员很少将法治思维运用至档案工作中，更侧重于运用传统思维处理档案工作，即权力至上的政治化思维和重视感情的伦理化思维，"人大于天，情大于法"的传统思维使档案人员遇到事情先讲感情再讲法律，在工作中的表现就是对上不对下、对情不对法，给档案事业的发展造成了不良的影响。[①] 二是档案人员缺乏对地方档案法规的自信与充分认知，相较公检法等执法部门而言，档案人员从深层次运用档案法规解决现实问题的能力较弱，这直接导致地方档案法规效力的发挥受限。三是信息环境下，档案工作各方面都发生了重大变化，档案人员固守以往的知识储备难以适应新时代档案工作的变化。新时代，新情况与新挑战接踵而来，对档案人员素养也提出更高要求，进一步提升档案人员素质是新时代促进地方档案法治建设的关键要素。

三 地方档案法治建设优化路径

（一）提升地方档案立法质量

1. 地方档案立法原则

（1）时效性原则

随着法治国家、法治政府、法治社会的建设进程加快，地方档案立法工作若在档案立法工作中不对地方档案上位法的立改废情况及档案法规内容与现实发展脱轨等情况及时做出反应，那么地方档案法规在指导地方档案法治建设中的作用将变得微乎其微。在当前历史时期，法规修正速度加快，新事物、新变化、新挑战纷至沓来，地方档案立法工作对当下档案发展需要及时做出回应，这是开展地方档案法治建设的关键一环。"明者因时而变，知者随事而制"，地方档案立法工作应参考相关上位法新修订的内容，把握档案事业发展现状，对未来趋势做出前瞻性预判，最终将其反映在地方档案立法工作中，以契合地方档案事业发展的时代需求。以电子档案为例，随着档案信息化的发展，电子档案数量日益增多，但目前对于

---

① 魏纪珍：《法治视域下的档案管理优化》，《山西档案》2018 年第 6 期，第 35～37 页。

电子档案的内容效用、归档范畴、利用服务等的立法力度有待提高，地方档案立法需适应时代发展，加快电子档案立法进程。

（2）必要性原则

地方档案具有十分丰富的内涵，通过立法虽然可以以法律规范地方档案建设，促进地方档案事业良性发展，但这并不意味着对地方档案所涉及的内容都要立法。地方档案立法不能一味追求法规数量，要实事求是，节约立法资源，提高立法效率，以法规精而全为立法准绳。因此立法工作应坚持必要性原则，即地方档案中的某一事项经过审议，被认为具有必要性后，才可以运用地方立法权，开展地方立法程序，制定地方档案法规。

（3）精细化原则

地方档案法规的制定既要遵循《中华人民共和国档案法》等上位法的立法思想，也要结合地方实际对上位法内容进行细化和补充，法规内容要做到切合实际、备而不繁。通过开展立法工作所形成的地方档案法规是开展地方档案法治工作的依据，因此，地方档案立法在细化条款，提高法规可操作性的同时，还要避免与其他相关法规相矛盾，这要求在开展地方档案立法工作时要全面掌握了解同类型法规条款，法规内容措辞要精准，用词力求规范严谨。

（4）地方性原则

我国幅员辽阔，形成了各具特色的地方档案文化。各地档案工作独具特色，地方档案立法工作的地方性愈加突出，所制定的法规愈具实践性。地方档案立法工作要充分考虑地方区域内档案工作的地域性与现实可行性，把握地方档案事业发展中最迫切的问题，不能为了立法而立法，要基于地方当下和未来发展的实际状况制定本地区的档案法规，避免与上位法及其他法规雷同。

2. 公众参与地方档案立法

随着社会公众素质提高，公众参与档案立法的诉求明显增多。2020 年 6 月 20 日新修订的《中华人民共和国档案法》第七条提出国家鼓励社会力量参与和支持档案事业的发展。[①] 明确社会公众参与地方档案立法的合法

---

① 常大伟：《合作治理视域下档案社会参与能力建设研究——以新修订档案法第七条为中心的思考》，《浙江档案》2020 年第 8 期，第 10~12 页。

性。开展地方档案立法工作就是为更好地处理与公众关系密切的地方档案事务。为公众提供发声平台，让公众参与地方档案立法，能够使公众直接表达自己的法律诉求，为地方档案立法工作出谋划策，促进地方档案法规内容的完善，也能够有效维护公众自身利益。公众参与地方档案立法的形式主要有三种。一是听证会，在地方档案法规起草阶段，通过召开听证会的形式，集思广益，立法主体可直接快速地收集来自不同群体的立法意见，并且通过听取公众在听证会上关于立法工作的讨论，在充分审查和讨论的前提下，平衡各方力量的法律需求，融合多方意见，保证立法工作的公平公正，促使立法方案为公众所接受，从而增强立法方案的可实施性，同时，也向公众宣传了地方档案法治工作。二是论证会、咨询委员会等。公众通过参与论证会、咨询委员会等反映立法意见，相较听证会，论证会与咨询委员会参会人员范围较小且更具专业性。通过邀请专业人员参加论证会或咨询委员会，对草案可行性及内容完整性等方面进行研究和论证，能够使论证结果更具科学性。如云南省昆明市人大法制委就《昆明市历史文化名城保护条例（修订草案）》召开专家论证会，应邀专家围绕立法目的、立法体例、立法语言及法规草案内容的合理性、合法性等问题提出了专业意见和建议。广东省档案局则成立了自己的专家咨询委员会，为广东省开展档案工作建言献策，其组成人员主要是来自广东省内知名高校、行政机关、社会组织等的专业领域的权威专家。① 三是依托门户网站、微信公众号、微博等信息平台，向公众提供提出立法建议的渠道。信息平台具有高效便捷、传播速度快、传播范围广等特点，便于公众参与立法工作。

　　3. 拓展立法主题，凸显地方特色

　　地方档案法规既要遵循与上位法之间的法律共性，也要超脱上位法，符合地方实际情况。法律条规具有明确的问题导向，是为解决某一问题而产生的。地方档案立法是对中央档案立法工作的补充与完善，针对地方档案事业发展中的法律短板，从立法层面肃清因法律缺位问题带来的难题，以满足地方档案事业发展需求。以云南省为例，云南省拥有 25 个少数民族，其中 15 个少数民族为云南省所特有，这些少数民族创造了颇具规模的

---

　　① 易敏：《广东档案法治研究——以〈广东省档案条例〉为中心》，硕士学位论文，华南理工大学，2015，第 29 页。

非物质文化遗产，是云南省地方文化的重要体现。以档案的形式固化非物质文化遗产是保护非物质文化遗产的重要方式，目前，云南省虽已出台《云南省非物质文化遗产保护条例》，但从档案视角看，云南省关于非物质文化遗产档案的相关地方档案法规尚未出台。相关地方档案法规的缺失导致少数民族非物质文化遗产档案保护工作缺乏法律支持，档案工作开展难度较大。对此，地方档案立法主体应立足地方非物质文化遗产档案的发展，将非物质文化遗产档案的收集范围、归档流程、责任主体等内容以法规形式明确下来，为云南省非物质文化遗产档案保护工作提供法律依据。

（二）加大地方档案执法力度

1. 完善地方档案执法体系

完善地方档案执法体系是档案法治化建设的基础。为提升地方档案执法水平，实现地方档案工作有法可依，依法治档，可以从以下两个方面完善地方档案执法体系。

一是加强地方档案执法队伍建设。执法队伍是执法体系的基础、主体，目前，地方档案的执法队伍主要是县级以上的档案行政管理部门，执法队伍的业务素质直接影响地方档案执法质量。如何加强地方档案执法队伍建设是提升地方档案法治建设质量亟须解决的问题。加强地方档案队伍建设，一方面，可通过组织业务培训、讲座学习等方式提升执法人员的业务能力，促进执法水平的提高。另一方面，将执法队伍的业务能力纳入执业资格考核，以此激励执法队伍提高自身法治素养。如湖州市档案局按照要求组织年度行政执法资格考试，执法资格考试不合格的人员，不授予执法资格，不得从事执法活动，该局执法人员执法证执证率已达 88.23%。①二是明确地方档案执法流程。明确固定地方档案执法顺序、时间、人员、范畴、内容、标准、措施等元素。将档案执法流程划分为不同阶段，实现专职专员负责，厘清执法人员的执法内容及执法职责。同时，对于地方档案执法全过程以文字、图像、影像等方式进行记录，实现执法责任的可追溯性，以此加强地方档案执法力度。如浙江省对行政执法过程采取笔录、音像录制等方式进行记录，可追溯行政执法职责。

---

① 陈爱：《如何有效推进法治档案建设》，《城建档案》2018 年第 8 期，第 78~79 页。

2. 强化地方档案执法监督工作

档案执法监督是指档案行政管理部门与相关部门合作对开展档案事务工作的单位及个人的履职情况进行监督检查，对违反档案法规的单位及个人依法进行惩处并督促改进，保障档案工作有序进行，实现依法治档的过程。加强地方档案执法监督力度，主要考虑四个因素，一是监督检查执法主体，除档案行政管理部门外，还包括监察机关等部门。二是看检查对象是否存在违法行为，是否存在随机性。三是检查方式，检查方式既有例行检查也有突击检查。四是看检查内容是否符合法规要求。鉴于此，强化档案执法监督工作可从几个方面展开，一是加强组织领导，使检查主体多元化。档案行政管理部门要与其他监督机关密切配合，如可从地方党委办、政府办、纪委监察局等部门与档案局抽调工作人员组成监督检查小组。各机构人员分工合作，能够突破馆际工作壁垒，弥补不同机构人员知识上的不足，而且利于不同机构人员之间相互监督开展检查工作，避免同系统内部人员徇私，保障档案执法监督检查工作的透明化，不断地提高监督质量。二是建立档案执法监督模式。目前，我国地方档案部门采取"双随机一公开模式"的档案执法监督方式，即随机抽取检查对象，随机选派执法检查人员，及时公开抽查情况及检查结果。[1] 在档案执法监督检查工作中建立"双随机一公开"模式，保证监督检查工作依法进行，高效透明，推进阳光执法。以广西壮族自治区档案馆为例，该档案馆举办了全区档案专业技术人才法治建设专题培训班，针对"推行档案工作'双随机一公开'行政执法新模式"对工作人员进行培训，推广档案行政执法模式并提供人员保证。[2] 三是具备多样的检查方式。档案执法监督可采取听取汇报、实地检查、现场反馈等方式，全面了解被检查单位的档案工作是否遵循地方档案法规内容，听取被检查单位对检查意见的看法并给出最终检查意见。例如河南省湖滨区档案局组成执法检查小组，对全区74家立档单位的档案工作进行专项执法检查，检查组通过采取汇报及现场检查和调阅案卷的方式，围绕档案法规执行情况、档案管理及档案室设置等内容，对立档单位

① 黎富文、蒋宏灵、朱耿雨、谢义安：《档案工作中"双随机一公开"行政执法模式的应用与探讨——以广西壮族自治区的实践为例》，《档案管理》2020年第2期，第66~68页。
② 黎富文、蒋宏灵、朱耿雨、谢义安：《档案工作中"双随机一公开"行政执法模式的应用与探讨——以广西壮族自治区的实践为例》，《档案管理》2020年第2期，第66~68页。

的档案管理情况进行详细检查。四是责任追究，立行立改。在完成档案执法监督检查工作之后，档案执法检查主体基于检查情况应给出检查意见并进行通报，对于档案违法行为，则应根据档案法规给予相应处罚。在完成档案执法监督检查工作之后，对不符合档案法规的单位及个人要追究责任，检查组后续要对整改情况持续跟进。

（三）提高地方档案工作人员素养

1. 培养法治思维

法治思维的培养是开展地方档案法治建设的基础。法治思维的培养对象包括档案系统的管理人员、档案业务工作人员及公众。档案管理人员要重视法治思维的培养，不仅要自觉地系统学习相关法律法规，而且还要善于运用法治思维解决相应问题，推进档案法治建设。对于档案业务工作人员而言，既要自主学习和遵守法律法规，也要善于运用法律法规解决现实工作中存在的问题，促进档案执法水平的提升。对于公众，培养公众的法治思维是开展地方档案法治建设的社会基石。公众法治思维的培养主要侧重于对公众普法，让公众树立起知法守法用法的观念，避免出现档案违法行为。通过培养不同群体的法治思维，形成正确的意识以指导、规范和约束档案行为，是实现地方档案法治化建设的必由之路。

2. 更新地方档案工作人员知识储备

随着科学技术的不断发展，知识更新速度加快。在地方档案法治化建设进程中，地方档案工作人员面临如何运用法治思维管理档案工作、如何利用法治手段解决档案信息化建设中的问题等问题，地方档案工作人员传统的知识储备难以应对新时代地方档案工作法治化及信息化建设过程中的新挑战。因此地方档案工作人员要及时更新自身的知识储备，为地方档案工作的开展提供软实力保障。首先，地方档案工作人员要对国家层面的法规及区域内的地方档案法规进行深入学习，相关部门要加强对地方档案工作人员的普法教育，提升其法律素养，灵活运用地方档案法规管理档案工作，做到有法可依。在专业能力层面，对地方档案工作人员分批开展专业培训，既要学法规，也要学业务知识。以此让档案人员了解如何运用法治手段应对档案信息化过程中的新变化。在心理层面，则要提高地方档案工作人员参与地方档案法治建设的积极性，并且要树立其专业自信，让档案工作人员擅于运用档案法规作为自身开展档案工作的依据。

（四）持续推进地方档案普法宣传

1. 丰富地方档案普法宣传方式

地方档案法治化进程加快，对地方档案普法宣传形式提出了更高的要求。地方档案开展普法宣传工作既要把握住"普法日""档案日"等契机，向社会普及地方档案法规，也要通过开展咨询服务、档案法规展览、下乡宣传、发放宣传册等形式主动走向社会开展普法宣传。以上海浦东区档案馆为例，该档案馆开展"档案普法进社区"活动，到二十多个村镇社区，采取档案普法巡展、发放宣传册等多种形式向社区居民普及档案法律知识。此外，运用信息技术也是丰富地方档案普法宣传形式的重要方式。依托信息技术，开展地方档案普法宣传主要包括两个方面，一是依托新媒体平台宣传地方档案法规。新媒体平台具有受众范围广、传播速度快的优势，通过门户网站、微信公众号、微博等新媒体平台发布地方档案法规，拓宽普法宣传渠道。另一方面，借助媒体力量对地方档案普法宣传工作进行报道，进一步扩大地方档案普法宣传的影响力。二是利用信息技术制作关于地方档案法治宣传的相关短片或宣传册，增强普法工作的趣味性，吸引更多群体了解地方档案法治建设。如浙江省档案局、浙江省普法办制作了档案法治动漫宣传片《档案就在你身边》，展示了档案违法违纪案例，以动漫的形式向公众宣传档案法治。

2. 抓住机遇，趁势发展

2016 年，全国各地在顺利完成"六五"普法工作后，国家档案局和各省档案局相继印发关于档案的"七五"法治宣传教育规划，省级法治宣传教育规划的出台为地方开展档案法治宣传指明方向，为地方档案普法宣传工作提供良好的政策环境。地方档案工作人员在开展普法宣传工作时，仅抓这一政策机遇是不够的，只有提升档案普法宣传活力，才能有利于抓住更多机遇，趁势发展，以此扩大社会影响力，提升社会档案法律意识。提升档案普法宣传活力，首先要加强档案普法队伍建设，落实普法人员责任制，对普法人员进行权责划分，将地方档案普法工作纳入普法人员的绩效考核，激发工作人员的普法热情，端正其普法态度，提高其普法业务能力。如四川省档案局将地方档案普法工作纳入工作绩效考核，并且每年举办档案法治座谈会，提升普法人员素质。档案普法工作除把握政策机遇之外，还应抓住"档案日""全国法制宣传日"等节日契机，利用节日氛围积极开展档案普法工作。此外，地方档案普法工作还应加强与报社、新闻媒体等机构的合作，借助这些机构提升档案普法工作的舆论影响力，扩大了解档案法律知识的群体基数。深厚的群众基础，有利于地方档案普法工作趁势发展。

附录：

表1 我国省级地方档案法规

序号	立法省（区、市）	法规名称	立法时间	修订时间	法规条款数（以最新修订为准）	法规结构（以最新修订为准）	立法依据（以最新修订为准）
1	上海市	《上海市档案条例》	1995.6.16	1997.12.10 2004.11.25 2010.9.17 2017.11.23	51	总分附	《中华人民共和国档案法》
2	河北省	《河北省档案工作条例》	1995.11.15	1997.6.29 2002.3.30 2010.7.30	43	总分附	《中华人民共和国档案法》
3	天津市	《天津市档案管理条例》	1996.8.28	2005.7.19 2018.12.14	46	总分附	《中华人民共和国档案法》《中华人民共和国档案法实施办法》
4	山东省	《山东省档案条例》	2004.4.2		39	总分附	《中华人民共和国档案法》《中华人民共和国档案法实施办法》
5	四川省	《四川省〈中华人民共和国档案法〉实施办法》	1996.12.24	2002.7.20 2006.11.30 2009.3.27	21	顺序排列	《中华人民共和国档案法》

续表

序号	立法省（区、市）	法规名称	立法时间	修订时间	法规条款数（以最新修订为准）	法规结构（以最新修订为准）	立法依据（以最新修订为准）
6	陕西省	《陕西省档案条例》	1997.1.21	2004.8 2017.11.30	40	总分附	《中华人民共和国档案法》
7	云南省	《云南省档案条例》	1997.5.28	2007.9.29	41	总分附	《中华人民共和国档案法》
8	辽宁省	《辽宁省档案条例》	1997.7.26	2004.6.30 2006.1.13 2017.9.28	30	总分附	《中华人民共和国档案法》
9	甘肃省	《甘肃省档案管理条例》	1997.9.29	2009.11.27	40	总分附	《中华人民共和国档案法》
10	北京市	《北京市实施〈中华人民共和国档案法〉办法》	1997.10.16	2001.8.3 2016.11.25	39	总分附	《中华人民共和国档案法》
11	安徽省	《安徽省档案条例》	1997.11.2	2004.6.26 2017.11.17	44	总分附	《中华人民共和国档案法》
12	重庆市	《重庆市实施〈中华人民共和国档案法〉办法》	1998.3.28	2001.6.26 2002.1.21 2004.6.28 2005.5.27 2010.7.23 2019.9.26	43	总分附	《中华人民共和国档案法》
13	广东省	《广东省档案条例》	1998.6.1	2007.7.27	42	总分附	《中华人民共和国档案法》
14	湖北省	《湖北省档案管理条例》	1998.7.31	2004.1.16	38	总分附	《中华人民共和国档案法》
15	海南省	《海南省档案管理办法》	1998.7.31	2004.8.6	28	顺序排列	《中华人民共和国档案法》
16	江苏省	《江苏省档案管理条例》	1998.8.28	2003.4.21 2017.6.3	34	总分附	《中华人民共和国档案法》

序号	立法省（区、市）	法规名称	立法时间	修订时间	法规条款数（以最新修订为准）	法规结构（以最新修订为准）	立法依据（以最新修订为准）
17	浙江省	《浙江省实施〈中华人民共和国档案法〉办法》	1998.8.29	2002.6.28 2004.5.28 2014.5.28 2017.11.30	41	总分附	《中华人民共和国档案法》
18	湖南省	《湖南省档案管理条例》	1998.11.28	2004.7.30	35	顺序排列	《中华人民共和国档案法》
19	吉林省	《吉林省档案条例》	1998.11.28	2002.11.28 2004.6.18	41	总分附	《中华人民共和国档案法》
20	内蒙古自治区	《内蒙古自治区档案条例》	1999.3.25	2007.9.29	43	总分附	《中华人民共和国档案法》
21	广西壮族自治区	《广西壮族自治区档案管理条例》	1999.3.26	2007.5.31	24	顺序排列	《中华人民共和国档案法》《中华人民共和国档案法实施办法》
22	黑龙江省	《黑龙江省档案管理条例》	1999.8.11	2005.6.24 2018.4.26	56	总分附	《中华人民共和国档案法》
23	新疆维吾尔自治区	《新疆维吾尔自治区实施〈中华人民共和国档案法〉办法》	1999.12.25	2005.3.25	35	顺序排列	《中华人民共和国档案法》
24	山西省	《山西省档案管理条例》	2000.9.27	2007.9.26	31	顺序排列	《中华人民共和国档案法》《中华人民共和国档案法实施办法》
25	宁夏回族自治区	《宁夏回族自治区档案条例》	2001.5.18	2015.3.31	36	总分附	《中华人民共和国档案法》《中华人民共和国档案法实施办法》

续表

序号	立法省（区、市）	法规名称	立法时间	修订时间	法规条款数（以最新修订为准）	法规结构（以最新修订为准）	立法依据（以最新修订为准）
26	江西省	《江西省档案管理条例》	2001.6.21		41	总分附	《中华人民共和国档案法》《中华人民共和国档案法实施办法》
27	贵州省	《贵州省档案条例》	2001.9.23	2004.5.28 2017.11.30	26	顺序排列	《中华人民共和国档案法》《中华人民共和国档案法实施办法》
28	河南省	《河南省档案管理条例》	2002.3.27	2004.11.26	36	总分附	《中华人民共和国档案法》《中华人民共和国档案法实施办法》
29	青海省	《青海省实施〈中华人民共和国档案法〉办法》	2002.7.29		28	顺序排列	《中华人民共和国档案法》
30	福建省	《福建省档案条例》	2002.12.17		19	顺序排列	《中华人民共和国档案法》
31	西藏自治区	《西藏自治区实施〈中华人民共和国档案法〉办法》	2010.7.30		55	总分附	《中华人民共和国档案法》

注：表中数据来源于法律法规数据库（http://search.chinalaw.gov.cn/search2.html）、各省（区、市）的档案馆官网、人民代表大会常务委员会网及政协网。

第二节　中国地方档案的信息化建设

一　地方档案信息化建设概论

（一）地方档案信息化的概念

信息技术数字化、网络化、技术化的迅速发展，为各项事业建设带来新的契机，档案信息化建设成为新时代档案事业发展的重要主题。在国家信息化战略和数字中国建设等多重背景下，信息技术广泛渗透至地方档案的各个范畴。2020 年 6 月新修订发布的《中华人民共和国档案法》创设性地开设档案信息化建设一章，为档案信息化建设提供了法律依据，同时从法律层面明确了档案信息化在档案资源建设中的重要地位。地方档案信息化不是信息技术与传统管理方式的相互博弈，而是二者从概念到实践的深度融合。地方档案信息化是指地方档案机构运用信息技术实现地方档案资源数字化和地方档案管理信息化的过程，实现地方档案在网络环境中的运用。地方档案信息化是国家信息化建设的重要组成部分，通过应用信息技术，加强地方档案信息资源建设，推动地方档案管理现代化，充分发挥地方档案的作用。地方档案信息化建设主要包括以下三个部分。

1. 基础：应用信息技术

随着信息技术取得长远的发展，信息技术在地方档案中的广泛而深入的运用是地方档案信息化发展的前提。通过应用信息技术加强地方档案资源建设是推进地方档案信息化的基础环节。具体表现为以下两点。一是实现地方档案资源信息化。通过运用数字化扫描技术将地方档案资源以数字模拟形态呈现，完成地方档案资源的数字化建设。基于数字化进而实现地方档案资源数据化，即运用感测技术、计算机及人工智能等技术对数字化后的地方档案数字资源进行加工重组，以数据库、网上展览等形式呈现。二是实现地方档案管理现代化，在地方档案收集、整理、鉴定、统计等方面运用信息技术改变传统人工管理的方式，使地方档案实体管理更加智能化，如档案库房门禁系统、智能温湿度调节设备等，将地方档案管理转向现代化的智能网络管理。

2. 核心：地方档案资源

基于数字环境运用信息技术围绕地方档案信息资源展开建设是地方档案信息化的核心。实现地方档案资源的数字化与数据化是开展地方档案信息化的首要环节。地方档案数字化是将地方档案资源由实体转为二进制代码的信息，为地方档案资源建设提供资料。随着地方档案信息化程度的持续加深，地方档案资源建设的层次进一步提升。地方档案数据化作为地方档案数字化的进阶阶段，通过运用组织管理、内容挖掘、内容再现等信息技术挖掘地方档案数字资源的隐性信息，能够实现地方档案显性信息与隐性信息的有效结合，使地方档案载体多元化、内容有序化、质量优化、配置智能化。对地方档案进行数字化与数据化处理，有助于实现地方档案信息化，为地方档案信息的完整性、有序性提供保证，同时也为利用地方档案资源打破时空限制，提高地方档案的利用率，发挥地方档案效益，也为地方档案资源共建共享提供条件。

3. 目标：地方档案资源效益化

实现地方档案信息化不仅能够提升地方档案建设质量，还能够提高传统的地方档案产能，以发挥地方档案的社会效益、经济效益等。传统的地方档案资源建设层次较低，主要以馆藏和数字化为主，整体重藏轻用，地方档案效益发挥有限。开展地方档案信息化建设，有助于挖掘地方档案潜在的价值信息，整合分散无序的地方档案资源，优化配置地方档案资源并以多样的形式进行呈现，改变传统的地方档案检索难度大、编纂成果单一等地方档案利用中的难题。地方档案信息化为地方档案在著录、编研等方面提供保障，有利于发挥地方档案资源在个人利用与社会建设中的现实效用，实现地方档案资源效益化。

（二）地方档案信息化发展历程

自 20 世纪 80 年代起，地方档案信息化开始起步发展，20 世纪 90 年代，信息技术广泛应用于档案领域，促进地方档案信息化发展。21 世纪后，地方档案信息化进入快速发展阶段。

1. 起步探索阶段：20 世纪 80 年代

1979 年起，中央档案馆、中国人民解放军档案馆、国家档案局档案科学技术研究所等机构率先购置计算机设备，开展档案自动化管理的研究与实践，至 1985 年底，全国已有二十多个档案馆成功开发并运行计算机辅助档案管理系统。[①] 随后，部分地方档案馆通过计算机辅助开展地方档案管理工作，但信息化建设层次较低，并且应用范围局限于部分地方档案馆内部，尚未形成规模集聚效应。但 20 世纪 80 年代末档案管理计算机辅助系统及文档管理系统等信息系统的研制，在一定程度上开始影响地方档案实践方式，如苏州市档案馆自 20 世纪 80 年代后期就开始建库。[②] 地方档案

---

① 张华丽、呼志荣：《我国档案信息化历程回眸》，《传媒论坛》2020 年第 3 期，第 116 页。
② 张照余、陶学勤：《江苏省档案信息化地区差距及对策研究》，《档案与建设》2007 年第 8 期，第 14~17 页。

信息化实践的发展同步推进档案信息化理论的诞生。这一时期地方档案信息化理论与实践处于起步缓慢发展阶段。

2. 稳步发展阶段: 20 世纪 90 年代

1993 年,随着国家信息化战略的推行,电子政务率先发展,衍生数量丰富的电子文件。1996 年,国家档案局审议成立"电子文件归档研究组",进而开始对档案信息化建设进行宏观规划。[①] 为契合全国档案工作发展趋势,部分地方档案馆开始开展档案信息化的规划与建设。如 1993 年 12 月由上海市档案局鉴定通过的《上海市计算机辅助档案管理总体方案》直接面向全市各级各类档案部门,涉及了计算机辅助档案管理工作的每一个方面,既规范了当时的档案信息化工作,又设计了总体发展目标。随后,办公自动化技术的成熟促使档案部门采取档案与电子文件并存的双套制管理方式处理业务工作,由此出现对电子文件的研究。这一阶段的地方档案信息化建设总体仍以计算机单机处理为主,尚未实现网络化,但这一时期涌现的具有前瞻性的研究成果及地方档案信息化建设规划为之后的地方档案信息化建设奠定了基础。如 1997 年,深圳市档案馆预见性地提出建立数字档案馆的构想,并于 2000 年开始实施,于 2002 年完成第一期数字档案馆建设目标,这是我国建设的第一个综合性数字档案馆。

3. 全面推进阶段: 21 世纪

21 世纪,地方档案信息化建设进一步发展。2000 年,全国档案事业"十五"计划将档案信息化建设列为重点任务。国家档案局 2002 年发布的《全国档案信息化建设实施纲要》对档案信息化建设进行了战略布局。[②] 2010 年,国家档案局发布的《数字档案馆建设指南》为地方档案馆建设数字档案馆提供参考借鉴及建设标准。2020 年 6 月,新修订的《中华人民共和国档案法》在总则第一条就明确提出"提高档案信息化建设水平"的要求,并新增"档案信息化建设"一章。档案信息化建设符合国家档案工作发展的政策导向。这一时期,地方档案信息化建设范围更广,覆盖省级、市级、县级地方档案系统;建设质量更高,地方档案信息化建设进入网络化阶段,基于网络媒介构建了传播范围更广、传播速度更快、呈现形式愈

---

① 张华丽、呼志荣:《我国档案信息化历程回眸》,《传媒论坛》2020 年第 3 期,第 116 页。
② 张华丽、呼志荣:《我国档案信息化历程回眸》,《传媒论坛》2020 年第 3 期,第 116 页。

加丰富的地方档案资源体系。如辽宁省档案馆结合地方档案数字资源利用信息媒介构建清代皇室档案展、辽宁记忆展等网上档案展览，并于档案馆官网进行展示。

二 地方档案信息化建设现状

我国地方档案信息化建设可追溯至 20 世纪 80 年代，经过 90 年代的探索发展，至 21 世纪，我国地方档案信息化建设取得质的飞跃。主要体现在以下三个方面。一是地方档案信息化建设内涵丰富。信息技术的飞速发展拓宽了地方档案信息化建设内涵，涉及地方档案工作的多个方面。地方档案信息化建设内涵涵盖档案资源建设和地方档案管理，档案资源建设即将地方档案资源进行数字化或是数据化处理，如贵州凯里学院基于扫描数字化将清水江文书以数据库形式呈现；地方档案管理即运用数字化档案管理系统实现智能化管理，减少人工管理，这样有利于精简地方档案人才队伍，优化地方档案管理工作。二是地方档案信息化建设质量逐渐提高。地方档案信息化建设是地方档案事业迎合信息时代发展选择的优化路径。随着档案信息化建设顶层设计的逐渐完善与信息技术在档案领域的深入运用，地方档案系统持续加强地方档案信息化建设并朝着精品化方向发展，主要体现为地方档案信息化建设的客体，即地方档案经过信息化处理形成系统、全面、有序的地方档案资源体系。三是具有良好的地方档案信息化建设环境。目前我国从中央到地方发布多部关于档案信息化建设的政策法规，为地方档案信息化建设提供翔实的法律依据，并指明了发展方向。此外，丰富的信息技术类型为地方档案信息化建设提供多种技术支持，同时，随着信息技术的发展，信息技术愈加精细化，为地方档案信息化建设提供技术保障。

（一）地方档案信息化发展不平衡

目前，我国地方档案信息化建设进入稳步发展阶段。但总体上地方档案信息化发展不平衡，未能全面发挥地方档案信息化建设的效用，也未能实现地方档案信息化建设的目标。地方档案信息化发展不平衡主要体现为以下三点。一是区域发展不平衡，不同区域档案信息化建设水平各异。这不仅取决于经济发展水平，而且受制于地方信息化意识。经济发展程度高的地区，能够为地方档案信息化建设提供资金保障与支持，社会的信息化意识愈强。经济发展程度相对薄弱的地区则在开展档案信息化建设过程中在资金、社会支持等方面阻力更大。二是地方档案信息化建设类型不平衡。地方档案内涵外延广泛，从形成主体角度而言，可分为政府体系形成的官方档案和民间群体形成的民间档案。目前我国地方档案信息化建设主要是由档案行政管理部门统筹规划并组织实施，档案行政管理部门开展地方档案信息化建设总体上仍以文书档案为主，文书档案信息化建设水平不足以成为地方档案信息化建设的衡量指标，亦不能完整反映地方档案信息化建设水平。三是地方档案信息化建设体系内部的不平衡。地方档案信息化建设主要侧重于地方体系内的顶层部分，对于地方体系内相对底层的部分，即基层地区档案的信息化建设不足。基层地区作为形成地方档案资源的原始环境，是地方档案形成的母体，具有数量巨大的档案资源，但因受资金、人员、设施等因素制约，在地方档案信息化建设中建设相对不足，信息化建设未能充分利用基层地区丰富的档案信息资源。地方档案信息化建设发展不平衡是制约地方档案信息化建设总体指标上升的要素，如何解决地方档案信息化建设不平衡问题将是未来地方档案信息化建设不可避免的重要问题。

（二）地方档案信息化基础设施相对薄弱

基础设施建设是地方档案信息化建设的重要物质条件，档案基础设施建设主要包括以下两点。一是网络基础设施，由网络硬件与网络软件组成，通过构建档案信息网络，传输、共享档案信息资源。网络硬件包括终端设备、服务器、传输介质和外部设备等，网络软件主要用于支持数据通信和网络活动，包括数据库与操作系统等。二是数字设备，既包括将档案资源数字化处理的设备，也包括存储档案数字资源的设备。目前，地方档案信息化建设正全面展开，但基础设施建设相对薄弱是未来地方档案信息化建设的桎梏，这主要在于一方面，地方档案信息化建设需要完善的基础设施支持，但地方档案系统资金来源主要依靠财政支持，有限的建设资金在维系档案馆正常运转之余，难以维系基础设施的购买与运行，制约地方档案信息化建设。另一方面，地方档案是相对于中央系统所形成的反映地方区域内社会生活图景的资料，其种类繁多，涉及地方生活百态；存储形式各异，包括纸张、实物、声像等形态；记载内容繁杂，夹有大量地方或民族的方言俚语，是地方多重文化融合的体现。数量海量化、形式多元化的地方档案信息资源对档案信息化基础设施建设层次的精细化提出了要求，这与地方档案系统的基础设施建设能力形成矛盾，目前已有的地方档案基础设施不足以全面应对复杂的地方档案资源信息化建设需求。

三 地方档案信息化建设问题的对策

（一）优化地方档案信息化工作体系

地方档案信息化工作体系是地方档案信息化建设持续推进及有序展开的保障，具有统筹规划、组织协调、监督检查等效用。结合现行档案管理体制及目前档案信息化建设重点，优化档案信息化工作体系以解决地方档案信息化建设发展不平衡情况应从三个方面进行。一是加强顶层设计。通过加强顶层设计与统筹规划，明确地方档案信息化建设的规划，把握重点，因地制宜制定地方档案信息化建设的基础方案。同时，结合地方档案事业发展水平对建设资金、人才队伍、技术设备、档案信息化建设层次等地方档案信息化建设元素进行调整分配，既要推进部分地区优先发展，以先进带后进，树立地方档案信息化建设典范，同时也要均衡不同地区的档案信息化发展水平，统筹全局，提升地方档案信息化建设整体水平。二是理顺地方档案信息化建设主体职责。发挥档案局由宪法赋予的行政管理职能，建立以国家档案局为中心，各地方档案局、档案馆、档案室等多重合作、协同联动的地方档案信息化管理体系。通过构建管理体系理顺参与主体的职责，集结各方力量的优势以形成地方档案信息化建设的合力。三是以法规制度规范地方档案信息化工作体系。根据现行的档案法规制度，对地方档案信息化建设工作进行监督检查，并建立绩效考评机制，约束信息化建设方式与行为，使地方档案信息化建设工作常态化，形成工作长效机制以促使地方档案信息化建设法治化与规范化。

（二）加强地方档案信息化基础设施建设

开展信息化建设，提高地方档案信息化水平的首要举措就是加强基础设施建设。加强地方档案信息化基础设施建设，应从三个层面展开。一是构建资金保障体系。以往档案部门的发展资金主要靠政府财政支持，这成为地方档案信息化建设的瓶颈。各级档案部门应着力构建以政府为主导，由社会资本参与协助的资金保障机制，为信息化建设提供多样化的资金筹集渠道和充足的资金。构建资金保障机制既要发挥财政支持档案事业发展的主导作用，通过采取财政补息、资金补贴等形式为信息化建设提供资金保障。同时，地方档案部门应面向社会进行融资，拓展地方档案信息化建设资金来源。如温岭市档案馆采取竞争性谈判方式确定浙江利昇投资有限公司中标，并与之签订项目前期合同和温岭市档案馆迁建项目的投资协议。协议要求工程项目资金将由浙江利昇投资有限公司筹集解决，有效解决了档案馆建设中的融资难题。① 二是合理配置基础设施。信息技术的不断更新与发展加快了信息基础设施的更新速度。由于信息基础设施费用高昂，购置经费有限，在购买配置信息基础设施时，应考虑地方档案信息化建设需求和支付能力，前瞻性地选择使用周期长、实用性强、性价比高的信息基础设施，最大程度地发挥信息基础设施在信息化建设中的现实效益。

第三节　中国地方档案资源体系建设

我国地方档案部门对区域内的档案信息资源依法进行统筹规划、合理配置，为建立门类齐全、管理有序、结构优化、能够为社会提供服务的地方档案资源体系而开展的一系列工作，是地方档案事业发展的根本，也是地方档案工作服务社会主义现代化建设的基础。如何建设地方档案信息资源体系，实现地方档案的社会效益是目前提升地方档案工作质量必须解决的问题。2008 年国家档案局提出"建立覆盖人民群众的档案资源体系"战略目标，② 以顺应地方档案工作的时代发展需求，便于地方档案资源建设工作有序展开。

---

① 黄微晓、许新颜：《"PPP 模式"开创档案馆迁建工程新航路》，《中国档案》2016 年第 5 期，第 38~39 页。
② 王小兰：《"十二五"期间国家档案资源体系发展战略之我见》，《中国档案》2011 年第 2 期，第 27~29 页。

一 地方档案资源体系建设意义

（一）传承地方档案文化适应时代需求

随着社会主义现代化建设的持续推进，社会进入信息化、智能化、个性化时代，社会公众的整体认知层次和审美情趣不断提高，精神文化需求亟待满足。满足社会公众精神文化生活的需求，既是公民个体自我发展的主观追求，也是新时代增强民族文化自信的客观要求，更是社会主义文化建设的重要组成部分。地方档案是地方历史发展的固化记录，蕴含丰富的文化意蕴，为社会公众了解地方文化提供翔实的资料支持。地方档案数量丰富，但有相当部分的档案尚未得到保管保护，面临损毁、散失的境况。构建地方档案资源体系，有助于将濒危、易消逝的地方档案纳入档案资源体系实行档案式保护，传承地方特色文化，为地方开展文化建设、满足社会精神文化需求保留翔实的文化源。

（二）夯实地方档案工作发展的基石

地方档案工作围绕地方档案资源展开，构建地方档案资源体系是夯实地方档案工作基础的必要条件。整合档案资源有助于形成全面而系统的地方档案资源系统，丰富档案馆馆藏资源，革新档案馆单一的馆藏资源结构。数量丰富、种类齐全的馆藏档案资源，蕴含丰富的信息，既为地方档案馆馆藏建设提供系统的地方档案资源，也有利于社会查找利用地方档案资源，发挥档案服务社会的效用。同时以多种渠道、多种形式满足社会对档案资源的利用需求，能够提高档案的社会利用率，引起社会对地方档案的关注与支持，促进地方档案事业的发展。

二 地方档案资源体系建设现状

（一）地方档案资源体系建设的现有优势

1. 政策保障

1956 年国务院发布《国务院关于加强国家档案工作的决定》确立"统一管理国家档案"原则，为我国档案资源体系前期建设夯实了基础。[①]

---

① 谢辰慧：《我国档案资源体系建设研究现状及趋势探析》，《办公室业务》2018 年第 2 期，第 95~98 页。

20 世纪末，通过整合档案资源构建档案资源体系成为档案事业发展趋势。进入新时代，随着档案资源的日益丰富，国家相继出台系列档案资源体系建设的政策法规。中共中央办公厅、国务院办公厅于 2014 年 5 月印发的《关于加强和改进新形势下档案工作的意见》明确提出要建立健全覆盖人民群众的档案资源体系。2020 年 6 月新修订的《中华人民共和国档案法》明确了归档范畴。系列法规政策文件的发布为地方档案资源体系建设提供了法律依据与保障。

2. 丰富的地方档案资源

地方档案是地方发展的历史记忆，档案种类丰富，涉及地方的政治、历史、经济、文化、民生、民风民俗、科教等方面。同时，地方档案数量丰富，全国各级国家综合档案馆馆藏档案截至 2019 年底共有 82850.7 万卷、件，其中，中央级 2016.8 万卷、件，省（区、市）级 4301.5 万卷件，副省级 2274.9 万卷、件，地（市、州、盟）级 17478.3 万卷、件，县（区、旗、市）级 56779.2 万卷、件。① 此外，全国各级综合档案馆馆藏档案载体形式丰富，除纸质档案外，还有照片档案 2203.8 万张，录音磁带、录像磁带、影片档案 99.6 万盘，电子档案 119.3 万 GB，数码照片 39.6 万GB，数字录音、数字录像 35.9 万 GB，馆藏档案数字化副本 1407.8 万GB。② 丰富翔实的档案资源为地方档案资源体系建设提供资源保障。

3. 实践基础

基于政策法规的保障及翔实的地方档案资源，地方档案资源体系建设的实践工作拉开了序幕。目前地方档案资源体系建设实践工作已取得不错的成绩与丰富的经验。扩大实践基础可从以下几方面进行。其一，加强与其他档案馆的协同合作，如北京、天津、河北签订京津冀档案事业协同发展合作框架协议。③ 其二，注重人才队伍建设，巩固组织基础，如为了发

---

① 国家档案局政策法规研究司：《2019 年度全国档案行政管理部门和档案馆基本情况摘要（二）》，遵义市档案方志信息网，2020 年 9 月 10 日，http://daj.zunyi.gov.cn/dayw/dawk/202009/t2020 0910_63037562.html。

② 国家档案局政策法规研究司：《2019 年度全国档案行政管理部门和档案馆基本情况摘要（二）》，遵义市档案方志信息网，2020 年 9 月 10 日，http://daj.zunyi.gov.cn/dayw/dawk/202009/t2020 0910_63037562.html。

③ 崔蕃：《"互联网+"环境下数字档案馆的文化管理》，《档案与建设》2015 年第 11 期，第4~7 页。

挥整体配合作用，徐州市档案馆专门建立了局馆档案资源建设工作小组，牵头组织比较大的活动。① 其三，制定地方档案管理规范性文件，推动地方档案资源体系建设。四川甘孜州档案部门先后出台《关于加强新时期档案工作的意见》《关于加强全州重大活动档案管理的通知》《移民档案管理办法》等文件规范地方档案资源建设。其四，基于地方特色开展地方档案资源建设。如巴中市具有丰富的红色资源，巴中市档案馆与市博物馆、文化馆开展合作，建立红色档案资源目录，并对巴中市的红军进行口述资料的采集。

（二）地方档案资源体系建设的问题论析

1. 馆藏档案资源结构问题

系统全面的地方档案资源体系建设以类别丰富、内容翔实、载体多样的档案为前提。结构单一的馆藏资源不能全面反映地方档案资源全貌，制约地方档案资源体系建设，其主要体现为馆藏档案资源类型及馆藏档案载体形式单一。目前我国档案馆档案接收范围主要以党政机关所掌握的档案为主，对于区域内社会组织及个人所有的档案收集较少，反映地方区域内各个历史时期经济发展、民族文化、民风民俗、名胜古迹、特色产业等具有地方特色的档案以及反映地方科教、民生方面的档案较少，馆藏资源结构相对单一，档案资源类型有待丰富。同时，各级档案馆馆藏档案资源仍以纸质档案为主，照片档案、声像档案、电子档案等其他载体形式的档案资源较少，馆藏档案资源呈现形式仍需进一步拓展。

2. 地方档案资源整合问题

从地方档案形成属性及现存情况看，地方档案资源可分为原生性档案资源和建构性档案资源两类。原生性地方档案资源是指原始形成的，或是保存于档案馆、图书馆、博物馆，或是散存于民间团体及个人，或是流失海外的档案资源；建构性地方档案资源主要指由档案馆等机构基于现实所需有意识地记录形成的档案资源。地方档案资源的形成方式造成其保管主体众多，分布广泛。以往的地方档案资源建设缺乏档案资源整合意识，仅从拥有主体自身发展需求出发，导致地方档案类型单一、结构不合理和地方档案资源体系建设重复。如西南联大档案资源建设馆际壁垒明显，各馆

---

① 叶荣强：《关于档案资源建设的几点做法与思考》，《档案与建设》2005 年第 11 期，第53～55 页。

自建自用，档案资源体系重复建设，降低了西南联大档案资源体系建设效率，同时档案资源呈现碎片化状态，破坏了西南联大档案资源叙事的整体性，为社会利用档案资源造成多重不便。通过整合地方档案资源，可以在区域范围内对处于不同保管体系中的档案资源进行整合、类聚、重组，形成具有有机联系的合理的地方档案资源体系。

3. 地方档案资源开发利用问题

地方档案资源开发目前虽已取得一定的进展，但也存在一些不足，具体表现为以下三点。其一，地方档案资源开发意识不足。地方档案部门对档案资源重藏轻用，对于开发地方档案使之服务于社会以发挥地方档案资源价值的意识不足，整体上以地方档案资源安全保管为工作重心，这成为地方档案资源开发的桎梏。革新传统档案资源建设意识是持续推进档案开发利用工作的首要问题。其二，开发形式创新不足，宣传力度薄弱。目前地方档案资源开发仍以传统的档案编纂为主，与实体产业及信息技术互动不足。同时，地方档案馆主要通过档案馆网站进行公示宣传，对社交媒体的利用度不高，尚未形成广泛的舆论影响效应，宣传力度薄弱。其三，开发层次较低。档案馆的资金来源主要是政府的财政资金，现有资金在维系档案馆基础管理工作之余，不足以支持开展地方档案资源开发工作，资金的缺失导致软硬件设备与高质的档案资源开发需求脱节，制约地方档案资源开发质量的提升。

（三） 地方档案资源体系建设的原则

1. 地方档案资源优先建设原则

地方档案资源数量丰富、种类繁杂、内容主题多样，在开展地方档案资源体系建设时，有意识地选取部分档案优先重点建设以提高地方档案资源建设效率。对年代久远的、易损毁的、反映地区历史文化特色的档案应优先开展档案资源建设工作。另一方面，通过开展调研，对于社会利用需求高的档案以及契合时下社会热点或发展需求的档案也应优先开展地方档案资源建设工作。

2. 凸显档案特色原则

在开展地方档案资源体系建设时，应注意突出地方档案资源特色，展示档案资源建设的价值。对于地域内形成的档案资源，应首先注意挖掘地方档案资源的地域特色，对于普遍都具有的档案资源，如字画、证章等，地域特色不够突出，则应从历史、文化、经济等多元视角挖掘其特色。

3. 规范化原则

地方档案馆应遵循法律法规，将地方档案资源体系建设纳入规划管理流程，避免人为主观因素的影响，保证整个体系按照规范的流程、预订的发展轨迹有序前行，促进地方档案资源体系建设的良性发展。

三 地方档案资源体系建设的策略

（一）丰富馆藏资源结构

地方档案馆应发挥业务优势，将地方档案资源体系建设作为档案事业发展的战略，加强对地方档案资源的前端控制管理。对进馆前的档案进行前端控制，厘清区域内地方档案资源的分布情况与保管状况，掌握档案数量、类型、主题、载体形式等地方档案资源的基本信息，奠定地方档案资源体系建设的基础。基于对地方档案资源分布现状的切实掌握，根据《中华人民共和国档案法》《各级各类档案馆收集档案范围的规定》等相关法律法规的要求，档案馆将具有保存价值且反映地方文化的档案纳入档案接收范畴，以拓展馆藏档案结构，丰富馆藏档案类型。同时也要注意接收不同载体的档案资源，拓宽馆藏档案的载体类型，丰富档案资源结构。另一方面，当前地方档案资源建设既要依赖既有的档案史料、口述资料等资源，也要主动探索发现新的档案资源。档案馆在既有档案资源的基础上，要采取发布征集启事、调查研究、广泛宣传等方式主动征集由社会组织、群体及个人保管的具有重要价值的地方档案。通过整合已有的档案资源，收集未有的档案资源，丰富馆藏资源结构，从类别、载体形式、内容主题及分布规律等方面构建地方档案资源体系。

（二）整合地方档案资源

地方档案资源的整合逻辑是通过厘清地方档案资源管理的基本现状，梳理地方档案资源所有者类型，由地方档案部门带头联合档案所有者根据统一的档案数据建设标准整合地方档案资源，基于整合平台对档案资源进行管理并服务社会公众。具体而言，首先，要明确地方档案资源基本情况，掌握地方档案资源分布现状，实现地方档案资源从分散到集中、从无序到有序的整合，确保其归档及时完整、整理高效规范。^① 其次，建立整合主体合作机制，以地方综合档案馆为核心，将图书馆、博物馆、高校等机构及社会力量纳入地方档案资源整合主体，多方力量通过签署合作协议等方式构建合作机制，明确整合主体内部各自的职责所在，减少档案资源的重复建设，解决单一整合主体整合力度有限等问题，整合多方主体的馆藏资源、人才资源、设备技术等多项要素，形成具有有机联系的地方档案资源体系。此外，通过构建地方档案资源整合平台实现档案资源共建共享，为社会利用档案资源整合成果提供渠道，是地方档案资源整合的目的所在。地方档案资源整合主体通过构建统一的元数据标准，解决异构档案资源格式不一致的问题，同时运用信息技术构建档案资源整合平台，以数据库或知识库的形式实现地方档案数字资源的集中管理与服务。

（三）提高地方档案资源开发利用质量

开发利用地方档案资源是地方档案资源建设的主要目的，档案工作人员应打破传统的"重管轻用"的思维桎梏，解放思想，更新观念。首先通过开展市场调研，了解社会档案利用需求，结合馆藏档案资源及档案馆开发能力，积极主动地做好地方档案资源开发利用工作，为社会提供高效优质服务。其次，通过挖掘地方档案资源的隐性信息，结合地方档案蕴含的显性信息，归纳提炼地方档案资源的价值元素，将地方档案资源价值元素与文化创意产业、旅游产业等产业有机结合，深度开发地方档案资源以发挥地方档案资源的资源效益，助力地方产业发展。另一方面，加强信息技术在地方档案资源开发中的运用。信息技术赋予地方档案资源广阔的开发利用空间。数字化技术、内容挖掘技术、再现技术等信息技术使地方档案资源开发更加具有层次，地方档案资源开发由传统的编制全宗目录、档案馆指南等转向档案资源的数字化、网络化开发。运用信息技术开发地方档案资源，能够打破时空限制实现档案资源的快速传递，同时有助于挖掘地方档案资源的价值内涵，基于网络环境实现多维立体展示，创新地方档案资源的呈现形式。如辽宁省档案馆运用信息技术开发馆藏档案资源，建立档案馆网站，举办辽宁解放初期辽沈档案选展等档案网络展览；浙江省档案馆面向网络举办浙江省档

① 陈海玉、万小玥、赵冉、彭金花：《机构改革后地方档案馆资源整合特点及思路探究》，《档案与建设》2019年第11期，第20～23页。

案馆 VR 全景展，向社会提供档案利用平台。此外，建设地方档案资源体系旨在发挥地方档案资源价值以服务社会，地方档案馆可通过档案网站、微信公众号、档案展览、报纸等宣传地方档案及档案工作，扩大地方档案的舆论影响力，吸引更多群体了解地方档案以提高地方档案利用率。

第四节　中国地方档案资源开发利用

一　地方档案编纂

我国自古就有档案编纂传统。20 世纪 80 年代，随着国家开放历史档案政策的制定执行，档案部门掀起编纂出版历史档案的热潮。以辽宁省档案馆为例，党的十一届三中全会以来辽宁省档案馆出版多部大部头的编纂成果，如《奉系军阀档案史料汇编》12 册，800 万字；《满铁与侵华日军》21 册，1487 万字；《日本侵华罪证档案新辑》15 册，1368 万字；《张学良与中原大战》3 册，200 万字等。[①] 地方档案编纂作为地方档案开发利用的一种形式，能够把握地方档案与社会发展的结合点，基于特定的主题，将选取的主题内部分具有价值的地方档案资源以专题成果的形式进行呈现，将分散无序的地方档案资源进行整合，如汇编和出版地方档案资料汇集，编写参考资料和检索工具等。形式多样、内容丰富的档案编纂成果是对地方面貌的展示。以云南省为例，自 20 世纪 80 年代起，云南省档案馆设立档案编纂人员及编研部门开展档案文献研究、编辑工作，出版《云南档案史料》（季刊），先后在刊物上公布了《滇南民族团结第一碑》《民初云南巴补梁山土司内附》《民初武定环州乡民备受土司苛派档案》等档案史料，云南各地州县档案馆相继开展档案汇编出版工作，如文山州档案局编纂了《文山州档案志》。除档案馆外，各级民委、图书馆、博物馆、科研院所等机构也积极参与地方档案编纂工作，出版了丰富的地方档案编纂成果。如云南省古籍办整理出版了《云南少数民族官印集》《云南少数民族古籍珍本集成》。

（一）地方档案编纂成果

地方档案编纂成果形式多样，主要可分为印刷型、音像型、数字型三

---

① 胡鸿杰主编《档案文献编纂学》，中国人民大学出版社，2012，第 86~87 页。

类地方档案文献出版物。

1. 印刷型地方档案文献出版物

印刷型档案文献出版物以纸为载体，是时下地方档案编纂成果最主要的呈现方式。随着出版技术的不断发展，印刷型地方档案文献出版物的编纂与出版形式也由单一的图书发展为图书、报纸、期刊多种形式并存的局面。在印刷型地方档案文献出版物中，图书是最主要的组成部分。图书类地方档案文献出版物编纂主题多样且具有地方特色，编纂范围覆盖全中国。如《抗战时期的宁夏——档案史料汇编》、《中国 20 世纪图鉴——宁夏卷》（1900~2000）、《宁夏漫记——档案里的故事》、《日本掠夺华北强制劳工档案史料集》、《北平历届市政府市政会议决议录》、《北京会馆档案史料》、《北京市人民代表大会文献资料汇编》、《不能忘却的记忆——广东抗战档案史料图录》、《广东华侨档案目录（1907-1952）》、《岭海风云 楚天际会——纪念辛亥革命 100 周年粤鄂档案史料图集》、《清代前期苗民起义档案史料》、《福建省档案馆馆藏珍品集萃》、《红军长征在甘肃珍贵档案史料》、《甘肃档案史话》、《揭秘河南省档案馆镇馆之宝：一套珍贵邮票背后的记忆》、《江苏珍贵档案图鉴》、《民国奉系军阀档案》、《辽宁省档案馆馆藏满铁剪报选辑》等均以图书出版物形式揭示具有地方特色的档案资源。

报纸类地方档案文献是出版周期较短的连续出版物，按照其出版周期可分为日报、周报、双周报及周期更长的报纸。[1] 报纸类地方档案文献出版物具有传播范围广、发行速度快等优势，但是因报纸版面有限，报纸型地方档案文献出版物主要公布单篇地方档案编纂成果或者公布地方档案编纂成果的出版信息。如创刊于 1995 年的《中国档案报》专门刊载国内外档案文献汇编的信息，开设过"历史上的今天""史料珍闻""史林漫步""石室百言""档案大观"等栏目，对档案文献及相关的人物、事件等进行报道，是公布档案文献出版物的重要媒介。[2] 此外，地方档案机构与报社合作开设专栏介绍地方档案编纂成果。2020 年 4 月，江西省档案馆联合江西日报社客户端共同推出了"档案里的江西故事"专栏，基于江西省档案馆馆藏资料，结合实地拍摄、采访等形式形成视频资料，展现档案所承载

---

[1] 胡鸿杰主编《档案文献编纂学》，中国人民大学出版社，2012，第 323 页。

[2] 胡鸿杰主编《档案文献编纂学》，中国人民大学出版社，2012，第 323 页。

的江西历史文化记忆。同年 5 月，江西省档案馆依托从清代到中华人民共和国成立以后形成的档案与中国档案报社合作推出《赣鄱往事》专栏，呈现江西往事。广东省档案馆与报社合作，在《中国档案报》《南方日报》《广州日报》等报纸上刊布广东侨批档案，展现档案里记录的粤侨的爱国情怀。

期刊类地方档案文献出版物是融合多篇论文以期刊形式面向社会公开发行的档案文献出版物。期刊类地方档案文献出版物具有出版周期短、刊载数量大、发行面广等出版优势。20 世纪 20 年代，我国开始编纂出版期刊类档案文献出版物。当时故宫博物院文献馆、中央研究院历史语言研究所等学术研究机构在整理明清档案过程中，创办了《文献丛编》《史料旬刊》《明清史料》《文献论丛》等期刊，系统发表明清档案的整理编纂成果。① 1989~1990 年由重庆市档案馆主办的《档案史料与研究》季刊对巴县档案史料进行刊布。由上海市档案馆 1985 年出版的《档案与历史》，以公布刊登历史档案为主，通过公布上海档案史料展示近现代上海的发展变迁。

2. 音像型地方档案文献出版物

音像型地方档案文献出版物是以音像形式呈现地方档案加工成果的档案文献出版物。随着音像出版技术在档案文献编纂中的广泛应用，音像型地方档案文献出版物的种类日益繁多，该类型出版物将图像、语音、文字集于一体，以形象生动直观的方式呈现档案编纂成果。与印刷型档案文献出版物相比，音像型地方档案文献出版物信息含量大，物质载体轻薄，便于流通展示，具有传播范围广、传播路径多的优点，因此音像型档案文献出版物日益成为地方档案编纂成果的重要出版形式。音像型地方档案文献出版物主题广泛，涉及政治、历史、经济、文化等方面。其中政治类题材的音像型出版物居多，如《新中国重大决策纪实》《共和国的足迹》《百幅手迹怀伟人——毛泽东的 110 个故事》《走进新时代》《中华人民共和国图像日志》等；反映历史及传统文化的音像型地方档案文献出版物有《中国通史》《敦煌》《圆明园》《河西走廊》《徽州》《清宫密档》《我从汉朝来》等；革命历史题材的音像型地方档案文献出版物有《燃烧的影像》

---

① 胡鸿杰主编《档案文献编纂学》，中国人民大学出版社，2012，第 324 页。

《自从有了共产党》《新四军》《抗日中坚八路军》《伟大长征》《中原雄狮》等；① 反映科教文化的音像型地方档案文献出版物有《航空档案——中国航空工业大揭秘》《故事湖南——百年湘雅》《加油中国》；反映社会发展、生活变迁等的音像型档案文献出版物，如2006年本溪市档案馆拍摄的反映本溪市地域文化变迁的《百年沧桑》，② 2007年天津市塘沽区城建档案馆对天津市东西沽、于家堡老城区的拆迁改造工程进行全程跟踪拍摄，制作的专题纪录片《碧海 蓝天 热土——天津滨海新区中心商务商业区拆迁纪实》；③ 反映非物质文化遗产的音像型地方档案文献出版物，如贵州省荔波县档案馆协助中央电视台"文明中华行"栏目拍摄的《水书之谜》《神秘的水书》两部专题纪录片，咸宁市档案馆联手著名导演葛驰飞录制的非遗纪录片《木雕熊》，武汉市档案馆联合多部门，在对武汉非遗传承人开展口述资料建档过程中推出的口述专题片《江城非遗坊》等；宣传地方发展的音像型地方档案文献出版物，如反映西藏旅游文化资源的系列音像出版物《西藏旅游》就包含一张反映西藏博物馆、西藏档案馆和西藏大学等机构情况的音像出版物——《西藏旅游：西藏博物馆、西藏自治区档案馆、西藏大学（DVD）》等。④

3. 数字型地方档案文献出版物

现代信息通信技术、网络技术等信息技术的广泛应用，为地方档案文献编纂工作带来发展契机。信息技术对地方档案文献编纂工作的直接影响就是促进数字型地方档案文献出版物的产生与发展。数字型地方档案文献出版物就是以数字形式存储、传播、出版地方档案文献编纂成果的新型地方档案文献出版物。数字型地方档案文献出版物主要分为两类，一类是将地方档案文献出版物转化为数字化产品，将数字化处理后的内容转化为以光盘、磁盘、影像、网络信息资源等形式存在的数字化地方档案文献出版物。如浙江省档案馆编纂的《杭州市军管会及各部布告法令汇编》、安徽省档案馆馆藏的《明代徽州土地产权变动和管理文书》等在档案馆官网以

---

① 胡鸿杰主编《档案文献编纂学》，中国人民大学出版社，2012，第373页。
② 赵喜红：《融入地域文化研究这张弓——本溪市档案馆地域文化研究走笔》，《中国档案》2008年第6期，第48~49页。
③ 胡鸿杰主编《档案文献编纂学》，中国人民大学出版社，2012，第375页。
④ 胡鸿杰主编《档案文献编纂学》，中国人民大学出版社，2012，第379页。

数字化的形式进行呈现。另一类是基于地方档案数字资源进行编纂的数字型地方档案文献出版物。我国地方档案馆抓住档案信息化建设契机，使地方档案文献数字化取得快速的发展，为开展数字型地方档案文献编纂工作提供了地方档案数字资源。如《共和国脚步——1949 年档案》，选取 1949年发生的 52 个重大事件的档案，以每个事件为一个专题，每个专题包括若干份文件、照片、录像、录音、报刊资料等，编纂完成后以 Flash 视频、PDF 电子书和网页文件的形式同时公布，这是对数字型档案文献出版物的一种重要创新。① 地方基于馆藏数字化资源建立了具有地方特色的数据库，举办了网络展览。浙江省基于馆藏档案资源数字化建设成果，建成了"浙江革命烈士英名录""清代历史图库""民国浙江阵亡将士名录"等具有地方特色的专题数据库。辽宁省档案馆举办了"满语满文""满族历史与文化展"等网络档案展。

（二）地方档案编纂的发展趋势

1. 地方档案编纂思想的转变

封建社会，历朝历代的档案编纂工作主要为官方主导的编史修志工作，是一种官方文化，是出于封建统治者宣扬专制思想以维护统治的需要而进行的，政治性明显。近代社会，我国档案文献编纂工作在继承古代档案编纂思想精华的基础上进一步发展。随着科学主义思潮的传入以及近代史料的发现，档案文献编纂工作转向以学术研究为主。部分学术团体组织及学者围绕甲骨档案、简牍、明清档案开展了以学术研究和文化保护为目的的大规模的档案文献编纂活动，编纂成果有王襄的《簠室殷契徵文》、郭沫若的《卜辞通纂》和董作宾的《殷墟文字甲编》等。② 这一时期的档案编纂主要由学者主导，与古代档案编纂工作宣扬官方思想、维护统治不同，其编纂目的主要是为文化建设及学术研究服务。近代档案编纂工作体现精英阶层的思想意图，是精英文化的表现形式。现代社会，地方档案编纂工作不再局限于单纯的档案编纂，而是注重发挥档案的社会效益，社会档案意识也逐渐增强，这一时期地方档案编纂主体由传统的档案馆拓展至

---

① 胡鸿杰主编《档案文献编纂学》，中国人民大学出版社，2012，第 393 页
② 李洋、于元元：《我国档案文献编纂重心的转移及发展趋势》，《浙江档案》2015 年第 4期，第 18~19 页。

社会组织及公众等社会力量，地方档案编纂工作走向大众，地方档案编纂的选题及编排体例与方式更贴合大众需求，所形成的地方档案编纂成果亦成为大众文化的表现形式。

2. 地方档案编纂领域的拓展

随着我国社会主义现代化建设的持续推进，地方档案编纂工作全面开展，呈现出新面貌。同时，地方档案馆基于丰富的馆藏地方档案资源开展编纂工作，档案编纂领域进一步扩大。如广东省档案馆为了彰显侨批文化中蕴含的敢为人先的精神，编纂出版《侨批故事》。另一方面，地方档案编纂领域不再拘泥于档案原件，由一次文献扩展到二次文献、三次文献。地方档案载体形式呈现多样化趋势，由单一的纸质载体拓展至声像、照片等多种载体，地方档案的编纂领域由此随之扩大。

3. 地方档案编纂形式多样

信息技术的发展使地方档案编纂脱离传统的手工编纂模式，地方档案编纂工作进入现代化模式。借助信息媒介获取并加工处理地方档案，是信息时代地方档案编纂工作的趋势。随着数字化技术在地方档案编纂工作中的运用，地方档案编纂形式趋于多样化，出现纸质型、声像型、数字型档案文献出版物并存的局面。纸质型地方档案文献出版物作为传统的地方档案文献出版物的主要类型，具有传递信息量大、发行面广、受众基础广的特点，音像型与数字型地方档案文献出版物作为新型出版物，较纸质型地方档案文献出版物而言，其编纂方式更加灵活，呈现形式更加多样。不同形式的地方档案编纂出版物能够互补，为用户利用地方档案文献提供多种可能。

二 地方档案网站

地方档案网站以信息技术为媒介，以网页的形式展示地方档案工作现状以及面向社会宣传档案馆工作、提供网络查询档案途径。地方档案网站既是档案文本由物理存在转化为虚拟存在的存储空间，也是运用信息化技术开发的地方档案的展示空间。档案网站建设始于1995年，国外率先建成，如美国国家档案与文件署等。随着档案事业及档案信息化建设的稳步推进，地方档案网站建设逐渐展开。1996年北京市档案局（馆）基于北京市公众信息网建立北京市档案网站，揭开我国建设地方档案网站的序幕，特别是2002年底国家档案局网站的正式开通，标志着我国档案网站顶层设计初步完成。随后我国档案网站建设如火如荼地展开。

（一）地方档案网站建设现状

1. 地方档案网站建设的成就

（1）建设覆盖面广，层次齐全

目前，我国已建立从中央到地方的档案网站建设体系。教育、城建等部门及企业等组织机构也在陆续开展地方档案网站建设，如北京大学档案馆、武汉大学档案馆、华中师范大学档案馆、武昌首义学院档案馆、贵州大学档案馆等相继建立档案网站，南京市城市建设档案馆、太原市城乡建设档案馆、宁波市建设档案网等城建档案网站陆续建立。档案网站自上而下，形成以国家综合档案馆为主体，以高校、企业、城建部门等系统档案网站为辅助的全方位覆盖的格局。随着信息技术的发展，地方档案网站在数量不断增长的同时，档案网站建设层次也日益丰富与完善。地方档案网站将地方档案由静态呈现转为动态呈现。如辽宁省档案馆的"清代皇室档案展"、浙江省档案馆的"大写浙江人"。同时，地方档案网站通过设置信息公开、工作动态、馆际概况等栏目为社会公众提供了解档案及档案机构的途径。此外，地方档案网站增添很多实用性的栏目，如在线查档、网上预约、档案征集等，还增设互动性的栏目，如在线交流、论坛等，增强与用户的互动，如四川省档案网站设置"网上调查"栏目，获取公众对档案工作的建议，增强公众对档案及档案工作的关注度。

（2）地方档案网站内容翔实丰富

目前，地方档案网站展示内容翔实丰富，既提供各种文本式的档案资源，也提供图片、声像资料等信息资源，并且将档案资源加工成视频的形式进行展示。展览、图片、视频等方式丰富了地方档案网站内容的呈现形式，也为用户利用档案提供多种选择。如地方档案馆网站展示视频《安徽省档案馆对外公布日军侵略罪行》《我的抗战故事——讲述人：徐亚球》《我的抗战故事——讲述人：唐庆华》等，网络展览"安徽抗日战争图片展""庆'七一'书画展""庆祝新中国成立60周年安徽发展成就档案展"等。

（3）地方档案网站凸显地方特色

地方档案网站是地方档案在互联网环境中的呈现，网站版面设计凸显地方特色。如西藏档案网以布达拉宫为网站背景，网站首页分别用汉语和藏语设置档案馆名称标识，具有藏区文化特色。内蒙古档案信息网网站页面设计体现浓厚的蒙古族民族风情，设置内蒙古档案珍档荟萃、网上展厅、声像资料、编研成果等多项极具内蒙古地方特色的档案专业性服务栏目。另一方面，地方档案是地方自然生态环境与社会生产互动过程中形成的极具地方特色的固态化形式的历史记录，不同区域的地方档案各具特色，地方档案网站展示的内容就是地方特色档案。如云南省档案信息网基于云南丰富的土司资料，建立"云南土司世系名录"专题数据库。江西省档案馆网站举办"彪炳史册的伟大壮举——纪念八一南昌起义90周年历史图片展"。

2. 地方档案网站建设存在的问题

（1）地方档案网站缺乏统一的标准体系

我国地方档案网站建设联动性不足，在建设标准、建设层次、内容组织、页面呈现、网站功能设计等方面不尽相同，馆际壁垒现象明显，这成为建设网络化、系统化的地方档案资源体系的桎梏。由于目前地方档案网站建设统筹规划力度有限，尚未形成统一的网站建设标准体系，地方档案网站建设形式各异，表现为地方档案网站名称各异，网站名称主要冠以"档案信息网"的后缀，但存在"档案网""档案""档案局"等不同后缀，如新余档案网、洛阳档案、赣州市档案局等。地方档案网站栏目划分或过于简单，总体数量小，覆盖面小；或栏目划分交叉重复，缺乏规范性，增加用户的利用难度。如湖南省档案馆网站上的"馆藏介绍"与"珍档荟萃"在二级栏目设置上有部分栏目重合，两者均包含了"清代档案""民国档案"和"革命历史档案"。[①]

（2）地方档案网站信息资源组织方式有待提升

随着档案网站建设工作的持续开展，地方档案网站建设的数量与质量取得跨越式发展。但总体来看，我国地方档案网站信息资源组织方式还存在以下三个问题。其一，现有的地方档案网站内容形式单一，多数网站以政务信息、法律法规、机构组织等信息为主，关于历史、文化、科教、民生等方面的档案较少。同时以文本档案为主，关于照片及声像方面的档案较少。其二，地方档案网站信息资源加工层次有待提高，具体体现为以公

---

① 周莉：《我国档案网站建设的问题与对策研究》，硕士学位论文，安徽大学，2010，第26页。

布档案馆工作动态为主，馆藏档案资源信息较少；以展现档案目录为主，较少呈现档案全文内容；开放档案缺乏深入整理，档案信息关联度不强。地方档案网站主要侧重于档案资源的序化与共享，缺乏对档案进行深层次挖掘分析的考虑，造成地方档案开发产品单一与用户信息需求多样化之间的矛盾。其三，检索系统有待改进。地方档案网站存在检索界面兼容性不强、检索速度受限、检索内容不全等问题，档案检全率、检准率较低，用户的检索难度较高，难以检索到所需信息，这制约网站服务效用的发挥。

（3）地方档案网站服务建设滞后

地方档案网站作为信息时代社会利用地方档案的基础平台，目前并没有充分发挥地方档案网站服务社会的效用。地方档案网站的服务方式总体仍以开具介绍信、电话咨询等为主。部分地方档案网站虽然为了加强与用户的沟通，设置在线交流及留言箱等板块收取用户的反馈意见，但用户留言或咨询需要注册登录。注册登录地方档案网站的限制要求较多，烦琐的反馈程序导致地方档案网站与用户的交互性不强。另一方面，目前地方档案网站重开发轻维护，尤其市级、县级网站在内容更新方面相比新闻资讯及政务网站更为滞后，没有固定的更新日期，内容更新随意性较大，网站内容陈旧，可利用率低。

（二）地方档案网站建设的趋势分析

1. 优化地方档案网站的顶层设计，统筹规划

地方档案网站建设需要大量人力物力的投入，要提高地方档案网站建设效率，规范地方档案网站建设标准，避免人力、物力的浪费及档案资源的低效率利用。这要求优化地方档案顶层设计，统筹规划地方档案网站建设工作。我国地方档案网站的建设与发展应在国家档案局的领导下，由相关部门把握全局，进行总体统筹规划，制定档案网站建设规范，明确档案网站建设标准及要求，提高档案网站建设层次，实现基于档案网站的档案信息资源开发利用的优质化。地方档案行政管理部门要根据相关档案法律法规，结合地方档案网站建设实际，制定地方档案网站建设计划，内容包括地方档案网站建设的标准、网站资源建设层次、网站管理与维护的规范标准等，进而规范地方档案网站建设，如规范档案网站名称及栏目设置等。此外，在依据相关标准构建地方档案网站时，档案网站的页面设计及

档案内容的呈现等方面应凸显地域特色，展现别具一格的地方文化，避免地方档案网站建设千篇一律。

2. 加强档案网站内容建设，强化档案网站功能

档案网站内容建设是地方档案网站建设的基础与重点。加强档案网站内容建设，其一，丰富档案类型，一方面挖掘馆藏档案资源，注重收集反映地方特色的历史、文化、科教等方面的纸质档案以及以照片、声像等为载体的档案材料。另一方面，档案馆要加强与其他类别的档案馆、图书馆、博物馆等社会组织，以及社会公众之间的交流协作，共享档案资源，从而拓展档案网站建设的内容范畴。其二，开展档案数字化工作。数字档案资源是地方档案网站建设的前提，开展档案数字化工作应遵循"应用、质量、效益"的原则，以提高档案数字化效率为目标选择适合实际情况的档案数字化技术对档案全文或目录进行数字化处理。其三，提高档案的加工层次。运用信息技术挖掘整合数字档案资源的显性信息与隐性信息，串联地方档案之间的内在逻辑，将其加工整合成具有深厚地方文化意蕴、形式多样的档案资源。其四，巩固网站检索功能。

地方档案网站检索功能是否完善是检验档案网站建设质量的重要指标，也是影响用户利用档案资源的要素。增强档案网站检索功能，参考借鉴国外的档案检索方式，将检索用户分级，分为研究型用户和常规利用型用户，根据检索用户类型及其需求，提供相应的检索工具或检索方式，以及不同加工层次的档案资源。此外，地方档案网站应设置网站检索说明，就网站档案资源建设情况、检索工具、检索术语等进行说明，为用户检索档案资源提供说明参考，方便用户检索利用，充分发挥档案网站检索功能的效用。

3. 提高档案网站服务质量，夯实档案网站建设基础

档案网站作为地方档案局（馆）发声的重要渠道，是连接档案馆与社会的媒介。网络环境下用户需求渐趋多样化与高质化，满足用户档案利用需求是地方档案网站建设的根本目的。地方档案网站应以用户为中心，推出特色服务，增强与用户的沟通。通过革新地方档案网站管理体制，加快回复公众的速度，切实解决公众所需。与用户的交互渠道应不只限于网站、电话及网络信箱等，应与时俱进，使用微博、微信公众号等作为网站建设主体与网站用户进行在线交流的平台。在交流互动过程中注意接收用户的反馈意见，改变地方档案网站传统的单向输出方式。任何事物都是不

断运动向前发展的，档案网站只有紧跟并顺应时代发展潮流，才不会轻易被时代淘汰。这要求档案网站建设要讲求信息的时效性。档案网站要顺应时代发展趋势，不断地修正、补充更新档案信息，对网站进行安全性维护和更新，使档案网站紧跟时代潮流，符合现实社会的发展趋势，以满足社会公众的利用需求。

三 地方档案文化创意产品

地方档案文化创意产品是地方传统优秀文化品牌传播的重要形式，是通过提取地方档案的文化元素并进行转换形成创意，再通过技术处理将创意与某种载体结合，以区别于地方档案实体，从而形成的兼具地方文化底蕴及实用价值的高附加值产品。档案馆与文化创意产业的深度融合，赋予地方档案文化创意产品广阔的开发空间及充足的开发活力。其中最具影响力和号召力的"故宫文创"是近年文创产品开发的典型代表，宣传方面采取微博、微信公众号、广告、网店、综艺等线上与线下结合的双向宣传方式，产品开发方面结合馆际资源与时下用户喜好并融入流行元素进行衍生开发，挖掘故宫博物院馆藏资源的多重价值以扩大其影响力。

（一）开发地方档案文化创意产品意义

1. 发挥地方档案的资源效用

地方档案记载范畴涉及地方社会生活的方方面面，蕴含丰富的文本信息，展示了特定历史时期区域的历史发展脉络，较为全面系统地反映了地方发展状况。地方档案丰富的内涵在促进地方经济发展、提供科研教育素材、繁荣地方文化事业等方面具有多重价值，地方档案蕴含的价值要素被提取后可作为地方档案文化创意产品开发的基础元素，进而转化为产品，进一步发挥地方档案资源效用。如苏州市档案馆做出了良好的示范，凭借与高校、企业合作开发并列入《世界记忆亚太地区名录》的丝绸档案，建立了10家"苏州传统丝绸样本档案传承与恢复基地"，继承并改良了传统的丝绸织造技术，成为苏州市的特色产业，为当地档案文化创意产品开发提供可行思路。① 同时，地方档案是地方历史文化的反映，通过开发地方

---

① 马骏超：《民族文化共鸣背景下档案文创产品的开发策略》，《黑龙江档案》2020年第4期，第69~70页。

档案文化创意产品,能够挖掘地方档案的经济价值,实现地方档案开发与商业销售的结合,发挥地方档案推进地方发展的经济效用。以四川江安县"安乐酒"为例,江安故宫酒业集团曾利用地方历史档案资料,挖掘"安乐酒"背后的历史故事,重新研发"安乐酒",在四川首届巴蜀节上获得金奖,并销往全国各地和东南亚地区,取得了可观的经济效益。[①]

2. 促进地方档案的开发利用

地方档案作为地方政治、经济、文化等的缩影,从不同视角客观地反映地区的社会运转逻辑。经过漫长的历史发展,我国形成种类繁多,数量丰富的地方档案。地方档案记录内容广泛全面,呈现出明显的综合性特征,形成一个具有民间地方特色的文本世界,构建起展示地方社会生活的场域,呈现地方历史图景,在开展地方建设时具有显著价值。但目前地方档案在推进地方建设时起到的作用有限,这主要在于以下两方面。一方面,地方档案开发力度有限,尚未完全挖掘出地方档案潜在价值;开发形式单一,主要以档案编纂为主;开发层次低,与时下社会利用需求高质化形成鲜明对比。另一方面,社会公众对档案机构持有固化的行政机关的印象,对其服务社会的公共属性认识不足。这导致目前社会公众对档案机构及档案利用持消极态度。地方档案价值发挥及开发利用的目的都在于服务社会主义事业建设及满足公众利用需求,但地方档案保管机构重藏轻用,这造成社会公众对地方档案及档案工作缺乏正确认识,普遍形成地方档案具有较强的政治性、利用困难的认知。

地方档案为地方档案文化创意产品开发提供资料来源,通过挖掘地方档案的隐性信息与潜在价值,将信息技术与现代元素融合,开发形成地方档案文化创意产品。这样既可以革新地方档案开发方式,改变地方档案重藏轻用的现状,拓宽地方档案利用的受众群体,又能够以趣味实用的形式揭示地方档案内涵,改变社会对地方档案的刻板认识,提高社会对档案的认可度,实现地方档案文化创意产品与社会公众生活的融合,刺激社会公众对地方档案文化创意产品的利用需求,推进地方档案资源的开发利用。

3. 推进地方文化发展

地方档案承载深厚的地方文化底蕴,能够展现一个时代的发展面貌,

[①] 彭会兰:《开发地方特色档案信息资源的思考》,《档案学研究》1997年第1期,第46~48页。

通过开发地方档案资源，打造地方档案文化创意产品，既能够发挥档案价值，也能够提高地方文化的认知度，扩大其社会影响力，这对于推进地方档案事业发展及传承地方特色文化具有重要意义。例如苏州市工商档案管理中心为了传播档案及丝绸文化编写了一套"档案伴我成长"系列丛书，为青少年讲述异彩纷呈的档案故事，该套丛书主要包括三项内容，一是宣传文献遗产和世界记忆工程，二是介绍档案知识，三是传播苏州丝绸文化。①

（二）地方档案文化创意产品的开发现状

1. 地方档案文化创意产品开发优势

（1）地方档案文化创意产品具有有利的开发条件

2020 年 6 月修订的《中华人民共和国档案法》第十条提出"中央和县级以上地方各级各类档案馆，是集中管理档案的文化事业机构"。② 明确档案馆是文化事业单位，档案馆的基本属性决定开发档案文化创意产品是其职责所在。地方档案馆开发档案文化创意产品具有法律依据、丰富的档案资源、专业的档案人才队伍等有利条件。同时，随着文化强国战略的实施及中国特色社会主义文化的繁荣发展，社会公众的文化需求日益多元化，对档案文化创意产品接受度及关注度有所提高。故宫博物院文创产品开发为地方档案文化创意产品开发提供参考范例，增强了档案文化创意产品开发的实践可行性。

（2）丰富的地方档案馆藏资源为档案文化创意产品开发提供充足的档案资源

我国各级国家综合档案馆馆藏档案截至 2019 年底达 82850.7 万卷、件，其中，中央级 2016.8 万卷、件，省（区、市）级 4301.5 万卷、件，副省级 2274.9 万卷、件，地（市、州、盟）级 17478.3 万卷、件，县（区、旗、市）级 56779.2 万卷、件。③ 数量如此丰富的地方档案资源作为地方历史文化的文本镜像，为地方档案文化创意产品开发提供多重的可选择与可提取

① 杨韫、陈鑫、吴芳、卜鉴民：《在青少年心中播下档案的种子——"档案伴我成长系列丛书"编写工作的实践与思考》，《档案与建设》2019 年第 6 期，第 43 页。
② 《中华人民共和国档案法》（2020 修订）。
③ 国家档案局政策法规研究司：《2019 年度全国档案行政管理部门和档案馆基本情况摘要（二）》，遵义市档案方志信息网，2020 年 9 月 10 日，http://daj.zunyi.gov.cn/dayw/dawk/202009/t2020 0910_63037562.html。

的地方档案文化因素，拓展了地方档案文化创意产品的开发空间。

（3）信息技术助力地方档案文化创意产品开发

全国省级及以上档案局（馆）基本完成了局域网、政务网、因特网三个网络平台的建设与接入，有些档案部门还建立了核心数据网等专门网络平台，帮助档案人员快速筛选合适的档案元素进行开发利用，从而节省开发的时间成本，减轻工作负担。① 信息技术在开发地方档案文化创意产品过程中被广泛应用，拓展了地方档案文化创意产品的开发形式。地方档案文化创意产品的开发类型多样，按其开发层次主要可分为三类。一是地方档案元素复制类，即将提取的地方档案中的元素直接进行加工，以图书、明信片、办公用品等形式呈现。这类开发方式加工层次较低，容易量产，但缺乏创新，不同区域间的地方档案文化创意产品容易出现同质化现象。二是对提取的地方档案元素再次进行解读与加工，使地方档案文化创意产品既具有地方文化意蕴，也具有实践实用性。三是运用信息技术，打破物理世界与虚拟世界的界限，将地方档案以视频、情景再现等方式进行生动展示。如2019年3月19日，全国首部融入档案元素的非遗口述 AR 影像图书《了不起的非遗》在武汉首次发行，该书包含458张档案图像和500分钟的非遗口述资料，运用 AR 技术使"死"的档案鲜活起来，让非遗活在当下。②

（4）借鉴国外档案文化创意产品开发经验

国外档案文化创意产品的研究与发展相对成熟，我国在开发地方档案文化创意产品时可参考国外的研究成果及实践经验。主要有以下两方面。其一是开发主体类型多样化。随着多元主体协同合作理念在档案领域的应用，多元主体参与成为开发档案文化创意产品的新思路。参与开发地方档案文化创意产品的多元主体既包括档案馆，也包括图书馆、博物馆、高校等组织及公众等社会力量。吸纳多元主体参与，整合主体优势进行联合开发，既有利于聚合力量提升开发层次，也有利于实现地方档案文化创意产品的社会效益，增强社会对地方档案文化创意产品的关注度。在我国，已

---

① 杨红：《浅谈档案文化创意产品开发》，《陕西档案》2019年第3期，第49~50页。

② 钟星、甘超逊：《全国首部融入档案元素的非遗口述 AR 影像图书〈了不起的非遗〉首发》，《档案记忆》2019年第5期，第48页。

有先行者整合多方力量开展地方档案文化创意产品开发工作。2018 年，上海市图书馆举行开放数据竞赛活动，开放的数据内容不仅包含了上海市图书馆原有的档案元数据，还有 CADAL 项目管理中心、哈佛大学计量社会学系、复旦大学图书馆、广州搜韵文化发展有限公司等所掌握的数据，展现了多种人物资料和古籍、民国图书元数据等数据，提升了文化资源的融合度，丰富了文化产品开发所需的原始文化资源。① 其二是开发形式贴合用户所需。根据用户的现实所需及地方文化倾向有针对性地开发具有广泛受众基础的档案文化创意产品，扩大地方档案文化产品的受众面。

（三）地方档案文化创意产品开发的不足

1. 地方档案文化创意产品同质化现象明显

地方档案文化创意产品与地方文化联系薄弱，难以体现地方之间的差异及各自的文化特色。目前我国地方档案文化创意产品开发数量有限，开发形式以图书、画册为主，开发工作整体趋于同质化。地方档案文化创意产品外在形式千篇一律，地方文化呈现方式简略，难以引起社会公众对其进行关注，难以发挥地方档案文化创意产品的开发效用。地方档案文化创意产品应体现地方特色，展现地方历史文化底蕴，不能造成形式单一和同质化的开发现象。如利用地方文字图案设计的手袋、邮票、书签、明信片、方巾等产品见诸湖南地区也见诸丽江古城，只是丽江古城的这些产品印制的是东巴文符号而前者印制的是女书图案，两者除了符号元素不同，其他都大体相似。②

2. 地方档案文化创意产品文化意蕴不足，开发利用率低

现有的地方档案文化创意产品多将地方档案元素复刻于文创产品中，缺乏深层次的开发与运用。地方档案元素浮于档案文化创意产品的表面，二者缺乏进一步的深度融合，档案元素的简单复制成为目前档案文化创意产品开发的基本模式，批量生产导致地方的档案文化创意产品失去地方文化特色。以这种形式生产出来的地方档案文化创意产品缺乏对地方档案中蕴含的文化意蕴的解读与重构，只是对地方文化符号的简单呈现，而不是

---

① 上海图书馆：《开放数据应用开发竞赛公告》，2020 年 12 月 15 日，http：//opendata.library. sh. cn/。

② 王兰香：《论地方特色档案文创产品开发》，《档案天地》2020 年第 5 期，第 60～63 页。

对地方特色文化的展示。地方档案文化创意产品缺少地方文化内涵和特色，用户也无从感知地方档案文化，因此对地方档案文化创意产品的接受度以及对地方档案文化的认同度也随之降低。

3. 地方档案文化创意产品营销推广不足，开发效果不佳

目前地方档案文化创意产品研发出来后主要在地方档案局（馆）内展示，档案网站及社交媒体平台主要展示政务信息及档案局（馆）的工作动态，很少发布与档案文化创意产品相关的信息。地方档案文化创意产品营销宣传渠道单一，这导致了解地方档案文化创意产品的用户较少，社会受众群体有限，推广地方档案文化的实际效用也受限。

4. 地方档案文化创意产品开发动力不足

目前地方各级各类档案馆开发的地方档案文化创意产品主要用于馆际交流与宣传，缺乏大规模开发利用地方档案的意识，地方档案文化创意产品开发实践较少。同时，鉴于我国档案馆是文化事业单位，档案馆运转资金以国家财政支持为主，档案馆建设资金在维持档案馆运转的同时难以支撑对地方档案文化创意产品开发。同时，社会公众的精神文化需求不断提高，这对地方档案文化创意产品的开发层次与开发形式提出更高的要求，而档案馆目前具有的设备技术难以开发高层次产品，无法满足社会档案利用需求，这成为阻碍地方档案文化创意产品开发的另一原因。

（四）地方档案文化创意产品开发策略分析

1. 加强创意设计，丰富开发形式

地方档案文化创意产品是具有档案元素的商品，通过融合地方档案元素进行文化创意产品开发，实现对地方档案内涵底蕴的挖掘再现，既能够提升地方档案的开发层次，增强地方档案的实用性，也为用户利用地方档案提供多样选择。加强地方档案文化创意产品开发的创意设计，丰富地方档案文化创意产品开发形式以凸显地方特色，革新用户对地方档案文化创意产品固有印象是提升地方档案文化创意产品开发效率的题中应有之义。加强地方档案的文化创意产品设计，应跳出书签、日历等初级文化创意产品的旧有模式，基于地方档案的内容，采取 VR 技术（虚拟现实技术）、3D 打印技术等信息技术创新地方文化创意产品的开发形式。同时，将地方档案所蕴含的地方历史文化因素与时下的流行元素结合，将其作为地方档

案文化创意产品的开发创意，如台北故宫推出的文创产品"朕知道了"创意纸胶带，这个产品就是利用所藏的康熙皇帝朱批奏折，在纸胶带上印刷出御批手迹"朕知道了"，将纸胶带变成人人喜爱的时尚精品。①

2. 挖掘文化意蕴，凸显地方特色

基于地方特色文化意蕴打造具有地方文化厚度的创意产品，旨在展示与宣传地方特色文化。现阶段地方档案文化创意产品存在文化意蕴不足、地方特色文化不够显著等问题，应深入挖掘地方档案的形成背景、相关人物事迹等隐性信息，利用档案背后的隐性信息进行再度创造与加工，展示地方档案蕴含的深厚的地方文化意蕴。如 2007 年，由李亚鹏投资、张扬执导的音乐歌舞剧《鲁般鲁饶》在丽江木府上演，该剧被誉为纳西族版的《罗密欧与朱丽叶》，该剧通过融入纳西人熟悉的生产、生活故事画面来演绎这一爱情悲剧长诗，在推广纳西文化的同时唤起了民族文化认同意识。②挖掘地方档案文化意蕴，凸显地方文化特色是发挥地方档案文化创意产品的开发效用的前提，这要求地方档案文化创意产品开发工作既要善于挖掘地方档案潜在信息，也要善于将基于潜在信息提炼出的地方特色文化与文化创意产品相结合，使用户产生文化认同与情感共鸣。

3. 拓宽营销渠道，提升利用效度

针对目前地方档案文化创意产品传播范围仍局限于档案局（馆）内及社会公众利用效度有限的问题，拓宽其宣传营销渠道以扩大地方档案的舆论影响力及社会知名度便成为开发地方档案的重要目的。地方档案馆可在馆内或档案展览中设置固定或流动的档案文化创意产品展示空间，建立起用户与产品之间的联系，为用户提供了解与接触产品的平台。同时，地方档案文化创意产品开发旨在发挥地方档案效用以服务社会，因此产品开发应具有时效性，融入时下热点及社会流行元素，进而更好地契合用户的喜好。同时可采取饥饿营销的方式，按时间节点推出产品，推进产品的宣传营销。地方档案文化创意产品可借助电商平台、档案网站及社交媒体平台等信息平台进行线上宣传和销售，扩大地方档案文化创意产品的舆论影响力。

---

① 杨红：《浅谈档案文化创意产品开发》，《陕西档案》2019 年第 3 期，第 49~50 页。
② 王兰香：《论地方特色档案文创产品开发》，《档案天地》2020 年第 5 期，第 60~63 页。

4. 革新工作方式，增强开发动力

一方面，目前我国地方档案文化创意产品开发面临开发范围有限，开发类型单一、同质化，开发层次较低等问题，除却档案馆建设资金、设备技术等外在因素影响之外，档案职业工作者作为地方档案文化创意产品开发的主要力量，其重馆藏轻开发的思想意识及相关工作方式亦是影响地方档案文化创意产品开发的重要因素。采取向档案工作者宣传国内外档案文化创意产品开发的典型案例及展开业务技能培训等方式革新档案工作者的工作理念，进而通过调整工作职责及绩效考核等方式推进档案工作者的工作方式的转变，将开发地方档案文化创意产品作为档案馆常规业务工作。另一方面，地方档案馆工作开展的资金来源主要是国家财政支持，财力是制约地方档案文化创意产品开发的直接因素。拓宽资金来源渠道是地方档案馆保障开展文化创意产品开发的另一思路。地方档案馆既要发挥财政支持档案事业发展的主导作用，通过采取财政补息、资金补贴等形式为地方档案文化创意产品开发提供资金保障，也应面向社会拓宽资金支持渠道，将之前的单一财政来源拓展为包括档案馆销售档案文化创意产品收入及社会团体组织、社会力量资助等在内的多源资金保障体系，增强地方档案文化创意产品开发动力。以美国国家档案基金会为例，该基金会接收企业、协会等社会组织的捐款，并抽取部分捐款开发档案文化创意产品。

【思考题】

1. 简述地方档案法治建设的发展历程。

2. 分析目前地方档案法治建设现状。

3. 分析地方档案信息化建设存在的问题。

4. 论述地方档案信息化建设的发展趋势。

5. 论述地方档案资源体系建设的意义。

6. 分析地方档案资源体系建设的策略。

7. 论述地方档案资源开发利用的形式。

8. 论述地方档案资源开发利用的意义。

第四章　中国地方档案学的构建与前瞻

【学习要求与重点】

1. 要求学生了解地方档案学学科的形成与发展状况。

2. 重点掌握地方档案学学科体系。

第一节　"地方档案学"的构建

"地方档案学作为一门学科"这一说法的提出,是地方档案研究不断深入的结果,从地方档案相关学术研究的发展势头和变化规律来看,是具有必然性的。可以肯定地说,这一结果的产生,证明学术发展到了一个新的阶段,也是实践对于理论指导有了新要求。因此我国地方档案学这一学科构建有其学术背景和实践需要。我国地方档案学理论建设是地方档案研究从零散到系统、从局部到整体、从单一问题研究到专业学科知识体系建构的重要里程碑,表明了我国地方档案研究正在渐渐从"新生期""发展期"迈入"成熟期"。目前学术界虽然拥有建构"地方档案学"的意愿和基础,但距离建设好具有完整的知识体系和理论框架的地方档案学学科仍然有很长一段路,"地方档案学"的建构,并非一朝一夕之功,需要不断地吸纳有识之士,充实壮大这一学科。目前学术界已经在路上了,相信一定可以到达终点,建设好地方档案学学科体系,获得学术界广泛认同。

一　构建地方档案学的必要性

(一)　完善档案学学科体系

习近平主席指出要努力使基础学科健全扎实、重点学科优势突出、新兴学科和交叉学科创新发展、冷门学科代有传承。① 档案学作为一门基础学科，随着新时代的发展，其分支学科中的传统性科目毅然向前发展，新兴科目不断涌现。为落实《关于加快构建中国特色哲学社会科学的意见》《关于实施中华优秀传统文化传承发展工程的意见》，档案学在发展过程中应坚持解放思想、实事求是、与时俱进、求真务实，坚持以现实问题为主攻方向，坚持基础研究和应用研究并重，为繁荣发展哲学社会科学、加强地方合作、推进地方经济文化发展、建设文化强国服务。档案学作为"加强哲学社会科学学科体系建设、加强中国特色话语体系建设"的重要组成部分，应当立足于本土资源，在将本土资源融会贯通的前提下，吸纳国外优秀哲学社会科学资源。同时，不仅要挖掘历史中的优秀成果，而且要让研究成果紧扣当今时代需求，做到关怀人类、面向未来，让学术研究为人类和社会发展做贡献。除此之外，还应主动拓宽学科研究范畴，完善学科科学研究体系，以此来促进有中国特色的哲学社会科学繁荣发展。

地方档案作为极具特色的档案文献之一，在学科研究深化过程中逐渐成为重要的研究领域，成为档案学学科发展新的增长点。开展地方档案的研究与应用，对丰富档案学理论范畴，拓展档案学研究视角，深化档案管理工作，推进地方档案事业发展将发挥积极作用。

（二）促进地方档案事业发展

地方档案学的深入研究，可促进社会各界对地方档案资源的保护、整理及利用，促进地方政府及机构加强对当地档案事业发展的关注，可以推进地方档案馆收集、收藏地方特色档案资源，完善当地地方档案馆的馆藏结构，促进各地对地方档案资源的抢救保护、系统整理与共享利用。地方档案学的发展还可优化地方档案馆的管理工作，促进地方档案馆实践的科学化、规范化和现代化进程，提升地方档案事业建设的社会影响力，促进其社会效能的发挥。地方档案学助推地方档案事业各方面发展的作用是显而易见的。地方档案是记录地方历史活动、社会文化及集体记忆的真实载体，蕴含的丰富的历史经验和教训具有一定代表性和典型性，对地方的相

---

① 朱敏彦：《我国哲学社会科学繁荣发展的纲领性文献——学习习近平总书记在哲学社会科学工作座谈会上讲话的体会》，《上海市地方志办公室》2016 年 8 月 6 日。

关事业发展而言是一笔极其珍贵的财富。如苏州档案馆所藏的商会档案，南通市档案馆所藏的企业档案，连云港市档案馆所藏的盐务档案，吴江县档案馆所藏的蚕丝业档案等，对当地相关研究和工作的开展都有举足轻重的参考作用。各地方的档案资源还是当地的文化内核和发展源泉，发掘利用地方档案能帮助各地强化地域档案文化内涵，帮助各地区在相似的地区发展环境中寻找到本土文化落脚点，树立地方文化自信，抵御外来文化挤压，助推当地文化发展。同时，地方档案影响力的扩大和社会作用的强化也有利于提升当地民众的文化根源感和文化凝聚力，增强当地民众的身份认同感。

（三）突出地方档案的话语权

随着社会经济的发展和全球文化的冲击，我国各地对自身文化呈现"消极否定"的认知态势，导致出现"去地方化"的现象，地方文化建设追求同质化，自身特色文化没有被珍惜甚至逐渐消逝，地方文化是我国文化体系的重要组成部分，是我国抵御外来文化入侵、保护文化安全的城墙，而在外来文化的冲击和自身忽视的情况下，地方文化正在渐渐失去自身话语权。"五里不同风，十里不同俗"这一美好的社会文化现象正在逐渐远离人们的日常生活，不同地域之间社会文化的差异似乎越来越难以分辨。强势文化所强调的一元文化抹杀了文化的多样性和个性，使不少独具特色的地方文化处于因被忽视、遗忘而逐渐消亡的境地。目前学界开始探究"如何通过在本土文化中找寻诗意的栖息地，来振兴地方文化乃至整个中华民族文化"。早在晚清时期，一代学人就自觉开展地方文化谱系的梳理，其目的就是希望通过梳理自身生存地区的"问题"把握和总结思想脉络，真正地建构一种强有力的体现自身文化遭遇和应对策略的话语体系，并展开与外界的沟通交流。此后的费孝通先生更提出"各美其美，美人之美，美美与共，天下大同"的观点，提醒世人要强化文化自觉，大力弘扬民族文化以实现文化的觉醒。而地方档案作为地方文化的浓缩和翔实的珍贵资源，承载了地方真实的历史文化记忆，能帮助人们了解地方文化的面貌。提升地方档案在地方文化发展中的话语权和存在感，有助于促进地方文化的保护和传承，繁荣中华民族文化，提升中华民族的文化自觉、文化自信。

二 构建地方档案学的可行性

（一）地方档案数量十分丰富

各地保存至今的地方档案数量巨大、内容丰富，地域性、连续性、典型性特征鲜明。例如，贵州的清水江文书，"其资源广泛分布于清水江中下游的锦屏、黎平、天柱、三穗、剑河、台江等县，时间跨度大约从明末清初直到20世纪50年代，目前这几个县档案馆已收藏契约文书10余万件，据估计，散存于民间的文书可能有30万至50万件"。① 此外，福建省的侨批档案，可提供目录的多达4万余件。其中，"福建省档案馆收藏侨批及其相关档案文献共有1万余件，泉州市档案馆收藏侨批实物3125件，复制扫描件30991件，晋江市档案馆收藏侨批实物3342件，晋江市博物馆收藏侨批实物147件，漳州市档案馆收藏侨批实物14件，厦门市档案馆收藏侨批及相关档案文件1585件，福清市档案馆收藏侨批实物24件，古田县档案馆收藏侨批实物18件，南靖县档案馆收藏侨批实物67件，泉州市华侨历史博物馆收藏侨批实物28件"②。"四川省的南部档案，是目前发现的清代地方档案中历时时间最长的，从1656年至1911年历时256年，其数量有18186卷84010件。清代的巴县档案据统计共有11.3万卷，真实全面记述了清朝160年间重庆地区的政治、经济、军事及社会文化活动，为我们今天研究清代地方政权的历史提供了一个典型的案例。"③ 总之，这些地方档案记录了各地社会历史发展进程中厚重的文化信息，既是国家档案全宗的重要组成部分，也是我国文化遗产的重要组成部分，保存了地方丰富的社会记忆，是研究地方社会历史文化最翔实的第一手史料。

（二）地方档案研究日趋成熟

任何一个学科领域的研究，从零散到系统的过程不能缺少一定研究作为积淀，目前地方档案的学术研究无论是研究成果、研究机构还是研究队

---

① 姚曼、兰岚、吴春琴：《清水江文书：中国民间文书的又一座宝库》，《贵州民族报》2013年11月27日。
② 福建省档案局《福建侨批与申遗》课题组：《福建〈侨批档案〉的申遗之路》，《中国档案》2013年第8期，第37~39页。
③ 刘君：《中国县级地方历史档案之最——清代四川巴县档案概览》，《档案》2000年第3期，第27~28页。

伍都为地方档案学的形成发展奠定了坚实基础。现梳理四届地方档案与文献研究的研讨会情况以为例证。

2012年，第一届地方档案与文献研究学术研讨会在四川南充西华师范大学召开，与会学者围绕清代衙门档案的整理与利用价值、地方社会与文化、清代州县司法、民间信仰、南部档案中的俗字、法学的法律史与历史学的法律史等问题展开了一场多学科、多领域、多主题的学术对话。本次会议以"地方档案与文献研究"为主题将不同领域的学者集结一堂，进行了多维度、跨学科的讨论，显示出多学科交融的特点，透露着区域史研究多样化的特色。总体而言，本次会议呈现如下特征。一是"地方性"明显。大多数文章选题立足于本地区，由传统的整体探究转向区域关注，呈现精细化研究的发展趋势。二是对南部档案的整理与研究是一个有力的助推器。以黄征、杨小平教授为代表的对俗字、杂字问题的探讨，有助于档案的释读。以张晓蓓、张晓霞等为代表的地方文献类论，为认知和研究档案提供了指引性的意见。与会学者从不同视角为南部档案的进一步整理与研究提出了一定的意见和建议，必将推动南部档案研究的进一步深化。三是注重史实考证。会议论文讲究资料的严谨与充实，多数文章除使用南部档案、巴县档案、军机处录副奏折等档案资料外，还综合利用方志、家谱、田野调查资料等文献进行互证。会议强调档案的重要性，同时提倡档案与传统文献进行充分的综合对比考察，向学界展示了"不唯档案是用"的态度。此外，"法史交融"是本次会议的一大亮点，利用研究南部档案的机会，把两个学科的优势发挥出来，使法学和历史学互相疏通、互相融合、互为借鉴，呈现出法学、史学研究的新局面。大批学子加入档案整理与研究队伍，不同领域的专家共同探讨地方档案与文献研究，地方档案研究的逐渐升温势必推动历史学、档案学等相关学科研究的进一步发展。①

2014年，第二届地方档案与文献研究学术研讨会在四川省南充市召开，会议总结了这一阶段地方档案文献的整理成果，聚焦于地方档案整理的方法问题，如吴密察教授介绍了对淡新档案整理的心得和经验。左平教授在《有关清代地方档案著录的几个问题》一文中翔实细致地展现了南部

---

① 吴佩林、钟莉：《"地方档案与文献研究学术研讨会"综述》，《中国史研究动态》2014年第1期，第71~74页。

档案的整理著录经验。左平教授认为有效做好清代南部档案著录工作和开展数目检索工作的关键点在于建立条例清晰的著录标准，应当遵守《明清档案著录细则》中的相关标准，同时也依据南部档案自身特性，制定了《清代南部县衙档案著录细则》。此次会议还就地方司法档案展开了深入研讨，如吴冬《清代州县司法中的"遵用状式"研究》、台湾大学萧琪《〈淡新档案〉张和利号争产案所见之诉讼策略》、西北政法大学杨静《清代田土档案中民事纠纷的司法考量》、西南政法大学梁勇教授《客长、场镇与地域秩序——以清代巴县为例》等都是其中的代表。本次会议有以下特点：一是参会代表的多元性，参会代表既有来自海峡两岸高校、研究机构的人员，亦有图书馆、博物馆和地方志办公室的文史工作者；二是学术交流的跨学科性，参会代表的学科背景多样，历史学、法学、档案学、文字学、艺术学、考古学、图书馆学等学科专家齐聚一堂，促进了各专业知识的跨学科交流，为研究地方档案提供多元学科视角；三是讨论主题集中，本次研讨会侧重于地方文献特别是地方档案的整理与研究，所讨论地方档案数量甚多，从而为地方档案的整理方式及研究思路取得一些新的研究进展做了铺垫，为以后地方档案及文献的整理与研究指明道路方向。首先，要继续重视地方文献的挖掘，在这个过程中，要特别注重加强数据库的建设工作，为大数据时代的到来做好准备；其次是要重视"亲历者"在研究地方档案各环节中的作用。以往的叙事体系往往从宏观视角展开，这导致对制度的研究难免存在遗漏，而且古今的时代变迁导致文化环境、社会风俗产生极大的偏移，这导致研究者对古代制度认识存在偏差，采用"亲历者"视角来理解"亲历者"对制度变革的认识和反应，才能更好地认识制度的变革和运转；最后，研究者要注意理论训练。近些年来，出现不少地方档案新材料，利用这些新材料的研究者，往往长于堆砌史料，缺乏深入探究，问题意识不足，只是停留在表面的整理上，这种现象不利于研究者的思维发散，同时也容易导致学科被边缘化，丧失自身的话语权。①

---

① 吴佩林、万海荞：《地方档案与文献研究的新进展——"第二届地方档案与文献研究学术讨论会"会议综述》，《西华师范大学学报》（哲学社会科学版）2015 年第 2 期，第 105~110 页。

2016 年，第三届地方档案与文献研究学术研讨会在西华师范大学召开，本次会议讨论重点为地方档案文献整理与研究过程中的经验和教训。四川大学陈廷湘介绍了西南地区民国时期地方档案的馆藏量和收集整理情况，他认为档案史料对于中国历史思维与史学发展路径具有特殊意义，目前地方民国档案的数字化进程难以跟上实际利用的需要，这应当引起学术界以及相关主管部门的重视。贵州师范大学徐晓光介绍了清水江文书的特点、研究状况及对于当代的重要价值。山东大学龙圣以冕宁档案的整理、研究现状为基础，从其自身视角阐述了地方档案与社会史研究之间的联系。辽宁大学赵彦昌全面翔实地考述了中国古代七月文书编纂的历史演变过程及特点。中山大学肖代龙以中国近代海关档案文献为研究对象，分析了其整理关注的主题及成果，并对研究内容进行深入思考和述评。成都市龙泉驿区档案局胡开全从具体案例入手，通过分析成都市龙泉驿区档案局的档案编纂经验，指出要重视档案编纂的方法、视野，以及人才选拔的通透性。本次大会呈现出三个方面的特点："一是会议中展示的论文涉及多个学科，跨学科特征非常明显；二是参会论文质量高，提出问题新颖，与会学者借助档案突破以往学说局限，发现了许多新的研究点；三是老中青三代学者共聚一堂，共同论道，薪火相传，展现了地方档案研究的继承性和地方档案学术研究的独特魅力。同时，此次会议指出未来地方档案研究应当将地方档案同田野调查相结合，以作为学科未来新的增长点。"①

2018 年，第四届地方档案与文献研究学术研讨会在山东曲阜师范大学召开，本次会议对"地方档案的整理与利用""地方经济研究""地方司法研究""地方社会治理""社会宗族文化""社会思想文化""私家档案中的孔府档案"等主题展开研究，呈现出这一阶段地方档案研究的史料多样性、研究多元化、学术交流多学科性等特点。除四川巴县档案、南部档案等地方档案外，与会学者还利用中央官方档案、海外档案、民国报刊等纸质文献以及碑刻等实物文献展开研究。研讨会中的论文除涉及法律史、社会史、经济史等，还涉及医疗史、卫生史、思想文化史，促使档案研究向多元化迈进。学术交流的学科背景具有多元性。与会代表既有历史学者，也有法学、档案

---

① 吴佩林、张加培：《"第三届地方档案与文献研究学术研讨会"综述》，《社会科学研究》2017 年第 4 期，第 195～196 页。

学、艺术学、考古学、图书馆学等领域的专家，多学科交流促进不同领域相互借鉴、共同发展。对作为私家档案的孔府档案的研讨是本次会议的亮点。与会学者围绕孔府的经济、政治、宗族、建筑、文化等方面展开讨论，为孔府档案的进一步整理与研究提供了新的思路。与会学者类型多样、分布地域广泛。除各高校的老师、学生外，还有来自研究院的研究员、博物馆馆员、出版社的总编等。①

（三）地方档案的价值作用日益彰显

地方档案丰富多样，随着社会的发展其价值作用也在各方面不断体现。一是地方档案承载了丰富的地方历史文化内涵，是地方文化及历史活动的重要载体，是服务于地方社会现代化建设的知识宝库，是研究地域发展历程的真实可靠的参考资料。地方档案是记录地方政治、经济、文化、历史、教育、风俗、人物传记、物产资源、名胜古迹等珍贵信息的承载物，呈现了地域文化变迁脉络和不同历史时期地方社会发展的特色，具有厚重的文化历史底蕴。由此可见，加强开展地方档案的收集、整理、开发和利用等一系列工作，有利于为传承地方记忆和文化血脉、展现地方文化魅力、促进地方社会现代化建设、保卫我国文化安全，以及弘扬我国优秀传统文化做出巨大的贡献。

二是地方档案凸显了地方文化特色。如云南省档案馆馆藏清代地方档案1518卷。形成时间为清乾隆四年（1739）至宣统三年（1911），其中同治六年以后的居多。主要包括云贵总督、云南巡抚、云南布政使、按察使、交涉使、提学使司、粮储、劝业、盐法、滇中、蒙自、腾越、思普各道在行政、教育、厘金、邮电、盐务、垦殖、户政、实业、学堂、矿务、留洋、传教、边界、通商、海关、铁路交通等方面的内容。分别保存于馆藏中的14个全宗之中，分别是民国时期省政府秘书处、建设厅、教育厅、民政厅、实业司、地震局、盐务管理局、邮电管理局、经济委员会、警务处、富滇新银行、高等法院、昆明海关、外交部驻云南特派员公署。这些档案全面完整、内容翔实，真实记录了清代云南地方社会的各领域发展状况，包括云南与中央、周边国家及地区的互动交往状况，凸显了云南地方乡土民情、区域历史、民族风貌、边疆

---

① 邓利平：《"第四届地方档案与文献研究学术研讨会"综述》，《中国档案研究》2019年第1期，第237~249页。

治理等浓郁的地方文化信息，是地方特色文化最真实的反映。

三是地方档案揭示历史并映照现实。地方档案记录了地方历史的发展历程，揭示了地方社会历史面貌，为后人了解历史发展的动态，总结历史发展的经验教训提供参考凭证。同时，地方档案是地方历史上政治、经济、文化等方面的真实记录，在某种意义上再现了当地社会的历史情境以及时代变迁历程，深入研究地方档案中承载的信息，可以帮助人们了解历史上不同事物演变的内部规律，从中归纳总结前人的历史经验，有利于地方决策科学化，以史为鉴。

四是地方档案资源推动地方社会现代化建设发展。地方档案作为特定区域内的珍贵文化资源，肩负着记录、保护、传承区域文化的使命，对地方社会建设和发展具有极其重要的意义。例如，苏州丝绸档案是苏州地方档案的代表，有29592卷，为苏州地方经济发展和地方文化繁荣提供了有力的资源支撑，成为全国地方档案产业化开发的典型案例。"在苏州丝绸档案开发利用的过程中，苏州市工商档案管理中心以馆藏丝绸档案为资源基础，充分结合企业的生产能力和市场开发能力，建立了18家'苏州传统丝绸样本档案传承与恢复基地'。借助丝绸企业的专业化研发和生产设备，馆藏的宋锦、漳缎、纱罗等濒危的传统丝绸品种及其工艺得以恢复，并设计出一系列丝绸新品投入市场，得到消费者一致好评，取得了总体年销售额约2360万元、净利润约420万元的优异成绩，充分实现了地方档案文献遗产的经济价值。同时，档企结合开发的方法除了带来较好的经济效益，还产生了较大的社会效应，让丝绸档案从沉睡的库房中苏醒，走向了世界。"①

第二节 "地方档案学"的元理论

一 地方档案学的概念与内涵

学科定义是对本学科的本质属性及其内涵与外延的科学、准确的概括与阐述，划定了学科体系的研究边界，指明了学科内部的研究范畴。研究

---

① 陈鑫等：《地方档案文献遗产保护开发研究——以苏州丝绸档案为例》，《档案与建设》2020年第6期，第42~46页。

一门学科的首要条件和基本条件是对该学科的学科概念进行系统、深入、明确的厘定。

地方档案学是档案学的一门分支学科,它是以档案学理论为基础,研究地方档案和地方档案工作、地方档案事业客观发展规律的一门应用学科。具体表现在以下几个方面。

(一)地方档案学以地方档案和地方档案工作为研究对象

地方档案学具有相对独立、系统化的研究对象——地方档案以及地方档案工作,这是地方档案学之所以能够成为一门独立学科的重要因素和标志。纵观我国历史,可以发现地方档案以及地方档案工作具有悠久的历史,从现有史料记载中,可以推导出我国早在商周时期就出现以史志、谱牒等为主要类型的官方地方档案文献。经过几千年的发展,我国地方档案文献十分丰富,地方档案工作也有了很大的发展,为我国地方档案学的产生奠定了丰厚的材料基础。地方档案学不仅要研究地方档案的起源、发展、传播、分布、内容特点、价值功能等,也需要研究其搜集、整理、保存、开发、利用等实践工作及其与地方社会文化的关系等内容。

(二)地方档案学旨在研究地方档案和地方档案工作的本质与一般规律

地方档案学的研究涉及地方档案和地方档案工作的方方面面。地方档案学的研究不应该仅停留在对某一个特定历史时期内各个区域中地方档案及地方档案工作的研究上,更应该通过对分布在不同时空的地方档案和地方档案工作开展比较研究,从中总结归纳地方档案和地方档案工作的相通之处和一般规律,从而得出指导性理论,为更好地研究地方档案、做好地方档案工作添砖加瓦,促进我国地方档案事业的发展。

(三)地方档案学是一门与多种学科密切相关的交叉学科

任何一门学科都是相对独立的,地方档案学亦是如此。首先,地方档案学是将卷帙浩繁的档案按不同的区域划分成特定的研究单元作为其研究对象,研究特定区域档案的形成过程、内容特征、保存保护、开发利用等问题,所以地方档案学是档案学的一个分支。首先在理论和方法上,它是以档案学原理为指导,全面继承了档案学理论的精髓。其次,地方档案学与历史学、文献学、情报学、信息学,以及管理学等多种学科有着错综复杂的关系，所以要借鉴相关学科的研究方法和经验成果。最后，现代信息技术的发展应用，给地方档案和地方档案工作带来了机遇和挑战。地方档案学应该积极加强与信息技术的融合，实现"数字人文+地方档案学"的现代化发展。

（四）地方档案学有相对独立的知识体系

任何一门独立学科都离不开自身的知识体系，知识是经过验证的，正确的，并且为人所相信的，知识之间相互关联便形成了知识体系。知识体系是学科范畴的重要组成部分，是同其他学科相互区分的显著标志，同时也是本学科本质属性的映射与表现。地方档案学虽然与诸多学科存在着紧密联系，但其拥有属于自身的、独立性的学科概念，如地方档案、地方文化、地方社会、地方资源等，在地方档案学界诸多学者的不懈努力下，地方档案学学科知识体系不断发展完善，已经形成逻辑概念严谨的学科知识网，并且形成具有学科特色的独有表达方式。因此，可以说地方档案学形成了独立的、结构化的、系统的知识体系。

二 地方档案学的学科特征与任务

（一）学科特征

1. 地域性

地方档案是相对于中央而言的各地方的政府、社会组织或个人在社会实践活动中形成的具有清晰、明确的原始记录作用，带有独特地方特色和历史痕迹的固化信息，主要记载了地方上的地理环境、风俗习惯、历史事件、著名人物等，是能够影响地方政治、经济、文化、社会发展的重要史料。地方档案的形成主体是地方政府、居民以及社会组织，从广义上讲地方档案还包括不在本地方形成，但是所记载内容涉及本地方的档案。形成主体的地域性和反映的内容的地域性，对地方档案文化的形成和发展有着直接或间接的影响，也决定了该学科研究的对象、内容和方法。

2. 实践性

地方档案学的实践性主要表现为该学科脱胎于地方档案管理工作，对地方档案管理工作实践经验进行总结归纳以及概括后的理论化成果能够反过来指导现实的地方档案工作朝着更加标准、正确的方向前进。各地的档案实践工作水平影响着我国档案事业总体发展水平。地方档案学主要研究地方档案管理工作的应用理论、原则、方法，以及技术融合问题，致力于地方档案事业的长足进步。因此全面推进各地档案工作水平的整体性提高，是地方档案学构建的题中应有之义。

3. 多元性

地方档案学具有明显的跨学科性质，吸纳了档案学及其相关学科的优秀研究成果，如历史学、文献学、图书情报学、管理学、信息学等，尤其是在如今这个社会环境多变和信息技术高速发展的背景下，研究视角和环境呈现多元化趋势，研究主题日益与其他学科交叉融合，单一学科难以支撑解决研究问题。因此，地方档案学必须集结多个学科的研究力量，构建一体化的学术语境，这是地方档案学学科建设的发展前景。档案学界在多学科融合研究方面，拥有坚实的基础，有能力、有必要顺势而为、因势利导，通过更新观念、延展思路、迁移理论、融合多元，培养地方档案学的学科生长点。

（二）学科任务

"地方档案学的任务是在研究地方档案形成、特点和规律，总结地方档案工作的实践经验和科研成果的基础上，广泛吸收其他学科，特别是档案学与相关学科的研究成果，揭示地方档案工作的客观规律，提出适应其特点的理论、原则和方法，以指导各地档案工作的实践，提高地方档案工作管理的水平，充分发挥地方档案的价值作用和社会经济效益，主动地、高效地为社会各界的档案信息需求提供服务。"[1]

地方档案学的发展应牢牢把握我国档案事业发展"十三五"规划，"坚定地把高度的政治自觉和强烈的政治责任贯彻落实到地方档案学发展建设这一过程始终，紧密围绕党和国家工作大局推进地方档案学发展。要坚持以人为本、服务为先这一理念，努力满足社会各方对地方档案信息的利用需求，更好地为党和国家各项事业发展服务。要坚持创新驱动、开放带动，把创新作为地方档案学发展的动力源泉，以开放、共享理念，积极构建地方档案学发展完善、地方档案资源走向社会的新格局。地方档案学要以实现以信息化为核心的档案管理现代化、

① 陈子丹：《民族档案学专题研究》，云南大学出版社，2013，第33页。

与全面建成小康社会相适应、有效服务国家治理和'五位一体'建设的档案事业发展体系为导向开展研究，根据各地的政策环境、社会需求、技术条件的变化，本着继承与发展、改革与创新的理念，发现新情况，研究新问题，总结新经验，提出新理论"。①

三 地方档案学的研究内容与方法

（一）研究内容

第一，地方档案学的基础理论研究。基础理论研究就是研究地方档案的基本原理、基本概念、范畴和地方档案管理的基本理论知识。地方档案基础理论就是要揭示地方档案现象的本质及其运动发展规律。其内容涉及地方档案学的研究对象和内容、学科性质、研究方法、研究任务、该学科的地位和作用、学科体系构建等。

第二，地方档案学的历史研究。地方档案学这一事物并非凭空产生，而是经历了产生、发展和成熟这一历史过程，任何一个学科都离不开其学术史的研究，地方档案学也不例外，地方档案学的历史研究对于地方档案学的理论建构至为重要，有着追根溯源的作用，也是地方档案学这一学科的重要组成部分。史论结合这一研究方法同样适用于地方档案学历史的研究。其内容包括发展演变的一般理论、形成的条件、演化形成的内外部机制、发展的历史过程及其历史阶段划分理论、在现阶段的基本状况、存在的问题及其未来发展趋势等。

第三，地方档案学的实践应用研究。实践研究既是地方档案学研究的重要组成部分，也是地方档案学的一个难题。其内容包括地方档案工作的理论、原则和方法，地方档案的收集、整理、鉴定、统计、保护和开发利用，各类技术在地方档案中应用的原理与方法，地方档案资源在社会领域的交叉应用。

第四，地方档案学的交叉融合研究。地方档案涉及领域广泛，学术界从历史学、民族学、文献学、管理学、社会学、法学等不同学科视角来研究地方档案和地方档案工作，因此地方档案学在发展过程中需要博采众

---

① 《全国档案事业发展"十三五"规划纲要》，《中国档案》2016年第5期，第14~17页。

长，兼收并蓄，进行优势整合，以拓展地方档案学的研究领域和研究范围。其研究内容包括地方档案与其他信息、地方档案工作与其他工作、地方档案学与其他学科的交叉、融合现象。

（二）研究方法

一个学科的研究方法，是一个多元、多层次的方法体系，即一个"方法簇"。从应用性学科而言，学术界多数认可的是"三层次说"，即哲学方法、一般方法和专门方法三个层次。

地方档案学在研究过程中应以马克思主义理论为导向，坚定不移地应用辩证唯物主义和历史唯物主义的立场、观点和方法，来深入挖掘地方档案、地方档案工作和地方档案事业这些社会现象背后所隐藏的深层次的信息，从而揭示其本质和规律。

地方档案学应当运用社会科学研究方法中的一般方法开展研究。如采用历史研究方法开展地方档案事业发展研究、理论发展研究、地方档案相关史料研究、国外地方档案机构发展研究、地方档案名人研究等内容。采用调查研究法、访谈法、实验法等获取档案原始资料，对研究目标的现实状况做出客观真实的描述，而后分析得到的数据并从中总结这一现象背后所隐含的规律，得出结论。除此之外还可采用演绎法、比较分析法、区域研究法、引文分析法等。

地方档案记录了本地方以往的社会活动和历史变迁的过程，综合呈现了地方社会的方方面面，对其进行研究则相当于在研究一个小型社会，涉及政治、经济、文化、地理、风俗等一系列学科知识，因此地方档案学是多学科融合的知识体系，需要不断借鉴吸收其他学科知识，运用前沿科技成果，促进本学科建设的不断创新和改进。同时，地方档案学的研究方法应当打破学科界限，研究人员应积极借鉴其他学科研究方法，在地方档案学领域中加以应用，从而使得地方档案学的研究视角层次更加丰富多元，也为地方档案学研究方法的应用提供新的思路。在地方档案学的建设进程中，既需要重视本学科研究方法的使用，也需要充分运用相关学科的研究方法。这样才能为地方档案学的发展不断提供生机与活力。而在研究方法的嫁接过程中，更需要结合具体的现实情境，具体问题具体分析，从中把握不同学科研究方法的最佳结合点。

地方档案学根植于地方社会，并伴随着地方文明、社会的变化而发展，地方档案学研究方法也应根据各地区档案工作的政策环境、社会需求和技术条件的变化而不断改革与创新。总体来看，地方档案学也应逐步形成自身的研究方法，这些专门方法是具有明显的地方档案学特殊性的研究方法，是地方档案工作实践的特殊性在地方档案学研究中的反映，是地方档案学研究者不断探索的结晶，包括地方档案的分类法、鉴定法、分析法、编研法、管理法等方面。

第三节 "地方档案学"建设与前瞻

一 地方档案学学科体系建设

地方档案学的学科体系以各门分支学科为基础，包括理论、技术方法与应用等方面的内容。其体系结构包括以下几个部分。

（一）理论地方档案学

理论地方档案学是指研究地方档案、地方档案工作、地方档案事业及其相关因素之间的共性，从中提炼出地方档案学学科的基础理论、原理、特点、方法及规律的学科。其研究范畴包括地方档案的本质及价值，地方档案理论，地方档案事业组织建设机制及其运行原理，地方档案工作原则及规律、未来发展方向，地方档案历史演变研究等方面。

（二）专门地方档案学

专门地方档案学是针对不同地域、不同种类、不同主体的地方档案和档案工作进行专门研究的学科。不同地域的地方档案包括云南地方档案、上海地方档案、广西地方档案等；不同种类的地方档案包括文书、账簿、契约、书信、谱牒等；不同主体包括政府机构、非政府机构（宗族、家庭、村落、社团、企业、商会、书院、医院、寺院等）及个人。专门地方档案学主要研究一定区域、种类或主体下的地方档案运行体制，地方档案工作的原则与机制、未来发展趋势，地方档案发展史等方面。

（三）应用地方档案学

应用地方档案学主要研究地方档案管理的应用理论、原则、方法，以及应用技术。它具有很强的实践性，直接应用于地方档案工作实践。包括地方档案的收集、整理与利用，地方档案工作在地方档案事业中的地位和作用，地方档案资源建设，地方档案与地方社会的发展，地方档案工作的情况与经验，地方档案学原理与应用学科的结合，地方档案研究、管理与现代信息技术的应用等。

（四）交叉地方档案学

交叉地方档案学是地方档案学与其他相关学科交叉渗透而形成的一门分支学科。如地方档案史学研究、地方档案管理研究、地方档案编纂研究、地方档案统计研究、地方档案保护技术研究、地方档案经济研究、地方档案法规研究、地方档案社会研究等。

二 地方档案学的发展前景

我国地方档案学这一学科目前尚处于起步阶段，建构一个完整的地方档案学的理论体系是地方档案学人的共同追求，也是我国地方档案研究所追求的目标。近些年来，地方档案研究方兴未艾，这正是学界对地方档案的重要性的认知进一步深化的结果，同样也是地方档案学学科理论研究集成化这一趋势的明显反映。但还需要对地方档案学的理论框架建构开展更加细致的全面研究，必须进一步界定和深化地方档案学领域中的一系列概念，弄清楚地方档案的本质属性，详细分析地方档案的价值和特征，为地方档案学的构建提供坚实的理论基石。进一步探究地方档案学的学科属性、研究内容及研究方法，强化地方档案学与历史文献学、图书学、情报学、管理学、社会学、人类学等相关学科之间的关联性，完善地方档案学学科研究体系，使地方档案学的研究领域更加宽广，使其更加成熟、系统，这是诸位档案学界同人的研究重点和方向。

【思考题】

1. 谈谈你对地方档案学概念的认识。
2. 谈谈你对地方档案学的学科特征的认识。
3. 地方档案学有什么学科任务？它和档案学有什么异同？

4. 总结分析一门学科成为独立学科所需的条件。

5. 分析地方档案研究成为一门学科的必要性、可行性有哪些。

6. 构建一下地方档案学的研究方法体系。

7. 设计两个以上的地方档案学学科体系。

8. 谈谈地方档案学未来的发展思路。

参考文献

一 专著

［1］李艳君：《从冕宁县档案看清代民事诉讼制度》，云南大学出版社，2009。

［2］袁兆春：《孔府档案的法律史料价值研究》，中国人民大学出版社，2013。

［3］梁勇：《移民、国家与地方权势——以清代巴县为例》，中华书局，2014。

［4］吴佩林主编《地方档案与文献研究》（第三辑），国家图书馆出版社，2017。

［5］张晓蓓：《冕宁清代司法档案研究》，中国政法大学出版社，2010。

［6］四川省南充市档案局（馆）编《清代四川南部县衙门档案》，黄山书社，2015。

［7］林芊等：《明清时期贵州民族地区社会历史发展研究：以清水江为中心、历史地理的视角》，知识产权出版社，2012。

［8］四川省档案馆、四川大学历史系主编《清代乾嘉道巴县档案选编》，四川大学出版社，1989。

［9］包伟民主编《龙泉司法档案选编》（第二辑），中华书局，2014。

［10］范仁贵、林清澄：《档案法学概论》，中国经济出版社，1989。

［11］杨公之主编《档案信息化建设实务》，中国档案出版社，2003。

［12］张照余：《档案信息化理论与实践》，中国档案出版社，2007。

［13］潘玉民主编《档案编纂学》，辽宁大学出版社，1997。

［14］胡鸿杰主编《档案文献编纂学》，中国人民大学出版社，2012。

［15］陈子丹：《民族档案学专题研究》，云南大学出版社，2013。

［16］吴佩林、蔡东洲主编《地方档案与文献研究（第一辑）》，社会科学文献出版社，2014。

二　期刊论文

［1］王茜：《论地方文献整理中地方档案整理方法的应用》，《档案管理》2021 年第 1 期，第 127～128 页。

［2］杨潇：《晚清至民国时期（1840～1949）契约文书研究述评》，《法律史评论》2020 年第 15 期，第 107～122 页。

［3］赵彦昌、姜珊：《清代地方档案保管问题研究——以〈黑图档·嘉庆朝〉为例》，《档案学研究》2020 年第 3 期，第 144～148 页。

［4］傅裕：《重庆三忠祠——以巴县档案为基础史料的考察》，《长江文明》2019 年第 2 期，第 63～70 页。

［5］赵彦昌、苏亚云：《南部档案整理与研究述评》，《中国档案研究》2018 年第 2 期，第 99～125 页。

［6］吴才茂：《超越地域与民族：清水江文书研究再出发》，《中国史研究动态》2017 年第 5 期，第 42～46 页。

［7］吴佩林、曹婷：《清代地方档案中的州县官官衔释读》，《安徽史学》2017 年第 5 期，第 42～47 页。

［8］吴艳红：《〈四川地方司法档案〉与明代法律史研究》，《明史研究》2017 年第 00 期，第 111～128 页。

［9］顾周东：《我国地方档案管理研究综述——并清代文书制度、地方衙门运作联述》，《管理工程师》2017 年第 2 期，第 53～55 页。

［10］吴佩林、张加培：《2014 年清代地方档案整理与研究述评》，《西华师范大学学报》（哲学社会科学版）2016 年第 6 期，第 30～35 页。

［11］李艳君：《〈冕宁县清代档案〉简介》，《法制与社会》2010 年第 1 期，第 243～244 页。

［12］吴佩林、万海荞：《地方档案与文献研究的新进展——"第二届地方档案与文献研究学术讨论会"会议综述》，《西华师范大学学报》（哲学社会科学版）2015 年第 2 期，第 105～110 页。

［13］沈洋、赵烨檀、张卫东：《现代化档案治理体系构建研

究——以国家档案馆为主体的视角》，《浙江档案》2020年第10期，第17~19页。

［14］胡鸿杰：《大道归一：档案法治研究进行时》，《档案管理》2020年第4期，第5~8页。

［15］陈艳红、宋娟：《新中国档案法治建设研究综述——基于立法、执法、司法与守法的四维考察》，《档案学通讯》2016年第1期，第21~26页。

［16］张晋周：《档案法治体系探析》，《档案学研究》2015年第4期，第46~48页。

［17］刘婷婷：《档案行政执法改革的难点与对策》，《档案学研究》2007年第5期，第40~41页。

［18］许建智、王艳艳：《新时期档案信息化建设的几点思考》，《档案与建设》2020年第10期，第50~52页。

［19］王素立、于子贺：《论档案信息化系统的层次结构》，《档案与建设》2017年第10期，第27~29、26页。

［20］赵雪芹、张奕萍：《我国省市级档案网站在线展览调查研究》，《档案学研究》2018年第6期，第110~117页。

［21］宣莲、李财富：《近二十年我国档案网站研究述评——基于〈档案学研究〉〈档案学通讯〉的论文研究》，《档案学研究》2017年第4期，第17~21页。

［22］张衍、林巧敏：《走向公众的档案馆：基于社会服务的地市级档案馆网站调查》，《档案学通讯》2016年第4期，第67~73页。

［23］周耀林、张露：《基于解构计划行为理论的档案门户网站建设剖析》，《档案学研究》2015年第2期，第56~61页。

［24］安小米、加小双、宋懿：《信息惠民视角下的地方民生档案资源整合与服务现状调查》，《档案学通讯》2016年第1期，第48~54页。

［25］黄夏基、梁艳：《信息时代档案编研的"恒"与"变"》，《档案学通讯》2016年第4期，第39~44页。

［26］苏君华、龙家庆：《档案文化产品传播影响力研究——以档案编纂成果为例》，《档案学通讯》2018年第4期，第35~40页。

［27］田丽媛：《论我国档案文献编纂的"人"与"以人为本"》，

《档案学研究》2016 年第 1 期，第 124~128 页。

[28] 何庄：《清代史馆与档案文献编纂——中国古代档案管理模式研究系列》，《档案学通讯》2016 年第 1 期，第 16~21 页。

[29] 马广惠、安小米、宋懿：《电子政务背景下数字档案资源整合政策内容分析》，《档案学研究》2018 年第 4 期，第 82~91 页。

[30] 安小米、宋懿、张斌：《国家数字档案资源整合与服务：概念、路径和机制》，《档案学研究》2018 年第 3 期，第 81~88 页。

[31] 张卫东、孙振嘉：《馆际合作视阈下我国档案文化资源整合路径研究》，《档案学通讯》2017 年第 4 期，第 63~67 页。

[32] 王玉珏：《我国档案文化创意服务发展策略研究》，《档案学研究》2018 年第 6 期，第 95~100 页。

[33] 王玉珏、洪泽文、李子林、张馨艺：《档案文化创意产品开发的理论依据》，《档案学研究》2018 年第 4 期，第 52~58 页。

[34] 宋香蕾、泃昇：《档案馆文化创意产品开发的缺位与对策》，《档案学通讯》2017 年第 3 期，第 88~93 页。

三 学位论文

[1] 李晓娟：《清代清水江文书中的"清白"文书研究》，硕士学位论文，贵州大学，2017。

[2] 张强：《清代民国时期黔东南"林农兼作"研究——以"清水江文书"为中心》，博士学位论文，河北大学，2016。

[3] 韩丹妮：《民间法的意义——以明清徽州地区山林土地纠纷解决方式为例》，硕士学位论文，上海大学，2015。

[4] 马林华：《明清时期徽州地区的民间法：以徽州文书为视角》，硕士学位论文，西南政法大学，2015。

四 报纸

[1] 郑刚：《明清时期徽州"息讼合约"文化现象及影响》，《人民法院报》2019 年 8 月 30 日，第 05 版。

[2] 陈春声：《徽州文书研究与中国底蕴学术体系建设》，《安徽日报》2019 年 6 月 25 日，第 006 版。

［3］张清俐：《深入挖掘地方档案学术价值》，《中国社会科学报》2018年11月21日，第001版。

［4］赵相康、郭远芳：《清水江文书：研究中国人文历史崭新视角》，《贵州日报》2018年1月26日，第12版。

［5］吴佩林：《地方档案整理向何处去——基于清代地方档案整理现状的反思》，《光明日报》2016年4月9日，第11版。

［6］刘舒妍：《以法治化促进档案治理现代化》，《中国档案报》2020年12月10日，第003版。

图书在版编目(CIP)数据

中国地方档案专题研究 / 陈海玉编著. -- 北京：
社会科学文献出版社，2021.9
ISBN 978-7-5201-9045-9

Ⅰ.①中… Ⅱ.①陈… Ⅲ.①地方档案-专题研究-
中国 Ⅳ.①G279.27

中国版本图书馆 CIP 数据核字(2021)第 191982 号

中国地方档案专题研究

编　　著 / 陈海玉

出 版 人 / 王利民
责任编辑 / 李建廷
责任印制 / 王京美

出　　版 / 社会科学文献出版社
　　　　　　地址：北京市北三环中路甲 29 号院华龙大厦　邮编：100029
　　　　　　网址：www.ssap.com.cn
发　　行 / 市场营销中心（010）59367081　59367083
印　　装 / 三河市尚艺印装有限公司

规　　格 / 开 本：787mm×1092mm　1/16
　　　　　　印 张：13.25　字 数：217 千字
版　　次 / 2021 年 9 月第 1 版　2021 年 9 月第 1 次印刷
书　　号 / ISBN 978-7-5201-9045-9
定　　价 / 98.00 元

本书如有印装质量问题，请与读者服务中心（010-59367028）联系